Indicative Mood: The mood which states a fact or asks a question.

Infinitive: The form of the verb that expresses the general meaning of the verb without regard to person or number.

Inflected: Changed in form to indicate gender, number, case, person, tense, etc.

Interrogative: Asking a question; also a word used for that purpose.

Modal Auxiliary: See Mood.

Mood: The form of the verb showing the speaker's attitude or feeling toward what he says. Modal auxiliaries are verbs which express these attitudes: obligation, permission, ability, desire.

Nominative Case: The case of the subject and predicate noun or pronoun.

Number: The characteristic form of a noun, pronoun, or verb indicating one or more than one.

Object: The work, phrase, or clause which receives the action of the verb.

Participle: A form of the verb (present participle or past participle) that is used as part of a compound tense or as an adjective or adverb.

Positive: See comparison

Passive Voice: See Voice.

Person: The characteristic of a verb or pronoun indicating whether the subject is the speaker (first person), the person spoken to (second person), or the person spoken of (third person).

Phrase: A group of words functioning as a unit but not having a subject and predicate.

Predicate: The word or words in a sentence that state something about the subject.

Prefix: A letter or syllable added to the beginning of a word.

Preposition: A word that relates a noun or pronoun to some other element in the sentence.

Principal Parts: The forms of the verb (infinitive, past, past participle) from which other forms of the verb can be constructed.

Pronoun: A word used in place of a noun.

Stem: That part of an infinitive or of a word obtained by dropping the prefix or the ending.

Subject: The word or word group about which something is asserted in a sentence or clause.

Subjunctive: The mood which expresses conditions contrary to fact, wishes, doubts, or what is possible, rather than certain.

Suffix: A letter or letters added to the end or stem of a word.

Superlative: See Comparison.

Tense: The form of the verb showing the time of the action or state of being.

Umlaut: The modification of a vowel sound indicated by two dots over the vowel (ä, ö, ü).

Verb: A word that expresses an action or a state of being.

Voice: The form of the verb indicating whether the subject acts (active) or is acted upon (passive)

German for Reading Knowledge

Third Edition

German
for Reading
Knowledge

Third Edition

Hubert Jannach

Purdue University

D. VAN NOSTRAND COMPANY
New York Cincinnati Toronto London Melbourne

1981 Impression

D. Van Nostrand Company Regional Offices:
New York   Cincinnati

D. Van Nostrand Company International Offices:
London   Toronto   Melbourne

Published by D. Van Nostrand Company
135 West 50th Street, New York, N.Y. 10020

10 9 8 7 6 5 4 3

Preface

German for Reading Knowledge is designed to give students in the sciences, social sciences, and humanities a basic knowledge of German with which they can begin to read independently specialized literature in their respective fields. The method is simple and direct, uses proven pedagogical procedures, and concentrates on essentials for reading comprehension and for translation. Untried techniques and terminology likely to confuse the student are avoided.

The aims and organizations of the *Third Edition* are essentially the same as those of the earlier editions. In Part 1, a number of changes have been made in the organization and presentation of points of grammar. Some exercise sentences that may have caused difficulty out of context were replaced, and more sentences were added. In general, the exercise sentences are arranged in order of difficulty and complexity. One half of the Chapter and Review readings are new.

In Part 2, all reading selections have been replaced by articles from recent German publications. These articles cover a variety of subjects of interest to students in the various disciplines.

Part 1 consists of thirty chapters presenting the essential grammar and basic vocabulary. Each chapter includes concise and clear descriptions of points of grammar accompanied by examples. Special emphasis is placed on common troublemakers—for example, **werden**, the subjunctive, modal auxiliaries, and the various forms of the extended-adjective construction. In later chapters, points of grammar are supplemented by word study. Most of the chapters are brief enough to permit the student to learn and apply the new constructions in one assignment.

The exercise sentences, many of them from original sources in different fields, serve a dual purpose: permitting application of the new grammatical material in each lesson and training the student to extract

64746

v

the meaning of a sentence without depending mainly on the general context of a longer passage, a practice that frequently encourages the student to disregard grammatical aids and make wild guesses. The exercises afford concentrated drill in constructions to be learned in each lesson to a point where repeated practice eventually leads to automatic recognition. Students should be encouraged to reread periodically the exercises and readings of earlier chapters as aids in vocabulary and idiom retention and in acquiring a feeling for German sentence structure. In each chapter, the exercises are followed by a brief reading passage, extending reading practice from specific constructions to more general exposition. Review reading selections of greater length are provided after every five chapters.

The Basic Vocabularies of each chapter list the common words that students should learn to recognize, no matter what their special field may be. All practice material is accompanied by on-page vocabularies listing new words in the exercises and reading passages.

Students should concentrate on learning thoroughly the vocabulary and idioms given in the basic vocabularies. These words and expressions represent the basic vocabulary of Parts 1 and 2 and are frequently repeated; they are not listed again in subsequent page vocabularies. Students who have diligently learned the basic vocabulary will be able, assisted by page vocabularies, to read and translate with a minimum of vocabulary thumbing. Students should also be encouraged to learn those words in the page vocabularies that are specifically related to their own fields.

Part 2 contains twenty reading selections carefully chosen for relative difficulty and general interest. These readings are intended to strengthen the students' recognition command of structure and give them the opportunity to read comparatively simple as well as more difficult articles in preparation for reading examinations and for reading in specialized fields. The selections are accompanied by on-page vocabularies and by key references to important constructions in Part 1. These references are intended to stimulate review of grammar, both in class and by the student individually. No page vocabulary accompanies the last reading selection—to enable students to test their knowledge without this textbook device and to provide more opportunity for training in the use of a dictionary.

Although the objective of this text is to teach students to read, the author believes that students should be able to pronounce what they read with reasonable accuracy. Students enjoy repeating after the instructor, and vocabulary learning is made easier if they can pronounce words accurately. Correct intonation, as given by the instructor, is an additional aid in the comprehension and interpretation of reading material. A brief

Pronunciation Guide with practice material has been included in the text.

Since students engaged in research frequently will encounter older works printed in Fraktur, the chapter readings have been reproduced in this form in Appendix 1. After students have acquired some familiarity with German, they will find that the reading of Fraktur presents no great problem.

The end vocabulary is intended to supplement the page and basic vocabularies. It is not meant to be all-inclusive, for students in the process of acquiring a reading knowledge should learn to use a dictionary at an early stage in their training. Excessive vocabulary thumbing and searching for idioms in dictionaries, however, may cause frustration and diminishing interest. The page vocabularies and end vocabulary, therefore, have been increased somewhat in this edition to enable students to concentrate on grammatical constructions and to cover a greater amount of reading material.

Gratitude for their criticisms and suggestions is due the author's colleagues, at Purdue and at other schools, who have used earlier editions of this text in their classes. I am especially indebted to my colleague Ingeborg Hinderschiedt for her many valuable suggestions incorporated in the Second Edition and for her meticulous care in reading the galleys of this edition.

H. J.

ACKNOWLEDGMENTS

Appreciation is expressed to the following authors for their kind permission to reprint their articles from the indicated publications:

Dr. Anton Lehnard, "Neue Ernten für die Dritte Welt," *Die Welt*; Dipl.-Ing. Vitalis Pantenburg, "Eisbärjagd nur noch ein Hobby," *Die Welt*; Wolfgang E. Oberleitner, "Im Ostblock sieht's nicht viel anders aus," *Mannheimer Morgen*; Ernst Probst, "Zweites Gehirn steuerte den Trab der Giganten," *Die Welt*; Gerd Klaus Kaltenbrunner, "Ratgeber in der letzten Stunde," *Die Welt*; Margit Gerste, "Die falschen Heiligen," *Die Zeit*; Jochen Trüby, "Leibnitz—Das Universalgenie," *Scala*; Dr. Gisela Bonn, "Eingebettet in Magie und Glauben," *Die Welt*; Heinz Panzram, "Regenmachen will gelernt sein," *Die Welt*; Werner Hornung, "K. Rein: Religiöse Minderheiten als Sprachgemeinschaftsmodelle," *Die Zeit*; Lothar Dehner, "Das Kästchen des Lien-Fu," *Mannheimer Morgen*.

Gratitude is also expressed to the following publishers and organizations for their kind permission to reprint or adapt selections from their publications:

Lothar und Li Dehner—ldk—Pressekorrespondenz, Konstanz; *Die Welt, Unabhängige Tageszeitung für Deutschland*, Bonn–Bad Godesberg; *Die Zeit, Wochenzeitung für Politik, Wirtschaft, Handel und Kultur*, Hamburg; *Mannheimer Morgen*, Mannheim; Langenscheidts "Sprach-Illustrierte," Langenscheidt-Verlag, Berlin–München; The Associated Press, Frankfurt-Main; Verlagsgruppe Bertelsmann International, München; Pressedienst "Das kleine Feuilleton," Hemmingen; Heinz Moos Verlagsgesellschaft, München; Rombach & Co., Freiburg im Breisgau, for reprints from *Wissenschaftlicher Literaturanzeiger*; Herderbücherei INITIATIVE, Burg/Kirchgarten; Deutsche Presse-Agentur, Hamburg; Deutscher Forschungsdienst, Bonn-Bad Godesberg; F.A. Brockhaus, Wiesbaden, for adaptations from "Der Große Brockhaus" 16. Auflage.

Acknowlegment is also made to the following sources from which some material for the Exercises was drawn: *Die Geheimnisse der Naturkräfte*, 5. Auflage, by Dr. W.F.A. Zimmermann, Ferd. Dümmlers Verlagbuchhandlung, Berlin; *Witte-Schülerlexikon*, Verlag Hans Witte, Freiburg im Breisgau. Materials for the Exercises have also been taken from a number of previously mentioned sources.

Contents

PRONUNCIATION GUIDE   1

Part One Language and Practice

Chapter 1   9

1. Definite Article   9
2. Gender of Nouns   9
3. Present and Past Tenses of **sein**   10
4. Interrogatives   11
   Reading: **Zahlen**   13

Chapter 2   15

1. Nominative and Accusative   15
2. Infinitive   16
3. Present Tense of Regular Verbs   16
4. Present Tense of **haben**   17
   Reading: **Das metrische System**   19

Chapter 3   20

1. Genitive   20
2. Dative   20
3. Plural of Nouns   21
4. Past Tense of Weak Verbs and of **haben**   21
5. Meanings of the Past Tense   22
6. Cardinal Numbers   23
   Reading: **Zahlen von zehn bis hundert**   24

Chapter 4   26

1. Indefinite Article **ein**   26
2. **Ein**-Words   26
3. Irregularities in the Present Tense of Strong Verbs   27
4. Compound Nouns   27
5. Ordinal Numbers   28
   Reading: **Kurze Geschichte der deutschen
               Universitäten**   30

Chapter 5   32

1. **Der**-Words   32
2. Past Tense of Strong Verbs   32
3. Irregular Weak Verbs   33
4. Present and Past Tense of **werden**   34
5. Word Order   34
   Reading: **Die Völkerwanderung**   37

REVIEW 1:   **Deutschland Landesnatur**   39

Chapter 6   42

1. Prepositions   42
2. Contraction of Prepositions   43
3. Prepositions Following Nouns or Pronouns   44
4. **man**   44
   Reading: **Das Erste, Zweite und Dritte Reich**   46

Chapter 7   48

1. Adjective Endings   48
2. Declension of Adjectives   48
3. Adjectives Used as Nouns   50
   Reading: **Die Romantik** 53

Chapter 8   54

1. Adverbs   54
2. Verbs with Separable and Inseparable Prefixes   54
3. Recognizing Singulars and Plurals of Nouns   56
   Reading: **Unsere Monatsnamen**   58

Chapter 9   60

1. Perfect Tenses   60
2. Meanings of the Perfect Tenses   60
3. Past Participles   61
4. Word Order   62
   Reading: **Die „Latin Farmers" von Belleville, Illinois**
   64

Chapter 10   66

1. Present Participle   66
2. Participles Used as Adjectives and Adverbs   66
3. Past Participles Used with **sein**   67
4. Participles Used as Nouns   67
5. Infinitives Used as Nouns   67
6. Case Endings of Nouns   67
   Reading: **Eine drollige Geschichte**   70

REVIEW 2:   Die Bewohner Österreichs   71

Chapter 11   74

1. Comparison of Adjectives and Adverbs   74
2. Irregular Comparisons   74
3. Translation of Comparatives and Superlatives   75
4. Special Uses of the Comparative and Superlative   76
5. Comparatives and Superlatives Used as Nouns   77
   Reading: **Die Lebenserwartung des Menschen**   79

Chapter 12   80

1. Future Tense   80
2. Future Perfect Tense   80
3. Future Tenses Used to Express Probability   81
4. **selbst, selber**   81
   Reading: **Die Welternährungskrise**   83

Chapter 13   85

1. Passive Voice   85
2. Present and Past Tenses of the Passive Voice   85
3. Three Uses of **werden**   86

4. Personal Pronouns   86
5. Agreement of Pronoun and Antecedent   86
Reading: **Sturm und Drang**   89

Chapter 14   90

1. Perfect Tenses of the Passive Voice   90
2. Infinitive of the Passive Voice   90
3. Future Tense of the Passive Voice   91
4. Future Perfect of the Passive Voice   91
5. Suffix **-er**   91
6. Suffix **-in**   91
Reading: **Die Hessen im Amerikanischen
Freiheitskrieg**   94

Chapter 15   95

1. Reflexive Pronouns   95
2. Reflexive Verbs   96
3. Conjugation of the Reflexive Verb   96
4. Position of the Reflexive Pronoun in Main Clauses   96
5. Suffixes **-bar** and **-lich**   97
Reading: **Die Hessen im Amerikanischen
Freiheitskrieg (Fortsetzung)**   100

REVIEW **3**:   **Paracelsus**   101

Chapter 16   104

1. Modal Auxiliaries   104
2. Conjugation of the Modals   104
3. Modals and the Dependent Infinitive   105
4. Fractions   105
Reading: **Der kluge Derwisch**   107

Chapter 17   109

1. Perfect Tenses of Modals   109
2. Double Infinitive with Other Verbs   110
3. Idiomatic Meanings of Modal Auxiliaries   110
Reading: **Ein kurzer Brief aus Kanada**   112

Chapter 18   114

1. Coordinating Conjunctions   114
2. Subordinating Conjunctions   114
3. Learn to Differentiate   115
   (a) **während** as Preposition or Subordinating
       Conjunction
   (b) **da** as Adverb or Subordinating Conjunction
   (c) **damit** as **da** plus Preposition or as Subordinating
       Conjunction
   (d) **indem** and **in dem**
4. **wenn auch, auch wenn**   116
   Reading: **Der Zeppelin im Ersten Weltkrieg**   118

Chapter 19   120

1. Relative Pronouns   120
2. Recognizing Relative Clauses   120
3. Agreement of Relative Pronoun and Antecedent   121
4. Case of the Pronoun   121
5. **was** as a Relative Pronoun   122
   Reading: **Buchbesprechung. Udo Sautter:** *Geschichte*
   der Vereinigten Staaten   124

Chapter 20   126

1. Demonstrative Pronouns   126
2. Other Demonstrative Pronouns   127
3. Suffix **-los**   127
4. Suffix **-fach**   127
5. Suffix **-mal**   128
   Reading: **Gifte**   129

REVIEW 4:   **Deutsche Siedler vor 1776**   131

Chapter 21   135

1. **Wer, was** Used as Interrogative and Relative
   Pronouns   135
2. Verb-First Constructions   136

3. Feminine Noun Suffixes   136
Reading: **Schnelltest aus Schweden spürt
Allergien auf**   139

Chapter 22   140

1. Infinitives with **zu**   140
2. Verb-First Constructions (Continued)   141
3. Review of Verb-First Constructions   142
Reading: **Anekdote**   145

Chapter 23   146

1. Extended-Adjective Construction   146
2. Recognizing Extended-Adjective Constructions   146
3. Translating Extended-Adjective Constructions   147
Reading: **Am Anfang war die Draisine**   150

Chapter 24   152

1. Other Types of Extended-Adjective Constructions   152
2. Extended Adjectives Plus Unextended Adjectives
Before the Noun   153
3. Several Extended Adjectives Modifying the Noun   153
Reading: **Buchbesprechung. Veronika Ions:
Welt der Mythen**   156

Chapter 25   157

1. Extended-Adjective Construction Within an Extended-
Adjective Construction   157
2. **zu** plus Present Participle   157
3. Participial Phrases   157
4. **ist (war)** plus **zu** plus Infinitive   158
Reading: **Die „Rosinen-Bomber"**   160

REVIEW 5: Sonne für Mexiko   161

Chapter 26   165

1. **Wo(r)**-Compounds   165
2. **Da(r)**-Compounds   165
3. **Hier**-Compounds   166
4. Adverbs of Direction in Prepositional Phrases   166

5. Introductory **es**, Not the Real Subject   167
6. Clauses Without a Subject—**es** Implied   167
    Reading: **Ein Sonnen-Kochherd**   169

Chapter 27   170

1. Subjunctive   170
2. Present Subjunctive   170
3. Past Subjunctive   171
4. Future Subjunctive   171
5. Subjunctive in Indirect Discourse   172
6. Indirect Questions   172
    Reading: **Nicht gescheiter geworden?**   174

Chapter 28   176

1. Subjunctive in Suppositions or Conditions Contrary
    to Fact   176
2. **Wenn**-Clauses or Conclusion Clauses Standing
    Alone   177
3. **Als ob, als wenn**   177
4. **Ob, wenn** Omitted   177
    Reading: **Das Attentat zu Sarajewo**   179

Chapter 29   181

1. Special Uses of Subjunctive with Infinitive Stem   181
2. **Lassen**   182
    Reading: **Buchbesprechung. Bernard Lewis: *Die Welt
    des Islam. Geschichte und Kultur im Zeichen
    der Propheten***   184

Chapter 30   186

1. Idiomatic Meanings of Subjunctive Modals   186
2. **es** in Idioms   187
    Reading: **Schimmel besiegen Hautkrebs ohne
    ärztliche Hilfe**   190

REVIEW 6:   Das Kästchen des Lien-Fu   191

Part Two Readings

1. Mein Sohn, du hast es geschafft   197
2. Leibniz—Das Universalgenie   201
3. Das Cadmium lauert überall—Gefahr der Anreiche-
   rung in der Umwelt   206
4. Der Mensch, der als erster am Südpol war   210
5. Schwarze Männer im Kommen—Amerika braucht
   wieder Schornsteinfeger   213
6. Im Ostblock sieht's nicht soviel anders aus—Leitende
   Funktionen meist von Männern besetzt   216
7. Am Ende kommt der Wasserstoff—Womit wir in der
   Zukunft fliegen werden   220
8. Deutschlands Forschung ist ein gutgenährtes Kind—
   Bundesrepublik gehört zu den forschungsintensivsten
   Ländern der Welt   224
9. Werde ein Narr, um weise zu sein—Elisabeth Bergner
   erinnert sich an ihre Begegnung mit Albert Einstein
   in Princeton   227
10. Regenmachen will gelernt sein—Die Metereologen
    und ihre Sorgen   232
11. Ärztin vor 100 Jahren   236
12. Buchbesprechung: *Religiöse Minderheiten als Sprach-
    gemeinschaftsmodelle*   241
13. Zweites Gehirn steuerte den Trab der Giganten   243
14. Eisbärjagd nur noch ein Hobby—Kanadas Eskimos
    „ergeben" sich den Verlockungen der Zivilisation   245
15. Der Schatz des Montezuma   248
16. Die falschen Heiligen—Die Bundesregierung sagt den
    Jugendsekten den Kampf an   252
17. Eingebettet in Magie und Glauben—Fakten statt Vor-
    urteile zur Stellung der afrikanischen Frau   258
18. Neue Ernten für die Dritte Welt   262
19. Krisen—gibt's die überhaupt? Provozierende Thesen
    auf der 27. Nobelpreisträgertagung in Lindau   266
20. Ratgeber in der letzten Stunde—Baruch Spinoza   270

APPENDIX 1
   Readings in German Type   274

APPENDIX 2
  Irregular Verbs   290

VOCABULARY   294

INDEX   311

German
for Reading
Knowledge

Third Edition

Pronunciation Guide

Any pronunciation guide, or the description of sounds, can at best only approximate the characteristics of German speech. The student should learn pronunciation by imitating his instructor or a recorded voice.

Though there are similarities in the pronunciation of German and English, there are also basic differences. In general, German is spoken more vigorously and crisply. Words are not run together as they may be in English, particularly in words beginning with a vowel. In saying "How are you?," for example, an American may make no break between the words; to a foreigner, the question may sound like a single word. In pronouncing a German word beginning with a vowel, the flow of air is completely stopped before the vowel is spoken, thus preventing the merging of the vowel with a preceding consonant or vowel.

Another marked difference is the absence of gliding vowel sounds in German. A German vowel is pronounced as a single pure sound, without moving the lips, tongue, or mouth while the vowel is being pronounced. Compare the gliding vowel sound in English *fate*. There is a noticeable change of position of the tongue during the pronunciation of *a*.

German words are generally stressed on the first syllable or, for words with inseparable prefixes, on the root syllable. In this Pronunciation Guide, variations in stress will be indicated by a dot under a short vowel and a dash under a long vowel or diphthong.

1. Vowels

German vowels are either long or short. A vowel is usually long when:

a. Followed by a silent **h: sahen, Huhn.**

1

b. Followed by a single consonant: **Hut.** Exceptions to this rule are some common monosyllabic words, such as **an, in, das, des, es, hat, mit, um, was.**

c. Doubled: **Beet, Moos, Aal.**

NEAREST ENGLISH
EQUIVALENT

a	long	*a*	in *far*	**Vater, Saat, Sahne**
	short	*o*	in *hot*	**hat, Wasser, Karte, Mann**
e	long	*e*	in *they*	**See, geht, hebt**
	short	*e*	in *get*	**Geld, besser, Berg, ernst**
	very short	*e*	in *silent*	(in final syllables and prefixes **be-** and **ge-**) **gesagt, bezahlt, singen**
i	long	*ee*	in *meet*	**Kino, wir, Stil**
	short	*i*	in *hit*	**Mitte, Gift, Himmel**
o	long	*o*	in *mode*	**Ofen, Sohn, Boot**
	short	*o*	in *connect*	**von, Sorte, kommen, Post**
u	long	*oo*	in *moon*	**Uhr, du, Blut, Blume**
	short	*oo*	in *book*	**Nuß, Hund, Luft, Mutter**
y	pronounced like long or short **ü** (see below)			

2. Diphthongs (Vowel Combinations)

ai, ei, ay, ey	*i*	in *mite*	**Mai, Laib, Eis, Haydn, Meyer**
au	*ou*	in *house*	**Haus, Baum, Traum**
äu, eu	*oy*	in *boy*	**Mäuse, häufig, neu, Freund**

3. Modified Vowels (Umlaut)

ä	long	*ea* in *bear*	**Bär, Täler, wählen**
	short	*e* in *let*	**hätte, Männer, Länder**
ö	long	no equivalent	Pronounce German long **e** with rounded and protruded lips: **schön, Öl**
ö	short	no equivalent	Pronounce German short **e** with rounded and protruded lips: **öfter, Hölle**
ü	long	no equivalent	Pronounce German long **i** with rounded and protruded lips: **Tür, Mühle, Hüte**

ü short	no equivalent		Pronounce German short **i** with rounded and protruded lips: **Sünde, fünf**

4. Consonants

b	*b*	in *book*	**Buch, habe, Bäcker**
	p	in *cap*	(at end of word or syllable and before **s** or **t**) **gelb, habt, gibst**
c	*ts*	in *hats*	(before **ä, e, i**) **Celsius, Cäsar**
	k	in *cake*	(before **a, o, u, au, ou,** and consonants) **Café, Cranach**
ch	no equivalent		(after **e, i,** umlauts, and consonants, and in a few words before **e** and **i,** **ch** approximates *h* in *hew*. It is produced in the front part of the mouth) **ich, echt, Nächte, euch, durch, chemisch, China** (after **a, o, u, au** it is produced in the back of the mouth, as in Scotch *Loch*) **nach, auch, doch, Frucht**
	ch	in *Christ*	**Christ, Charakter**
	ch	in *chef*	**Chef, Champagner**
chs	*x*	in *sex*	**Fuchs, Achse, Ochse, Wachs**
ck	*k*	in *bake*	**backen, Decke, nackt**
d	*d*	in *dam*	**Damm, Edda, dumm**
	t	in *get*	(end of syllable) **Geld, endlich**
f	*f*	in *fun*	**finden, hoffen**
g	*g*	in *gas*	**Gas, Regen, Roggen**
	k	in *make*	(in final position, except **-ig,** and before final consonants) **Tag, Flug, sagt, Jagd**
	no equivalent		(final **ig,** like German **ch** in **sich**) **König, ewig**
	second *g* in *garage*		(some words of French origin) **Garage, Loge**
h	*h*	in *house*	**Haus, handeln**
	h	in *ah* (silent)	(medially or final) **gehen, Hahn, sah**
j	*y*	in *yes*	**jung, Jahr**
k	*k*	in *bank*	**Bank, kommen**
l	*l*	in *land*	**Land, blau, fallen**
m	*m*	in *man*	**Mann, kommen**

n	*n* in *now*	**nun, kann, nennen**
ng	*ng* in *singer* (never as in *finger*)	**lang, singen, Zwang**
p	*p* in *opera*	**Oper, Pille**
qu	*kv*	**Quelle, Quecksilber**
r	no exact equivalent	(trilled or uvular) **riechen, Uhr**
s	*s* in *best*	**beste, Kiste, fast**
	z in *zero*	(beginning a syllable and followed by a vowel) **sind, ansagen**
ss, ß	*s* in *case*	**Wasser, müssen, Fuß, muß**
sch	*sh* in *ash*	**Asche, Schule**
sp	*shp*	(beginning a syllable) **Spule, Sport**
st	*sht*	(beginning a syllable) **Stein, Staub, verstehen**
t	*t* in *ten*	**Tag, tot, hart, Futter, Bett**
th	*t* in *ten*	**Luther, Goethe, Mathilde**
v	*f* in *fun*	**viel, vor, Larve**
	v in *violin*	(in words of non-German origin) **Violine, Ventil**
w	*v* in *vine*	**Wein, Welt, Antwort**
x	*x* in *axe*	**Axt, Hexe**
z	*ts* in *cats*	**Zoll, Herz, Arzt, zehn, Szene**

PRONUNCIATION PRACTICE

satt Saat; Stadt Staat; Kamm kam; Lamm lahm
Nonne ohne; offen Ofen; Rosse Rose; sollen Sohlen
muß Muse; Mutter guter; summen Blumen; um Ruhm
bitten bieten; in ihn; irre ihre; Schiff schief
besser Besen; Bett Beet; Herr Heer; wenn wen
könne Söhne; öffnen Öfen; Götter Goethe
Stätte Nähte; Närrin nährte; Kämme käme
Miller Müller; stille Stühle; Kinder Künder
gültig gütig; füllen fühlen; Hütte Hüte; Nüsse Füße

Konrad Adenauer	Maria Theresia
Justus von Liebig	Ferdinand Graf von Zeppelin
Max Liebermann	Albrecht Dürer
Martin Luther	Immanuel Kant
Wolfgang Amadeus Mozart	Arthur Schopenhauer
Rainer Maria Rilke	Jesus Christus
Johann Friedrich Schiller	Ulrich von Hutten

Heinrich Schliemann
Adalbert Stifter
Ludwig Uhland
Richard Wagner
Kaiser Wilhelm
Xerxes
Metternich
Gregor Mendel
Karl Marx
Johann Sebastian Bach
Erasmus von Rotterdam
Albert Einstein

Hans Holbein, der Ältere
Gottfried Herder
Heinrich Heine
Franz Joseph Haydn
Johann Wolfgang von Goethe
Karl Friedrich Gauß
Johann Gottlieb Fichte
Otto von Bismarck
Wilhelm Busch
Ludwig van Beethoven
Cranach der Ältere
Max Planck

Part One

Language
and Practice

Chapter 1

1. Definite Article

MASCULINE	**der**
FEMININE	**die**
NEUTER	**das**
PLURAL, ALL GENDERS	**die**

2. Gender of Nouns

Nouns may be masculine, feminine, or neuter:

MASCULINE: **der Mann, der Student, der Tisch** (*table*)
FEMININE: **die Frau** (*woman*), **die Universität, die Biologie**
NEUTER: **das Haus, das Bett, das Kind** (*child*)

Note: All German nouns are capitalized.

To be able to read German, it is not necessary to know the gender of each noun, but occasionally it is helpful to know the gender of a particular noun. If the general aids given below and in subsequent chapters do not help you, consult a dictionary. Almost all dictionaries indicate genders, usually by the letters *m., f.,* and *n.* The following aids may help you determine the gender of a noun:

MASCULINE: Nouns denoting male beings:

der Vater	**der Stier**	**der Lehrer**	**der Arzt**
father	*bull*	*teacher*	*physician*

FEMININE:

(a) Nouns denoting female beings:

die Mutter	**die Tante**	**die Henne**	**die Kuh**
mother	*aunt*	*hen*	*cow*

(b) Nouns ending in **ei, ie, heit, keit, ik, schaft, tät, ion, ung, in:**

die Gesundheit	die Universität	die Theorie
health	*university*	*theory*

NEUTER: Nouns ending in **-chen, -lein** (diminutive endings):

das Buch—das Büchlein	**die Mutter—das Mütterlein**	
book small book	*mother mother*	

die Frau—das Fräulein	**der Teil—das Teilchen**	
woman (unmarried) woman;	*part particle*	
Miss		

The diminutive endings express something small or affection (**das Mütterlein**). Diminutives will usually have an umlaut if the stem vowel is **a, o, u,** or **au.**

3. Present and Past Tenses of <u>sein</u> (*to be*)

(a) Present Tense

SINGULAR		PLURAL	
ich bin	*I am*	**wir sind**	*we are*
du bist	*you are*	**ihr seid**	*you are*
er ist	*he is*	**sie sind**	*they are*
sie ist	*she is*	**Sie sind**	*you are*
es ist	*it is*		

Examples:

1.	**Ich bin gesund.**	*I am healthy.*
2.	**Er ist gesund.**	*He is healthy.*
3.	**Der Mann ist gesund.**	*The man is healthy.*
4.	**Die Studenten sind gesund.**	*The students are healthy.*
5.	**Hans, du bist müde.**	*Hans, you are tired.*
6.	**Kinder, ihr seid müde.**	*Children, you are tired.*
7.	**Herr Meier, Sie sind müde.**	*Mr. Meier, you are tired.*
8.	**Meine Herren, Sie sind müde.**	*Gentlemen, you are tired.*

When speaking to children, relatives, or close friends, Germans use the familiar form of address: **du** for the singular, **ihr** for the plural (Examples 5, 6). In all other situations, the formal **Sie** (always capitalized) is used for both the singular and plural (Examples 7, 8).

(b) Past Tense

SINGULAR		PLURAL	
ich war	*I was*	**wir waren**	*we were*
du warst	*you were*	**ihr wart**	*you were*
er war	*he was*	**sie waren**	*they were*
sie war	*she was*	**Sie waren**	*you were*
es war	*it was*		

Examples:

1. **Sie war intelligent.**   *She was intelligent.*
2. **Sie waren intelligent.**   *They (You) were intelligent.*
3. **Das Buch war neu.**   *The book was new.*
4. **Die Bücher waren neu.**   *The books were new.*

Observe the last two examples. **Das Buch,** a singular noun, is the subject of sentence 3; **war** is the singular form of the verb in the third person. **Bücher,** a plural noun, is the subject of sentence 4; **waren** is the plural form of the verb. These examples illustrate an important rule: subject and verb agree in number. Whenever you see a verb ending in **-en, -n,** (or the form **sind**), you know immediately that the subject is plural, with the exception of the formal **Sie** with singular meaning.

In all conjugations, pay particular attention to verb forms in the third person singular or plural, for these forms constitute about 95 per cent of the verb forms encountered in reading.

4. Interrogatives

Common interrogatives are:

wann	*when*	**was für (ein)**	*what kind of*	**wieviel**	*how much,*
warum	*why*	**welcher**	*which, what*		*how many*
was	*what*	**wer**	*who*	**wo**	*where*
wie	*how*	**wohin**	*where (to)*		

Examples:

1. **Wo ist die Schule?**   *Where is the school?*
2. **Wohin gehen Sie?**   *Where are you going?*

3. **Was für ein Buch ist das?**   *What kind of a book is that?*
4. **Was für Bücher sind das?**   *What kind of books are they?*
5. **Wieviel kostet das Buch?**   *How much does the book cost?*
6. **Wann kommen Sie?**   *When are you coming?*

BASIC VOCABULARY

aber	but, however	**kein**	no, not any
alt	old	**Land** (*n.*)	land, state, country
auch	also, too	**natürlich**	of course, natural
Berg (*m.*)	mountain	**nicht**	not
berühmt	famous	**Österreich** (*n.*)	Austria
deutsch	German	**schön**	beautiful, nice
Deutschland (*n.*)	Germany	**sehr**	very
dort	there	**sein**	to be
ein	a, an, one	**Stadt** (*f.*)	city
einige	some, several	**Tag** (*m.*)	day
Erde (*f.*)	earth	**und**	and
Frage (*f.*)	question	**wann**	when
Frau (*f.*)	Mrs., woman, wife	**was**	what
Fräulein (*n.*)	Miss	**Wasser** (*n.*)	water
groß	large, great	**wer**	who
gut	good	**wie**	how
Herr (*m.*)	Mr., lord, gentleman	**wieviel(e)**	how much, how many
hier	here	**Wissenschaft** (*f.*)	science
hoch, hoh-	high	**wo**	where
ja	yes, indeed	**Woche** (*f.*)	week
Jahr (*n.*)	year		

EXERCISES

Many cognates occur in the first few lessons. If a word is not listed in the lesson vocabularies, try to infer its meaning from the context before consulting the end vocabulary. Be careful of singulars and plurals—remember the rule about **sind** and verbs ending in **-en** or **-n.** You will notice that adjectives and nouns may have endings added to the form given in the vocabulary. For the time being, disregard these endings; they will be explained in later lessons.[1]

1. Die Erde hat sieben (*seven*) Kontinente: Afrika, Asien, Australien, Europa, Nordamerika, Südamerika und die Antarktis.
2. China ist ein großes Land in Asien.
3. Wo ist die Zugspitze? Sie ist ein Berg in Deutschland.
4. München ist eine schöne alte Stadt.
5. Österreich ist ein sehr schönes Land.
6. Wie war die Temperatur? Sie war sehr hoch.

4. **München** (*n.*)   Munich

---

1. Numbers in page vocabularies refer to the practice sentences.

7. Wie war das Wasser? Es war klar und warm.
8. Wer war Max Plank? Er war ein berühmter deutscher Physiker.
9. Platon und Sokrates waren Philosophen. Sie waren Griechen.
10. Die Universität Heidelberg ist sehr alt.
11. Die Universitäten in Deutschland sind gut. Einige sind auch sehr berühmt.
12. Die Chemie und die Biologie sind Wissenschaften.[1]
13. Der Geist ist willig, aber das Fleisch ist schwach.
14. Der Student ist willig, aber er ist nicht sehr intelligent.
15. Ich bin zehn Jahre alt. Wie alt bist du, Fritz? Wie alt sind Sie, Herr Müller?
16. Wann war Frau Wagner in Berlin? Sie war in Berlin im April. Wann waren Sie dort, Fräulein Klein? Ich war dort im August.
17. Einstein war Professor an der Princeton Universität.
18. Venus, Mars und die Erde sind Planeten. Was ist Jupiter?
19. Was ist Wasserstoff (*hydrogen*)? Es ist ein Gas.
20. Sein oder Nichtsein, das (*that*) ist hier die Frage.

7. **klar** clear	**willig** willing
8. **Physiker** (*m.*) physicist	**Fleisch** (*n.*) flesh, meat
9. **Grieche** (*m.*) Greek	**schwach** weak
13. **Geist** (*m.*) spirit, ghost	

Zahlen[2]

Die Zahlen von eins bis zehn sind: eins, zwei drei, vier, fünf, sechs, sieben, acht, neun, zehn.

Ein Dreieck hat (*has*) drei Seiten und drei Winkel. Wieviele Seiten hat ein Viereck? Ein Viereck hat natürlich vier Seiten. Wieviele Seiten hat das Pentagon in Washington, D.C.? Ja, es hat fünf Seiten. Kreise haben (*have*) keine[3] Winkel. Sie sind rund.   5

Wieviel ist vier plus fünf? Richtig (*correct*)! Die Antwort ist neun. Wieviel ist eins und sechs? Natürlich, sieben. Wieviel ist zehn minus acht?

1 **Zahl** (*f.*) number	5 **Kreis** (*m.*) circle
3 **Dreieck** (*n.*) triangle	6 **rund** round
Seite (*f.*) side	7 **Antwort** (*f.*) answer
Winkel (*m.*) angle	

---

1. Note that German may use a definite article where English does not. When the article does not sound idiomatic in English, omit it.
2. Page-vocabulary numbers for chapter readings refer to the line on which a word occurs.
3. When **kein** is used with an object of a sentence, it usually is more idiomatic to negate the verb in English: *Circles do not have (any) angles.*

Zehn minus acht ist zwei. Wieviel ist zehn minus zehn? Zehn minus zehn
10 ist null. Drei mal drei ist neun. Wieviel ist -4 mal 2? Die Antwort ist -8.
   Wieviele Tage hat eine Woche? Eine Woche hat sieben Tage: Montag,
Dienstag, Mittwoch, Donnerstag, Freitag, Sonnabend oder Samstag, und
Sonntag.

10 **null** zero   **mal** times

Chapter 2

1. Nominative and Accusative

The forms of the definite article you learned in Chapter 1 were in the Nominative case. German has three other cases, the Genitive, Dative, and Accusative, each characterizing a different function of the noun in the sentence. Note that the article assumes different forms in the various cases. Memorize these declensions, for they will be an indispensable aid in reading and translating.

	SINGULAR			PLURAL
	M	F	N	ALL GENDERS
NOMINATIVE:	der	die	das	die
GENITIVE:	des	der	des	der
DATIVE:	dem	der	dem	den
ACCUSATIVE:	den	die	das	die

Note that the nominative and accusative articles are the same in the feminine and neuter singular and in the plural. The context of the sentence will help you decide whether the article is in the nominative or accusative.

(a) Nominative

What is the function of the nominative in the following sentences?

1. **Das Problem ist schwierig.**   *The problem is difficult.*
2. **Der Student ist intelligent.**   *The student is intelligent.*
3. **Die Frau ist krank**   *The woman is ill.*
4. **Die Frauen sind krank.**   *The women are ill.*
5. **Hans ist der beste Student.**   *Hans is the best student.*

Note that the subject of a sentence and the predicate noun (**der beste Student**, example 5) are in the nominative. Predicate nouns are used with the verbs **sein** and **werden**.

(b) Accusative

What is the function of the accusative in the following sentences?

1.	**Ich kenne den Mann.**	*I know the man.*
2.	**Ich kenne die Methode.**	*I know the method.*
3.	**Der Chemiker destilliert das Wasser.**	*The chemist is distilling the water.*
4.	**Er kennt die Professoren nicht.**	*He does not know the professors.*

Note that the direct object of the sentence is expressed in the accusative case.

2. Infinitive

Vocabularies and dictionaries normally list only the infinitive form of the verb: **gehen** (*to go*), **sagen** (*to say*), **liefern** (*to supply, deliver*), **handeln** (*to act*). *These forms consist of a stem plus an ending,* **en** *or* **n**: **geh-en, sag-en, liefer-n, handel-n.**

3. Present Tense of Regular Verbs

INFINITIVE: **sagen** (*to say*)		INFINITIVE: **antworten** (*to answer*)
ich sage	*I say, am saying, do say*	**ich antworte**
du sagst	*you say, are saying, do say*	**du antwortest**
er sagt	*he says, is saying, does say*	**er antwortet**
sie sagt	*she says, is saying, does say*	**sie antwortet**
es sagt	*it says, is saying, does say*	**es antwortet**
wir sagen	*we say, are saying, do say*	**wir antworten**
ihr sagt	*you say, are saying, do say*	**ihr antwortet**
sie sagen	*they say, are saying, do say*	**sie antworten**

Note the three meanings of a German verb. German does not have a progressive form (*am saying*) or an emphatic form (*do say*). When translating verbs, use the form that seems most appropriate to the context.

The present tense is formed from the stem of the infinitive. The infinitive ending is dropped and the personal endings are added. To find the meaning of a verb in the dictionary, you must look up the infinitive. Drop the personal ending and add **-en** or **-n**.

Verbs whose infinitive stems end in **d, t**, or in certain consonant clusters (**öffnen**) are conjugated like **antworten**. An **e** precedes the endings **st** and **t**.

Verbs whose infinitive stems end in **s, ß, tz**, or **z** drop the **s** of the **st** ending:

beißen (*to bite*)	**du beißt**
sitzen (*to sit*)	**du sitzt**

When the stem of the infinitive ends in **el** or **er** (**handeln, liefern**), the first person singular usually drops the **e** of the stem, and the first and third person plural endings of the verb are **n**.

handeln (*to act*)	**ich handle**
	wir handeln, sie handeln
liefern (*to supply*)	**ich lief(e)re,**
	wir liefern, sie liefern

4. Present Tense of <u>haben</u> (*to have*)

ich habe	wir haben
du hast	ihr habt
er hat	
sie hat	sie haben
es hat	Sie haben

What are the three possible meanings for each form?

BASIC VOCABULARY

all-	all, every	**heißen**	to be called, named
Arbeit (*f.*)	work		
arbeiten	to work	**heute**	today
bei	at	**jetzt**	now
Beispiel (*n.*)	example	**kalt**	cold
betrachten	to observe	**kennen**	to know
Blut (*n.*)	blood	**Länge** (*f.*)	length
Buch (*n.*)	book	**Leben** (*n.*)	life, existence
denken	to think	**Licht** (*n.*)	light
europäisch	European	**machen**	to do, make, cause
fast	about, almost	**Mann** (*m.*)	man, husband
gebrauchen	to use, employ	**meist**	most
Geld (*n.*)	money	**Mensch** (*m.*)	man, human being, person
gesund	healthy		

nein	no	viel	much, many
neu	new	wandern	to travel, move,
Pflanze (*f.*)	plant		wander
Staat (*m.*)	state	wenig	little, few
studieren	to study	wiegen	to weigh
Tier (*n.*)	animal	wohin	where (to)
ungefähr	approximately	**z.B.** (**zum**	for example
untersuchen	to examine,	**Beispiel**)	
	investigate		

EXERCISES

1. Wieviel Geld hast du, Hans? Ich habe kein Geld.
2. Der Äquator hat eine Länge von 40 070 Kilometer.
3. Deutschland hat viele gute Universitäten.
4. Wir betrachten nun ein konkretes Beispiel.
5. Wo arbeitet ihr? Wir arbeiten in einer Fabrik.
6. Arbeit macht das Leben süß.
7. Kennen Sie das Buch? Nein, ich kenne das Buch nicht.
8. Karl, kennst du den Mann? Ja, ich kenne den Mann.
9. Ich heiße Schmidt. Er heißt Klein. Wie heißen Sie?
10. Gold und Silber haben heute einen hohen Wert.
11. Der Chemiker untersucht jetzt die neue Verbindung.
12. Der Mensch verändert die Umwelt, und die Umwelt verändert den Menschen.
13. Wir studieren Deutsch. Sie studiert Spanisch. Ihr studiert Englisch. Was studieren Sie?
14. Einige Pflanzen benötigen wenig Wasser.
15. Die Schwedische Akademie in Stockholm ernennt die Nobelpreisträger (. . . *winners*).
16. Ein gesunder Mensch hat ungefähr 5 Liter Blut.
17. Wohin wandern die Vögel im Winter?
18. Kanada hat viele hohe Berge und schöne Seen.
19. Einige Tiere, z.B. Glühwürmchen, erzeugen ein kaltes Licht.
20. Fast alle europäischen Staaten gebrauchen das metrische System.
21. Ein Liter Wasser bei 4 Grad Celsius wiegt ein Kilogramm.
22. Der Mensch denkt, Gott lenkt.[1]

5.	**Fabrik** (*f.*) factory	15.	**ernennen** to name, select
6.	**süß** sweet	17.	**Vogel** (*m.*) bird
10.	**Wert** (*m.*) value, price	18.	**See** (*m.*) lake
11.	**Verbindung** (*f.*) compound	19.	**Glühwürmchen** (*n.*) glowworm
12.	**verändern** to change	22.	**Gott** (*m.*) God
	Umwelt (*f.*) environment		**lenken** to direct, guide
14.	**benötigen** to require		

---

1. Whenever possible, given common English equivalents for proverbs and quotations: *Man proposes, but God disposes.*

Das metrische System

Die meisten europäischen und viele außereuropäische Staaten ge-
brauchen das metrische System. Wissenschaftler in der ganzen Welt
gebrauchen fast ausschließlich das metrische System.

Die Einheit des (*of the*) Längenmaßes ist das Meter, die Einheit des
Gewichtsmaßes ist das Kilogramm. *Kilo* ... bedeutet in Verbindung mit 5
Maßen und Gewichten „tausend" .... 1000 Meter entsprechen daher
einem (*to a*) Kilometer. Ein Meter entspricht ungefähr dem 40 000 000.
Teil des Erdäquators. Ein Meter hat 10 Dezimeter, 100 Zentimeter und
1000 Millimeter. Eine Seemeile entspricht 1852 Metern.

Das Kilogramm ist das Gewicht eines (*of a*) Liters destillierten Wassers 10
bei 4 Grad Celsius. In Deutschland gleicht ein Kilogramm 2 deutschen
Pfunden, in den Vereinigten Staaten ungefähr 2,2 (zwei Komma zwei)
Pfunden. Ein Kilogramm (kg) hat hundert Dekagramm (dkg) und
tausend Gramm (g).

1 **außereuropäisch**   non-European
2 **Wissenschaftler** (*m.*)   scientist
  ganz   whole, entire
  Welt (*f.*)   world
4 **Einheit** (*f.*)   unit
  Längenmaß (*n.*)   linear measure
5 **bedeuten**   to mean
  in Verbindung mit   in connection with
6 **Maß** (*n.*)   measure
  Gewicht (*n.*)   weight

entsprechen   to correspond (to)
daher   therefore
8 **40 000 000.**   40,000,000th
  Teil (*m.*)   part
9 **Seemeile** (*f.*)   nautical mile
11 **gleichen**   to equal
12 **Pfund** (*n.*)   pound
  Vereinigte Staaten (*pl.*)   United States

Chapter 3

1. Genitive

The genitive articles are: **des, der, des; der**

das Werkzeug des Arbeiters[1]   *the worker's tool*
der Verlauf der Reaktion   *the course of the reaction*
die Farbe des Eisens   *the color of iron*
der Einfluß der Kirchen   *the influence of the churches*

Possession or a possessive relationship between nouns (English *of the* or *'s*) are expressed in the genitive case.

2. Dative

The dative articles are: **dem, der, dem; den**

(a) Indirect object

Die Sonne gibt der Erde Wärme.[2]
The sun gives the earth warmth.
Wir zeigen dem Besucher das neue Laboratorium.
We are showing the visitor the new laboratory.

The indirect object, that is, *to whom* or *for whom* an action is done, is expressed in the dative case.

---

1. Observe that nouns, too, may have case endings. For the moment, it is not essential for you to be able to recognize such endings in order to comprehend what you read. Later we will analyze these endings fully.
2. Under normal stress conditions, the indirect object precedes the direct object.

(b) The dative case also is used with certain verbs:

Die Bücher gehören der Universität.
The books belong to the university.
Wir glauben den Berichten.
We believe the reports.

3. Plural of Nouns

Noun plural endings, which exist in great variety in German, are not an important factor in accurate reading or translating. You need not memorize the plural ending of each noun. Chapter 1 cited a rule for determining the number of the subject. Later we will give you a few more criteria for determining the plural of most nouns you will meet in your reading.

In vocabularies and dictionaries, you will normally find plurals indicated with the symbols given in the right-hand column of the following list. Study the various plural endings and the symbols used to indicate them. Make it a practice to note the plural form of any noun you look up in the vocabulary.

SINGULAR	PLURAL	CHANGE	DICTIONARY SYMBOL
der Verfasser (*author*)	die Verfasser	no change	-
der Mantel (*coat*)	die Mäntel	umlaut added	¨
der Versuch (*experiment*)	die Versuche	e added	-e
der Sohn (*son*)	die Söhne	e plus umlaut	-e
der Mann (*man*)	die Männer	er plus umlaut	-er
das Lied (*song*)	die Lieder	er added	-er
der Gedanke (*thought*)	die Gedanken	n added	-n
das Auto (*auto*)	die Autos	s added	-s
die Frau (*woman*)	die Frauen	en added	-en

4. Past Tense of Weak Verbs and of <u>haben</u>

sagen	antworten	haben
ich sagte	ich antwortete	ich hatte
du sagtest	du antwortetest	du hattest
er sagte	er antwortete	er hatte

sagen	antworten	haben
sie sagte	sie antwortete	sie hatte
es sagte	es antwortete	es hatte
wir sagten	wir antworteten	wir hatten
ihr sagtet	ihr antwortetet	ihr hattet
sie sagten	sie antworteten	sie hatten

Weak verbs are verbs whose stem vowel does not change in the past tense, such as English *to like—liked.* In strong verbs the stem vowel changes: *to sing—sang.*

The characteristic ending of the past tense of German weak verbs is **te.** Verbs whose sterms end in **d, t (antworten)**, or in certain consonant clusters (**öffnen**) add an **e** before the past tense ending.

Do not confuse the present and the past tenses:

PRESENT:	**er sagt**	**sie sagen**	**er hat**	**sie haben**
PAST:	**er sagte**	**sie sagten**	**er hatte**	**sie hatten**

5. Meanings of the Past Tense

er sagte   *he said, he was saying, he did say*

Note that the past tense may also have three English meanings. Use the one that best fits the context.

Translation Practice:

1. Er hat ein Auto.
2. Ich hatte eine Frage (*question*).
3. Die Studenten hatten Fragen.
4. Die Frauen sagten kein Wort (*word*).
5. Was sagte der Student?
6. Was sagen Sie?
7. Ich habe keine Zeit (*time*).
8. Wer hat keine Zeit?
9. Warum antworten Sie nicht?
10. das Buch des Studenten
11. die Bücher der Studenten
12. Ich gebe dem Studenten das Buch.

6. Cardinal Numbers

0 null	10 zehn	20 zwanzig
1 ein(s)	11 elf	21 einundzwanzig
2 zwei, zwo	12 zwölf	30 dreißig
3 drei	13 dreizehn	40 vierzig
4 vier	14 vierzehn	50 fünfzig
5 fünf	15 fünfzehn	60 sechzig
6 sechs	16 sechzehn	70 siebzig
7 sieben	17 siebzehn	80 achtzig
8 acht	18 achtzehn	90 neunzig
9 neun	19 neunzehn	100 hundert

1 000 tausend
1 000 000 eine Million
1 000 000 000 eine Milliarde (*billion*)
1 000 000 000 000 eine Billion (*trillion*)

BASIC VOCABULARY

antworten	to answer	**kaufen**	to buy
bauen	to build	**Kunst** (*f.*), ̈-e	art
beantworten	to answer	**Luft** (*f.*), ̈-e	air
bedeuten	to mean, signify	**Monat** (*m.*), -e	month
Bedeutung (*f.*), -en	meaning, significance	**Römer** (*m.*), -	Roman
bekannt	(well) known	**Salz** (*n.*), -e	salt
dann	then	**sagen**	to say, tell
dienen	to serve, be used for	**Teil** (*m.*), -e	part, portion
Erfindung (*f.*), -en	invention	**verkaufen**	to sell
erst	first, only	**Verkäufer** (*m.*), -	salesman
Farbe (*f.*),-n	color	**Versuch** (*m.*), -e	experiment, attempt
Flüssigkeit (*f.*), -en	liquid	**Wärme** (*f.*)	warmth, heat
Forscher (*m.*), -	researcher	**was für (ein)**	what kind of
fragen	to ask	**Weltkrieg** (*m.*), -e	world war
gestern	yesterday	**wirtschaftlich**	economic, industrial
Idee (*f.*), -n	idea	**wissenschaftlich**	scientific, scholarly
Jahrhundert (*n.*), -e	century	**zeigen**	to show

Exercises

1. Das Jahr hat 12 Monate, 52 Wochen und 365 Tage.
2. Die V-2 Rakete war 14 m lang. (Das V bedeutet Vergeltungswaffe— *retaliatory weapon*.)
3. Warum beantworten Sie die Frage nicht?

4. Köhler baute das bekannte Ultraviolett-Mikroskop im Jahre 1901.
5. Die kalte Luft entzieht dem warmen Wasser Wärme.
6. Das Verfahren dient der Entfernung des Salzes.
7. Das wirtschaftliche Ausmaß der Erfindung war bedeutend.
8. Der Versuch machte den Forschern große Schwierigkeiten.
9. Die Luft beeinflußte die Farbe der Flüssigkeit.
10. Friedrich der Große sagte: „Der Fürst (*ruler*) ist der erste Diener des Staates."
11. Ein Amerikaner bestätigte die Spaltung (*splitting*) des Plutoniums.
12. Der erste Teil des Buches behandelt den Ersten Weltkrieg.
13. Der Erste Weltkrieg dauerte ungefähr vier Jahre.
14. Die Römer besetzten viele Teile Europas.[1]
15. Die moderne Kunst ist den meisten Menschen unverständlich.
16. Die Ideen Platons beeinflußten viele Philosophen der folgenden Jahrhunderte.
17. Die Parteien in einer parlamentarischen Monarchie treffen die Entscheidungen in allen Staatsgeschäften, und der Monarch ist der Repräsentant des Staates.
18. Ein Verkäufer in einer Buchhandlung verkauft Bücher.
19. Was für Bücher verkaufen Sie? Ich verkaufe wissenschaftliche Bücher.
20. Wieviel kostet das Buch? Es kostet zehn Mark.

2. **Rakete** (*f.*), **-n**   rocket
5. **entziehen**   to withdraw (from)
6. **Verfahren** (*n.*), **-**   process
   Entfernung (*f.*)   removal
7. **Ausmaß** (*n.*)   extent
   bedeutend   significant, important
8. **Schwierigkeit** (*f.*), **-en**   difficulty
9. **beeinflussen**   to influence
10. **Diener** (*m.*), **-**   servant
11. **bestätigen**   to confirm
12. **behandeln**   to treat

13. **dauern**   to last
14. **besetzen**   to occupy
15. **unverständlich**   unintelligible
16. **folgend**   following
17. **Partei** (*f.*), **-en**   political party
   Entscheidungen treffen   to make decisions
   Staatsgeschäft (*n.*), **-e**   government business or matter
18. **Buchhandlung** (*f.*), **-en**   bookstore
20. **kosten**   to cost

Zahlen von zehn bis hundert

Die Zahlen von zehn bis hundert sind sehr einfach. Von zehn an zählen wir (*we count*): elf, zwölf, dreizehn, vierzehn, fünfzehn, sechzehn, siebzehn, achtzehn, neunzehn, zwanzig, einundzwanzig, zweiundzwanzig usw.

5   Herr Schmidt war gestern in einer Buchhandlung und kaufte einige wissenschaftliche Bücher. Herr Schmidt fragte den Verkäufer: „Wieviel

---

1. The genitive of proper nouns is usually formed by the addition of **s**, as in English, but without the apostrophe.

kosten die Bücher?" Der Verkäufer antwortete: „Sie kosten 92 Mark."
Herr Schmidt zählte sein (*his*) Geld. Er hatte 10 Zehnmarkscheine (*10-mark bills*). Er zählte die Scheine: zehn, zwanzig, dreißig, vierzig, fünfzig,
sechzig, siebzig, achtzig, neunzig, hundert. Er gab (*gave*) dem Verkäufer   10
die hundert Mark. Der Verkäufer gab Herrn Schmidt drei Markstücke
(*1-mark coins*) und ein Fünfmarkstück (*5-mark coin*) und zählte:
„Dreiundneunzig, vierundneunzig, fünfundneunzig, hundert." Dann
sagte der Verkäufer: „Vielen Dank und auf Wiedersehen." Herr Schmidt
steckte die Bücher in seine Aktenmappe und sagte auch: „Auf   15
Wiedersehen."

1 **einfach** simple
4 **usw.** (*abbrev. for* **und so weiter**) and
  so on, etc.
14 **Dank** (*m.*) thanks

auf Wiedersehen good-by, see you
  again
15 **stecken** to put, place
Aktenmappe (*f.*), **-n** briefcase

Chapter 4

1. Indefinite Article ein

	M	F	N
NOMINATIVE:	ein	eine	ein
GENITIVE:	eines	einer	eines
DATIVE:	einem	einer	einem
ACCUSATIVE:	einen	eine	ein

Note that the indefinite article has the same case endings as the definite article (**des—eines, dem—einem, den—einen, der—einer**), except for the three forms underscored in the table above. These three forms do not have endings.

2. Ein-Words

Ein-words are limiting adjectives and are declined like **ein**. The **ein**-words are **kein** (*no, not any*) and the possessive adjectives.

	SINGULAR			PLURAL
	M	F	N	ALL GENDERS
NOMINATIVE:	kein	keine	kein	keine
GENITIVE:	keines	keiner	keines	keiner
DATIVE:	keinem	keiner	keinem	keinen
ACCUSATIVE:	keinen	keine	kein	keine

The possessive adjectives are:

SINGULAR		PLURAL	
mein	*my*	**unser**	*our*
dein	*your*	**euer**	*your*
sein	*his, its*	**ihr**	*their*
ihr	*her, its*	**Ihr**	*your*

3. Irregularities in the Present Tense of Strong Verbs

Some German strong verbs have a vowel change in the second and third persons singular of the present tense.

stoßen (*to push*)	**sehen** (*to see*)	**geben** (*to give*)	**laufen** (*to run*)
ich stoße	ich sehe	ich gebe	ich laufe
du stößt	du siehst	du gibst	du läufst
er stößt	er sieht	er gibt	er läuft
sie stößt	sie sieht	sie gibt	sie läuft
es stößt	es sieht	es gibt	es läuft
wir stoßen	wir sehen	wir geben	wir laufen
ihr stoßt	ihr seht	ihr gebt	ihr lauft
sie stoßen	sie sehen	sie geben	sie laufen

Changes in the second and third persons singular occur in some verbs having **e, a, au,** or **o** in their stem syllable. The vowels change as follows:

e to **ie** or **i**	**sehen** (*to see*)	**er sieht**
	geben (*to give*)	**er gibt**
a to **ä**	**backen** (*to bake*)	**er bäckt**
au to **äu**	**laufen** (*to run*)	**er läuft**
o to **ö**	**stoßen** (*to push*)	**er stößt**

Note: Some dictionaries list irregular forms only in an appended irregular verb list. Thus, if you wish to find out what **spricht** means and do not find it in the alphabetical listing of your dictionary, check the list of irregular verbs for a verb beginning with **spr**. In the column marked *present indicative*, you will find **spricht**. The infinitive is **sprechen**, which, of course, is listed in the dictionary proper.

4. Compound Nouns

Lehrbuch	*textbook* (teaching book)
Kalbfleisch	*veal* (calf meat)

Stadtbevölkerung	*urban population* (city population)
Sommersonnenschein	*summer sunshine*
Überschallgeschwin-	*supersonic speed* (above-sound speed)
digkeit	
Unterseeboot	*submarine* (underwater boat)
Gesundheitsregel	*health rule*

Compound nouns are very common in German because it is possible in German to form an almost unlimited number of word combinations. Many of these compounds, as such, are not listed in dictionaries, and you will need to break them up into their component parts and then check the meaning of each component.

The combinations may consist of several nouns,[1] or of nouns plus other words. The key part of the compound is the last element, with the preceding elements usually functioning as modifiers.

The last component determines the gender of the compound and takes both plural ending and umlaut, if an umlaut is indicated.

Motor (*m.*), **-en**	*motor*
Rad (*n.*), **-̈er**	*wheel, cycle*
Motorrad (*n.*), **-̈er**	*motorcycle*
PLURAL: **Motorräder**	*motorcycles*

When two or more compound nouns in a sentence have the same final component, a hyphen is used to avoid repetition:

Morgen- und Abendzeitung	*morning and evening newspaper*
Straßen-, Luft- und	*road, air, and marine traffic*
Wasserverkehr	

5. Ordinal Numbers

1. der, die, das erste	19. der neunzehnte
2. der zweite	20. der zwanzigste
3. der dritte	30. der dreißigste
4. der vierte	100. der hundertste
7. der sieb(en)te	101. der hunderterste

---

1. Occasionally, **s** is inserted between nouns of a compound: for example, the compound **Gesundheitsregel** is composed of **Gesundheit** (*health*) and **Regel** (*rule*).

From 2 to 19, **t** + adjective ending are added to cardinal numbers. From 20 on, **st** + adjective ending are added. German ordinals are numerically indicated by the number followed by a period.

BASIC VOCABULARY

also	thus, therefore	**ihr**	her, its, their
ander-	other, different	**Ihr**	your
Anfang (*m.*), ¨-e	beginning, origin	**kurz**	short, brief
aus	out of, from	**mein**	my, mine
beschreiben	to describe	**Mitarbeiter** (*m.*), -	co-worker
bis	till, until, to	**nach**	after, to
Brief (*m.*), -e	letter	**nur**	only, but
dein	yours, your	**schreiben**	to write
dritt-	third	**sehen (ie)**	to see, look
durch	through, by	**sein**	his, its
enthalten (ä)	to contain, include	**sondern**	but
essen (i)	to eat	**Sonne** (*f.*), -n	sun
er ißt	he eats	**Stamm** (*m.*), ¨-e	tribe, stem
fallen (ä)	to fall, sink	**über**	over, about
Form (*f.*), -en	form, shape, type	**Umwelt** (*f.*), -en	environment
frei	free, uncombined	**unser**	our
für	for, in favor of	**verändern**	to change
Geschichte (*f.*), -n	history, story	**Volk** (*n.*), ¨-er	people, nation
heutig	present-day, present		

EXERCISES

1. Gradmesser der Zivilisation eines Volkes ist die soziale Stellung der Frau. (Domingo F. Sarmienti, 1888–1911, Argentinien)
2. Der dritte Paragraph enthält einen offensichtlichen Widerspruch.
3. Mein Artikel beschreibt unsere neuen Versuchsergebnisse.
4. Im heutigen Afrika gibt es viele neue Staaten.
5. Das Buch enthält eine kurze Geschichte der germanischen Stämme.
6. Die Niederschlagsmenge in den Bergen beträgt über tausend Millimeter.
7. Heute schreibe ich meinem Vater und meiner Mutter einen langen Brief.
8. Deutschland hatte über dreißig politische Parteien nach dem Ersten Weltkrieg.
9. Frau Doktor, wann beginnt Ihre Vorlesung?
10. Dein Mitarbeiter bestätigte meine Resultate.

1. **Gradmesser** (*m.*),- indicator (of the degree), (*figurative*)
   sozial social
   Stellung (*f.*), -en position
2. **offensichtlich** obvious
   Widerspruch (*m.*), ¨-e contradiction
3. **Versuchsergebnis** (*n.*), -se experimental result
6. **Niederschlagsmenge** (*f.*), -n amount of precipitation
9. **Vorlesung** (*f.*), -en lecture

11. In totalitären Ländern gibt es keine Redefreiheit.
12. Der Zweite Weltkrieg hatte seinen Anfang mit dem Einmarsch deutscher Truppen in Polen am 1.9.39. (ersten September 1939).
13. Der Mensch sieht seine eigenen Fehler nicht, nur die Fehler anderer Menschen.
14. „Der Mensch ist, was er ißt", sagte Ludwig Feuerbach, ein deutscher Rationalist.
15. Der Talmud enthält die Lehren und Gesetze für den jüdischen Gottesdienst (*divine service*), Vorschriften für die Lebensführung des jüdischen Volkes und geschichtliche, geographische und mathematische Lehren.
16. Wir verändern unsere Umwelt durch unsere Tätigkeit.
17. Er und seine Mitarbeiter untersuchten das Problem.
18. Die Geschwindigkeit des Schalles (*sound*) in der Luft beträgt 333 m in der Sekunde.
19. Der junge Kuckuck wirft die Eier seiner Pflegeeltern (*foster parents*) aus ihrem Nest. Sie füttern ihr Adoptivkind, bis es aus dem Nest fällt.
20. Sonne-, Wasser- und Sanduhren sind alte Uhrenformen.

11. **Redefreiheit** (*f.*) freedom of speech
12. **mit dem Einmarsch. . . in** with the march . . . into
    Truppe (*f.*), **-n** troop
13. **eigen** own
    Fehler (*m.*), **-** mistake, error
15. **Lehre** (*f.*), **-n** teaching
    Gesetz (*n.*), **-e** law
    jüdisch Jewish
    Vorschrift (*f.*), **-en** rule
    Lebensführung (*f.*) conduct of life

geschichtlich historical
16. **Tätigkeit** (*f.*), **-en** activity
18. **Geschwindigkeit** (*f.*), **-en** speed, velocity
19. **Kuckuck** (*m.*), **-e** cuckoo
    Ei (*n.*), **-er** egg
    werfen (i) to throw
    füttern to feed
    Adoptivkind (*n.*), **-er** adopted child
20. **Uhr** (*f.*), **-en** clock

Kurze Geschichte der deutschen Universitäten

Einige deutsche Universitäten sind sehr alt. Kaiser Karl IV. gründete die erste deutsche Universität im Jahre 1348 in Prag. Prag ist heute natürlich nicht in Deutschland, sondern in der Tschechoslowakei. Die zweitälteste (*second-oldest*) deutsche Universität ist in Wien (1365), also
5 auch nicht im heutigen Deutschland. Die älteste Universität Deutschlands ist in Heidelberg (1386). Im Jahr 1500 hatte Deutschland sechzehn Universitäten. Die Hauptlehrfächer waren das römische (*roman*) und kanonische Recht (*law*), Theologie, Philosophie und Medizin.

Die Bundesrepublik hat heute Universitäten, Technische Hochschu-
10 len, Spezialhochschulen und viele andere Bildungsanstalten (*educational institutions*), wie z.B. Musikhochschulen und Pädagogische Akademien.

Die DDR (Deutsche Demokratische Republik) hat auch viele Bildungs-
anstalten. Die berühmte Humboldt-Universität ist im Ostsektor, die Freie
Universität im Westsektor Berlins.

1 **gründen** to found
4 **Wien** (*n.*) Vienna
7 **Hauptlehrfach** (*n.*), **-er** main field of
   study, main subject
9 **Bundesrepublik** (*f.*) Federal Republic

Hochschule (*f.*), **-n** university, college
10 **spezial** special
11 **wie z.B.** as for example
13 **Ost, Osten** (*m.*) east

Chapter 5

1. Der-Words

| | SINGULAR | | | PLURAL |
	M	F	N	ALL GENDERS
NOMINATIVE:	dieser	diese	dies(es)	diese
GENITIVE:	dieses	dieser	dieses	dieser
DATIVE:	diesem	dieser	diesem	diesen
ACCUSATIVE:	diesen	diese	dies(es)	diese

The **der**-words have the same case endings as the definite articles **der, die, das.** Learn the meanings of the **der**-words:

dieser	*this, this one*	**mancher**	*many a;* pl. *some*
alle (pl.)	*all*	**solcher**	*such*
jener	*that, that one*	**welcher**	*which, what*
jeder	*each, every*		

When **dieser** and **jener** occur in the same sentence, they frequently mean *the latter* and *the former:*

Washington und Lincoln waren amerikanische Präsidenten. Jener war der erste, dieser der sechzehnte (*16th*) Präsident.

2. Past Tense of Strong Verbs

Compare the past tense of weak and strong verbs:

WEAK VERB	STRONG VERB
sagen (*to say*)	**gehen** (*to go*)
ich sagte	ging
du sagtest	gingst
er sagte	ging
sie sagte	ging
es sagte	ging
wir sagten	gingen
ihr sagtet	gingt
sie sagten	gingen

Note that strong verbs have no ending in the first and third persons singular. Characteristic of strong verbs is the vowel change in the past tense. Many types of vowel changes occur. Hence, if you cannot find a verb form in the vocabulary and suspect that it might be of an irregular verb, check the list of irregular verbs in Appendix 2 and find the infinitive of the verb.

The vocabulary lists vowel changes as follows:

sehen (a, e; ie): **sehen** (infinitive), **sah** (past tense), **gesehen** (past participle), **sieht** (irregular third person present tense);

gehen (i, a): **gehen** (infinitive), **ging** (past tense), **gegangen** (past participle). Here, the third person of the present tense is not given, hence it is regular. When no vowel change is indicated, the verb is weak.

3. Irregular Weak Verbs

Irregular weak verbs have a vowel change in the past tense, but the verb endings in the past are the same as those of the weak verbs.

INFINITIVE	PAST TENSE
denken (*to think*)	**ich dachte, wir dachten**
nennen (*to name*)	**ich nannte, wir nannten**
bringen (*to bring*)	**ich brachte, wir brachten**
wissen (*to know*)	**ich wußte, wir wußten**

Translation practice:

sie gibt	**es goß**	**ich gab**
sie kamen	**er besuchte**	**sie geben**
es enthält	**wir kannten**	**es geschah**

4. Present and Past Tense of <u>werden</u> (to become)

PRESENT	PAST	
ich werde	ich wurde	ward
du wirst	du wurdest	wardst
er wird	er wurde	ward
wir werden	wir wurden	
ihr werdet	ihr wurdet	
sie werden	sie wurden	

The form **ward** is archaic, but it still may be found occasionally.

Und Gott sprach: Es werde Licht. Und es ward Licht.
And God said, Let there be light: and there was light.

Der Name Ford wurde in der ganzen Welt bekannt.
The name Ford became known in the whole world.

Der Wein wurde zu Essig.
The wine turned to vinegar.

Werden + zu is best translated: *to turn (in)to.*

5. Word Order

(a) Important Element at End of Sentence

Cellulose ist in Wasser und verdünnten Säuren unlöslich.
Cellulose is insoluble in water and diluted acids.

Read the complete sentence before translating. A predicate adjective or some other important element may stand at the end of the sentence but is translated immediately after the verb.

(b) Normal and Inverted Word Order

NORMAL:

Präsident Roosevelt verkündete die vier Freiheiten im Jahre 1941.
President Roosevelt proclaimed the four freedoms in 1941.

INVERTED:

Im Jahre 1941 verkündete Präsident Roosevelt die vier Freiheiten.
Die vier Freiheiten verkündete Präsident Roosevelt im Jahre 1941.

In declarative sentences, the verb is always in second position. In normal word order, the subject is in initial position. In inverted word order, an element other than the subject is in initial position, and the subject usually stands immediately after the verb.

Translation Hints:

1. When a German sentence begins with an adverb or adverbial phrase, translate the adverb or phrase first, then the subject and verb.

2. When a direct object begins a sentence, either translate the subject first and proceed in regular order, or begin with the object and follow with a passive construction: *The four freedoms were proclaimed by President Roosevelt in 1941.*

3. When an indirect object is the initial element, it is best to begin with the subject:

Den Forschern machte der Versuch große Schwierigkeiten.
The experiment caused the scientists great difficulties.

BASIC VOCABULARY

(Irregular verbs are indentified by a small superior circle throughout)

als	as, when, than	**Lösung** (*f.*), **-en**	solution
auf	on, upon	**manch**	some, many a
beginnen°	to begin	**mehr**	more
Bevölkerung (*f.*)	population	**mit**	with
bringen°	to bring	**nun**	now
dieser	this, the latter	**rot**	red
entstehen°	to arise, develop, originate	**schnell**	rapid, fast
Entwicklung (*f.*), **en**	development	**so**	so, such
		solch	such
Ergebnis (*n.*), **-se**	result	**stark**	strong
etwa	about, perhaps	**steigen°**	to rise
Fluß (*m.*), **-sse**	river	**ungefähr**	about, approximately
Gebiet (*n.*), **-e**	area, region, field	**verschieden**	various, different
Jahrzehnt (*n.*), **-e**	decade	**von**	of, from
jeder	each, every	**vor**	before, ago
jener	that, the former, the one	**Welt** (*f.*), **-en**	world
		werden°	to become
Krieg (*m.*), **-e**	war	**wichtig**	important
leben	to live	**ziehen°**	to move, pull
letzt	last	**zwischen**	between

IRREGULAR VERBS

INFINITIVE	PAST	PRESENT
beginnen	**begann**	**beginnt**
bringen	**brachte**	**bringt**
empfinden	**empfand**	**empfindet**
entsprechen	**entsprach**	**entspricht**
entstehen	**entstand**	**entsteht**

INFINITIVE	PAST	PRESENT
erleiden	erlitt	erleidet
gießen	goß	gießt
kommen	kam	kommt
schaffen	schuf	schafft
schreiben	schrieb	schreibt
steigen	stieg	steigt
treten	trat	tritt
werden	wurde	wird
ziehen	zog	zieht

EXERCISES

1. Die Bevölkerung Kaliforniens stieg sehr schnell in den letzten Jahrzehnten.
2. Der Student schrieb seinen Eltern jede Woche einen langen Brief.
3. Nach dem Deutsch-Französischen Krieg wurde Deutschland ein Kaiserreich.
4. Manche Blumen sind Fleischfresser.
5. Die Arbeiten von Pasteur bestätigten diese Befunde.
6. Der Dreißigjährige Krieg (1618-1648) begann als Religionskrieg zwischen Protestanten und Katholiken, wurde aber später mehr und mehr zum Krieg um Macht- und Ländergewinn.
7. Die Lösung jenes Problems ist schwierig.
8. Diesem Punkte (*point*) *a* auf der Linie *AB* entspricht Punkt *n* auf der Linie *NM*.
9. Der Chemiker goß die rote Flüssigkeit in ein anderes Gefäß.
10. Nach jedem Versuch schrieb er die Ergebnisse in sein Notizbuch.
11. Nach dem Zweiten Weltkrieg stieg die Produktion in der Industrie sehr schnell.
12. Deutschland erlitt eine totale Niederlage im Zweiten Weltkrieg.
13. Auf den Ruinen dieser Städte entstanden neue, moderne Städte.
14. Friedrich Nietzsche empfand den Niedergang des Menschen und forderte ein neues, kräftiges und starkes Menschengeschlecht, den „Übermenschen".
15. In der Kunst der Renaissance trat die Darstellung des Menschen und seiner Umwelt in den Vordergrund. Die Schönheit des menschlichen Körpers wurde neu entdeckt.
16. Der Staat fördert nun die Entwicklung solcher Industrien.
17. Den Studenten erklärte Einstein nicht alle Einzelheiten seiner Theorie.
18. Nach einem Regen wird das Wasser des Flusses trüb.
19. Die erste Kunde von den großen Schätzen in der Neuen Welt brachten die Spanier nach Europa.

20. Die Angelsachsen und Langobarden waren germanische Stämme.
Jene zogen nach England, diese nach Norditalien.

3. **französisch** French
Kaiserreich (*n.*), **-e** empire
4. **Blume** (*f.*),**-n** flower
Fleischfresser (m.), **-** carnivore
5. **bestätigen** to confirm
Befund (*m.*), **-e** finding, state
6. **später** later
um Macht- und Ländergewinn for
the gain of power and territories
7. **schwierig** difficult
8. **Linie** (*f.*), **-n** line
entsprechen° to correspond
9. **gießen°** to pour
Gefäß (*n.*), **-e** vessel
10. **Notizbuch** (*n.*), **-̈er** notebook
12. **erleiden°** to suffer
Niederlage (*f.*), **-n** defeat
13. **Ruine** (*f.*), **-n** ruin
14. **empfinden°** to feel, sense, perceive
fordern to demand, advocate

kräftig powerful, vigorous
Geschlecht (*n.*), **-er** race
Übermensch (*m.*), **-en** superman
15. **Darstellung** (*f.*), **-en** portrayal
Vordergrund (*m.*) foreground
Schönheit (*f.*), **-en** beauty
Körper (*m.*), **-** body
wurde neu entdeckt was rediscovered
16. **fördern** to further
Industrie (*f.*), **-n** industry
17. **erklären** to explain
Einzelheit (*f.*), **-en** detail
18. **Regen** (*m.*), **-** rain
trüb muddy, cloudy
19. **Kunde** (*f.*) news
Schatz (*m.*), **-̈e** treasure
Spanier (*m.*), **-** Spaniard
20. **Angelsachse** (*m.*), **-n** Anglo-Saxon
Italien (*n.*) Italy

Die Völkerwanderung

Vor der Völkerwanderung lebten nur wenige germanische Stämme
in Westeuropa. Die Geschichte erzählt von den Cimbern (*Cimbri*) und
Teutonen (*Teutons*) und ihren Kriegen mit den Römern von ungefähr
100 v. Chr. (vor Christi) bis etwa 100 n. Chr. (nach Christi).
Die große Flut der Germanen nach Mittel- und Westeuropa kam nach   5
375 n. Chr. Die Ursache der Völkerwanderung ist nicht ganz klar. Viel-
leicht gab es (*there were*) verschiedene wichtige Gründe, wie z. B. Land-
armut, Hungersnot und die Hunnen (*Huns*). Die Hunnen, ein kriegslu-
stiges und tapferes Volk, verdrängten die Germanen aus dem Gebiet
zwischen dem Rhein und der Elbe, und viele germanische Stämme zogen   10
dann in Gebiete, wo ihre Nachkommen ihre heutigen Wohnsitze haben.
Die Angelsachsen wanderten nach England, die Franken nach dem heu-
tigen Westfrankreich, die Bajuwaren (*Bavarians*) und Alemannen nach
dem heutigen Bayern und Österreich, die Langobarden (*Lombards*) nach
Norditalien. So schuf die Völkerwanderung die Grundlagen für die   15
staatliche Entwicklung in Mittel- und Westeuropa.

1 **Völkerwanderung** (*f.*) migration of
nations, period of migrations
2 **erzählen** to tell
5 **Flut** (*f.*), **-en** flood
Germane (*m.*), **-n** Teuton, member
of a Germanic tribe
kommen° to come

6 **Ursache** (*f.*), **-n** cause
ganz entirely, whole
vielleicht perhaps
7 **Grund** (*m.*), **-̈e** cause, reason
Landarmut (*f.*) scarcity of land
8 **Hungersnot** (*f.*) famine
kriegslustig bellicose, warlike

9 **tapfer** brave
  verdrängen to displace, push out
11 **Nachkomme** (*m.*), **-n** descendant
  heutig present
  Wohnsitz (*m.*), **-e** home

13 **Frankreich** (*n.*) France
14 **Bayern** (*n.*) Bavaria
15 **schaffen°** to create, make, prepare
  Grundlage (*f.*), **-n** basis
16 **staatlich** political, national

Review 1

Deutschland

Landesnatur

Deutschland hat drei große Landschaftszonen: das Norddeutsche Tiefland, das Deutsche Mittelgebirge und das Alpengebiet. Das Norddeutsche Tiefland ist die Fortsetzung des Nordfranzösischen Tieflandes. Im Osten des Norddeutschen Tieflandes ist das Osteuropäische Tiefland. Die höchsten Erhebungen erreichen eine Höhe von 200 bis 300 m. Im Norddeutschen Flachland gibt es viele Seen und Moore, Sand- und Schotterflächen.

Die deutschen Mittelgebirgslandschaften sind sehr mannigfaltig. In diesem Teil Deutschlands finden wir viele Wälder und niedere Berge. Die höchsten Erhebungen liegen im Riesengebirge und erreichen eine Höhe von 1600 m.

Die Alpen sind im Süden des Landes. Der höchste Berg ist die Zugspitze (2968 m). In diesem Gebiet sind zahlreiche Gebirgsseen, Flüsse und Wälder. Viele Touristen besuchen das Alpengebiet.

5

10

15

2 **Landschaftszone** (*f.*), **-n** geographic region
3 **Tiefland** (*n.*), **-e** lowland
   Mittelgebirge (*n.*) Mittelgebirge, central chain of mountains
   Alpengebiet (*n.*), **-e** Alpine region
4 **Fortsetzung** (*f.*), **-en** continuation
5 **Osten** (*m.*) east
6 **höchst-** highest
   Erhebung (*f.*), **-en** elevation
   erreichen to attain
   Höhe (*f.*), **-n** height
7 **Flachland** (*n.*), **-e** low land, flat land

   See (*m.*), **-n** lake
   Moor (*n.*), **-e** swamp, moor
8 **Schotter** (*m.*) stone, slag, rock
   Fläche (*f.*), **-n** area, surface
9 **Landschaft** (*f.*), **-en** scene, landscape
   mannigfaltig varied, manifold
10 **Wald** (*m.*), **-er** forest
   nieder low
11 **liegen°** to lie, be located
   Riesengebirge (*n.*) Riesengebirge, Giant Mountains
14 **zahlreich** numerous
15 **besuchen** to visit

39

Klima

Die meisten Teile Deutschlands haben ein kontinentales Klima, warme
Sommer und kalte Winter. Im Osten Deutschlands sind die jährlichen
Temperaturschwankungen bedeutend. Deutschland liegt in der gemä-
20 ßigten Zone. Hier sind Westwinde und Niederschläge zu allen Jahres-
zeiten charakteristisch. Die Niederschlagsmenge beträgt im Durchschnitt
690 mm, jedoch in den Alpen über 1000 mm.

Geschichte

Die Bewohner Deutschlands gehören zum germanischen Zweig der
25 indogermanischen Sprachfamilie. Um Christi Geburt besetzten die
Römer Teile des Landes. Die Bayern, Alemannen, Sachsen und Friesen
kamen während der Völkerwanderung des 3. bis 5. Jahrhunderts in ihre
heutigen Gebiete. Die Franken zogen weiter nach Westen.

Wir finden den Anfang des „deutschen" Staates im großfränkischen
30 Reich Karls des Großen (768–814). Im Jahre 800 krönte der Papst Karl
den Großen in Rom zum Kaiser. Die Blütezeit des mittelalterlichen
Deutschlands fällt in die Epoche zwischen 900 und 1250. Von 1438 bis
1806 regierten die Habsburger als Kaiser des „Heiligen Römischen
Reiches Deutscher Nation".

35 Im 18. Jahrhundert begann Preußens Aufstieg, und in dieses Jahr-
hundert fällt auch die Blütezeit der „klassischen" deutschen Dichtung.
Nach dem siegreichen Krieg gegen Frankreich wurde der preußische
König, Wilhelm I., der erste Kaiser des Deutschen Reiches (1871). Dieses
Reich war ein Bundesstaat. Nun folgte ein bedeutender politischer und
40 wirtschaftlicher Aufstieg, besonders in der Industrie. Großstädte ent-
standen, und Berlin wurde zu einer Weltstadt. Der Lebensstandard des
deutschen Volkes stieg. Die deutschen wissenschaftlichen, technischen
und kulturellen Leistungen wurden in der ganzen Welt bekannt.

Nach dem Ersten Weltkrieg (1914–1918) wurde Deutschland eine
45 Republik. Die wirtschaftliche Depression und die innere Schwäche der
Republik, mit über dreißig Parteien, verhalfen Adolf Hitler zur Macht.
Hitlers Politik führte schließlich zum Zweiten Weltkrieg. Er endete 1945
mit der totalen Niederlage Deutschlands.

Heute besteht das Land aus zwei verschiedenen politischen Einheiten,
50 der Bundesrepublik Deutschland (BRD) und der Deutschen Demo-
kratischen Republik (DDR). Berlin (West) ist ein Land der Bundesre-
publik Deutschland, steht aber unter der Kontrolle und dem Schutz der
drei Westmächte. Seit 1957 ist Berlin die Hauptstadt der Bundesrepub-
lik, aber der Sitz der Bundesregierung ist noch Bonn.

18 **jährlich** annual
19 **Schwankung** (*f.*), **-en** variation,
 change
 bedeutend significant, important
 gemäßigt moderate
20 **Niederschlag** (*m.*), **-̈e** precipitation
21 **Menge** (*f.*), **-n** amount
 Durchschnitt (*m.*) average
22 **jedoch** however
24 **Bewohner** (*m.*), **-** inhabitant
 gehören to belong
 zum to the
 Zweig (*m.*), **-e** branch, twig
25 **indogermanisch** Indo-European
 Sprachfamilie (*f.*), **-n** family of
 languages
 um about, around
 Geburt (*f.*), **-en** birth
 besetzen to occupy
26 **Bayer** (*m.*), **-n** Bavarian
27 **während** during
28 **weiter** farther, further
30 **Reich** (*n.*), **-e** empire
 krönen to crown
 Papst (*m.*), **-̈e** pope
31 **Blütezeit** (*f.*), **-en** golden age
 mittelalterlich medieval

33 **regieren** to rule
 heilig holy
35 **Preußen** (*n.*) Prussia
 Aufstieg (*m.*) rise
36 **Dichtung** (*f.*), **-en** literature
37 **siegreich** victorious
 gegen against
 Frankreich (*n.*) France
39 **Bundesstaat** (*m.*), **-en** federal state
 folgen to follow
40 **besonders** especially
41 **Weltstadt** (*f.*), **-̈e** metropolis
43 **Leistung** (*f.*), **-en** achievement
45 **Schwäche** (*f.*), **-n** weakness
46 **Partei** (*f.*), **-en** party
 verhelfen° to aid, help
 Macht (*f.*), **-̈e** power
47 **Politik** (*f.*) policy, policies
 führen to lead
 schließlich finally, eventually
49 **bestehen° aus** to consist of
 Einheit (*f.*), **-en** unit, entity
52 **Schutz** (*m.*) protection
53 **seit** since
 Hauptstadt (*f.*), **-̈e** capital
54 **Sitz** (*m.*), **-e** seat
 noch still

IRREGULAR VERBS

INFINITIVE	PAST	PRESENT
beginnen	begann	beginnt
entstehen	entstand	entsteht
fallen	fiel	fällt
geben	gab	gibt
kommen	kam	kommt
steigen	stieg	steigt
verhelfen	verhalf	verhilft
ziehen	zog	zieht

Chapter 6

1. Prepositions

Observe the meanings of **von** in the following examples:

Ich komme von der Stadt.   *I am coming from the city.*
Im Kriege lebten diese Leute   *During the war these people lived*
von Kartoffeln.   *on potatoes.*
Diese Ergebnisse sind von   *These results are of practical*
praktischer Bedeutung.   *significance.*

German prepositions often have several distinct meanings, both basic and idiomatic, each of which may affect the translation of a sentence in a special way. You will need to determine from the context which meaning best fits the situation. Sometimes the dictionary or verb and idiom lists will help you establish the most accurate meaning. When looking up words in the dictionary, check the meanings of prepositions that may be given with these words, especially with verbs.

Prepositions require dependent nouns or pronouns to be in the genitive, dative, or accusative. You need not memorize what case is used with what preposition. Learn the basic and some of the idiomatic meanings of the following prepositions. (Others will be listed in subsequent vocabularies.) Basic or common meanings appear after the listed prepositions. Some idiomatic meanings are illustrated in the examples.

an   *on, at, to*   **am (an dem) Tage**
                                during the day
                                Rußland ist reich an Mineralien.
                                Russia is rich in minerals.

auf	*on, upon*	**Wir warten auf den Frühling.**
		We are waiting for spring.
		Die Lebensbedingungen auf dem Lande sind anders.
		Living conditions in the country are different.
		Auf diesem Gebiet habe ich keine Erfahrung.
		In this field I do not have any experience.
aus	*from, of*	**aus diesem Grunde**
		for this reason
		aus Gehorsam zu
		in obedience to
bei	*at, with*	**bei Salzen**
		in (the case of) salts
		beim (bei dem) Sieden
		on (upon, when) boiling
durch	*through*	**Durch diesen Versuch bewies er seine Theorie.**
		With this experiment he proved his theory.
für	*for*	**Ich interessiere mich für die gotische Baukunst.**
		I am interested in Gothic architecture.
nach	*after*	**Wir verfuhren nach der Methode von Weber.**
		We proceeded according to the method of Weber.
um	*at, around*	**Dieses Stück ist um vier Meter größer.**
		This piece is four meters larger.
von	*from, of*	**Das Buch handelt von den Säugetieren.**
		The book deals with the mammals.
zu	*to*	**Zur (zu der) Reinigung des Wassers gebrauchen wir Chlor.**
		For the purification of water we use chlorine.
		Zu der Zeit war dies noch nicht bekannt.
		At that time this was not yet known.

2. Contraction of Prepositions

Prepositions are often contracted with certain definite articles.

am	an dem	im	in dem
aufs	auf das	ums	um das
beim	bei dem	vom	von dem
durchs	durch das	zur	zu der
fürs	für das	zum	zu dem
ins	in das		

3. Prepositions Following Nouns or Pronouns

diesen Vorschriften gemäß	*according to these directions*
der Geschwindigkeit wegen	*because of the speed*
deswegen	*because of this, for this reason*
meiner Meinung nach	*in (according to) my opinion*
demnach	*according to this*
dem Kupfer gegenüber	*compared to copper*
demgegenüber	*compared to that*
der Genauigkeit halber	*for the sake of accuracy*

Some prepositions, of which the most common are given above, may *follow* a noun or pronoun.

4. Man

man sagt *one says, people say, we say, it is said*

Als Katalysator verwendet man Platin.
We use (one uses) platinum as a catalyst.
Platinum is used as a catalyst.

Man is an indefinite pronoun meaning *one, they, people, we*. It occurs only in the nominative and is always the subject of the clause. **Man** is sometimes best expressed by an English passive construction.

BASIC VOCABULARY

Abbildung (*f.*), **-en** illustration, figure
allein alone, only, but
Bau (*m.*), **-e, -ten** construction, building
bestehen° aus to consist of
bestimmt certain, definite
bzw. (beziehungs- weise) or, respectively
Brot (*n.*), **-e** bread
eng narrow, close

Erklärung (*f.*), **-en** explanation
folgen to follow
geben° to give, yield
es gibt there is, there are
gegen against, toward
gemäß according to
Geschwindigkeit (*f.*), **-en** speed, velocity

immer	always, ever	sowohl . . . wie	both . . . and, not
war schon immer	has always been		only . . . but also, . . . as well as
kaum	hardly, scarcely		
Lage (*f.*), **-n**	position, situation	**Strom** (*m.*), **-̈e**	current, stream
Meinung (f.), -en	opinion, belief	um	around, about, at
menschlich	human, humane	**Untersuchung** (*f.*), **-en**	investigation, examination
möglich	possible	verwenden	to use, employ
Möglichkeit (*f.*), **-en**	possibility	während	during
nennen°	to name, call	wegen	because of
ohne	without	**Werk** (*n.*), **-e**	work, plant
Reich (*n.*), **-e**	empire, state, realm	**Wien** (*n.*)	Vienna
seit	since	**Zeit** (*f.*), **-en**	time
Seite (*f.*), **-n**	page, side	ziemlich	rather, fairly

IRREGULAR VERBS

INFINITIVE	PAST	PRESENT
bestehen	bestand	besteht
entstehen	entstand	entsteht
geben	gab	gibt
kommen	kam	kommt
nennen	nannte	nennt

EXERCISES

1. Die Erde wandert in einem Jahr um die Sonne.
2. Der Mensch lebt nicht von Brot allein.
3. Die Physiologie ist die Wissenschaft von den Lebensvorgängen bei Pflanzen, Tieren und Menschen.
4. Man beobachtete Geschwindigkeiten bis zu 99, 6% der Lichtgeschwindigkeit.
5. Das Oberhaupt eines Königreiches nennt man einen König.
6. Bei kernphysikalischen Prozessen betragen die Reaktionsenergien einige Millionen Elektrovolt (*MeV*).
7. Man verwendet auch chromatographische Methoden zur Bestimmung der verschiedenen Penicilline.
8. Wegen des hohen Salzgehaltes ist das Tote Meer ohne Tierwelt.
9. Zum Nachweis bzw. zur Messung schwacher Ströme gebraucht man Galvanometer.

3. **Lebensvorgang** (*m*), **-̈e** vital function
4. **beobachten** to observe
   bis zu up to
5. **Oberhaupt** (*n.*) head, ruler
   Königreich (*n.*), **-e** kingdom
6. **kernphysikalisch** nuclear physical

Prozeß (*m.*), **-sse** process
7. **Bestimmung** (*f.*), **-en** determination, identification
8. **Gehalt** (*m.*), **-e** content
   Totes Meer (*n.*) Dead Sea
9. **Nachweis** (*m.*), **-e** proof, detection

10. Diesem Bericht nach zeigt die Bundesrepublik ein starkes Interesse für die Grundlagenforschung (*basic research*).
11. Den Vorschriften gemäß verwendet man einen Lichtzeiger bei empfindlichen (*sensitive*) Instrumenten.
12. Seiner Lage wegen war Österreich schon immer ein strategisch wichtiges Land.
13. Die wirtschaftliche und politische Lage im Lande war hoffnungslos. Deswegen war meiner Meinung nach eine Revolution unvermeidlich.
14. Eine ausführliche Erklärung innerhalb des engen Bereiches dieser Untersuchung ist nicht möglich.
15. Die bekannten Antibiotica äußern ihre Wirkung fast immer nur gegen bestimmte Gruppen von Mikroorganismen.
16. Eine lange Zeit gab es ein Deutsches Reich nur dem Namen nach.
17. Für den Bau dieser Strommesser (*ammeters*) verwendet man sowohl die magnetische Wirkung wie die Wärmewirkung des Stromes.
18. Nicht für die Schule, sondern für das Leben lernen wir.
19. In Deutschland nannte man Amerika das Land der unbegrenzten Möglichkeiten.

10. **Bericht** (*m.*), **-e** report
11. **Vorschrift** (*f.*), **-en** rule, instruction
    Lichtzeiger (*m.*), **-** light indicator
13. **hoffnungslos** hopeless
    unvermeidlich unavoidable
14. **ausführlich** detailed
    innerhalb within

Bereich (*m.*), **-e** range, scope, realm
15. **äußern** to show, exert
16. **dem Namen nach** in name
17. **Wirkung** (*f.*), **-en** effect
    Wärme (*f.*) heat
18. **Schule** (*f.*), **-n** school
19. **unbegrenzt** unlimited

Das Erste, Zweite und Dritte Reich

Etwa seit der Mitte des 13. Jahrhunderts entstanden auf dem Boden des Heiligen Römischen Reiches Deutscher Nation (*Holy Roman Empire*) ziemlich unabhängige Territorialstaaten. Das Deutsche Reich der folgenden Jahrhunderte war ein loser Staatenbund. Das Oberhaupt dieses
5 Bundes war der habsburgische Kaiser in Wien. Dieses erste Reich kam zu Ende im Jahre 1806, während der Napoleonischen Kriege.

Eine große Anzahl von souveränen Königreichen (*kingdoms*), Herzogtümern (*dukedoms*) und freien Reichsstädten folgte. Das Zweite Deutsche Reich war das Werk Bismarcks nach dem Deutsch-Französischen Krieg
10 (1870–1871). Der König von Preußen wurde der neue deutsche Kaiser.

1 **Boden** (*m.*), **-en** soil, foundation
3 **unabhängig** independent
  folgend following
4 **los** loose

5 **Bund** (*m.*), **-̈e** federation, union
7 **Anzahl** (*f.*) number
8 **Reichsstadt** (*f.*), **-̈e** imperial city
10 **Preußen** (*n.*) Prussia

Der letzte deutsche Kaiser war Wilhelm II. Dieses Reich kam zu Ende
nach der Revolution von 1918.

Im Jahre 1933 kam das nationalsozialistische Regime an die Macht.
Man nannte es das ,,Dritte Reich" und auch das ,,Tausendjährige Reich".
Es dauerte aber kaum zwölf Jahre.   15

11 **letzt-** last   14 **tausendjährig** thousand-year
13 **Macht** (*f.*), ¨e power   15 **kaum** scarcely

Chapter 7

1. Adjective Endings

In previous lessons, you have translated a considerable number of adjectives without great difficulty, even though you may not have been aware of adjective endings. However, a knowledge of adjective endings is often essential for accurate translation.

(a) Adjectives without Endings

Das Eisen ist hart.	*Iron is hard.*
Das Wetter wurde kalt.	*The weather turned cold.*
Die Lebensbedingungen waren gut.	*Living conditions were good.*

Note that predicate adjectives (after the verbs **sein** and **werden**) do not have adjective endings.

(b) Adjectives with Endings

kaltes Wasser	*cold water*
das kalte Wasser	*the cold water*
ein großer Chemiker	*a great chemist*

Adjectives standing before a noun have special endings.

2. Declension of Adjectives

Some adjective endings may help you determine singulars, plurals, and cases. Learn to recognize the various types of adjective endings.

(a) Adjectives Preceded by a Definite Article or **Der-**Word

SINGULAR

	M	F	N
NOM:	der gute Stahl	die gute Milch	das gute Licht
GEN:	des guten Stahls	der guten Milch	des guten Lichts
DAT:	dem guten Stahl	der guten Milch	dem guten Licht
ACC:	den guten Stahl	die gute Milch	das gute Licht

PLURAL ALL GENDERS

NOM:	die guten Eier
GEN:	der guten Eier
DAT:	den guten Eiern
ACC:	die guten Eier

Observe: **der, die, das** with adjective **-e** ending: noun always singular. **die** with adjective **-en** ending: noun always plural.

(b) Adjectives Preceded by an Indefinite Article or **Ein-**Word

SINGULAR

	M	F
NOM:	mein guter Freund	meine gute Freundin
GEN:	meines guten Freundes	meiner guten Freundin
DAT:	meinem guten Freunde	meiner guten Freundin
ACC:	meinen guten Freund	meine gute Freundin

	N
NOM:	mein neues Buch
GEN:	meines neuen Buches
DAT:	meinem neuen Buche
ACC:	mein neues Buch

PLURAL, ALL GENDERS

NOM:	meine neuen Bücher
GEN:	meiner neuen Bücher
DAT:	meinen neuen Büchern
ACC:	meine neuen Bücher

Observe: A noun preceded by an **ein-**word ending in **-e** and an adjective ending in **-en** is plural: **meine guten Bücher** *my good books.*

Observe: Adjectives preceded by **ein**-words have endings identical with those preceded by **der**-words, except after the three *uninflected* **ein**-words (see boxes).

des guten Stahls
eines guten Stahls

(c) Unpreceded[1] Adjectives

	SINGULAR			PLURAL
	M	F	N	ALL GENDERS
NOM:	guter Stahl	gute Milch	gutes Licht	gute Eier
GEN:	guten Stahls	guter Milch	guten Lichtes	guter Eier
DAT:	gutem Stahl	guter Milch	gutem Licht	guten Eiern
ACC:	guten Stahl	gute Milch	gutes Licht	gute Eier

Note that the endings of these adjectives are the same as those of the **der**-words, except for the genitive singular, masculine and neuter, which is practically never used.

3. Adjectives Used as Nouns

Nouns formed from adjectives are not usually listed in the dictionary; you will need to look up the basic adjective if you do not find the noun listed.

MASCULINE

der Kranke   *the sick man*
                  (boy)
ein Kranker

der Starke   *the strong man*
                  (boy)
ein Starker

FEMININE

die Kranke   *the sick woman*
                  (girl)
eine Kranke

die Schöne   *the beautiful*
                  woman (girl)
eine Schöne

NEUTER

das Schöne   *the beautiful*
das Wesentliche   *the essential*
                        (thing)

PLURAL

die Kranken   *the sick*
die Deutschen *the Germans*

Adjectives used as nouns are capitalized. Masculine nouns usually denote males, feminine nouns females, and neuter nouns abstractions. These nouns are inflected like adjectives preceding a noun:

---

1. Not preceded by an article or a **der-** or **ein-**word.

der Kranke (Mann)	ein	Kranker (Mann)
des Kranken (Mannes)	eines	Kranken (Mannes)
dem Kranken (Mann)	einem	Kranken (Mann)
den Kranken (Mann)	einen	Kranken (Mann)

Translation Practice:

Das Wahre, Gute und Schöne	das Wichtige
viel Gutes	etwas Ähnliches
nichts Gutes	viel Interessantes
alles Gute	die Starken
etwas Gutes	

BASIC VOCABULARY

ähnlich	similar	glücklich	happy, fortunate
arm	poor	Grieche (*m.*), -n	Greek
außer	besides, except for	Hälfte (*f.*), -n	half
beeinflussen	to influence	Körper (*m.*), -	body
besuchen	to visit, attend	krank	ill, sick
bewegen	to move	Mittelalter (*n.*)	Middle Ages
Einfluß (*m.*), ¨sse	influence	Nacht (*f.*), ¨e	night
einzig	only, single	nichts	nothing
entwickeln	to develop	noch	still, even
etwas	something, some,	noch nicht	not yet
	somewhat	schon	already
fest	solid, firm,	wir wissen es	we have known
	permanent	schon lange	it for a long
finden°	to find		time
Flugzeug (*n.*), -e	airplane	spielen	to play
flüssig	liquid	tot	dead
früh	early	tragen°	to carry, bear
führen	to lead	wesentlich	essential, impor-
gelten°	to be valid, be true		tant, consider-
geistig	intellectual, mental		able
gleich	same, equal	wissen°	to know

IRREGULAR VERBS

INFINITIVE	PAST	PRESENT
ergeben	ergab	ergibt
finden	fand	findet
gelten	galt	gilt
tragen	trug	trägt
wissen	wußte	weiß
ziehen	zog	zieht

EXERCISES

1. Während der Wirtschaftskrise von 1930 hatte Deutschland über 7 Millionen Arbeitslose.

1. **Wirtschaftskrise** (*f.*), -n depression   **arbeitslos** unemployed

2. Viele Verwandte und Bekannte besuchten die Kranke im Krankenhaus.
3. Aus christlicher Nächstenliebe verteilte Tolstoi sein großes Vermögen an die Armen.
4. Die neue Untersuchung ergab nichts Wesentliches.
5. Das Gute an dem Buch ist nicht neu, und das Neue ist nicht gut.
6. Das Gleiche gilt auch für viele andere Bücher.
7. Nach dem Flugzeugunfall fand man nur Tote und Schwerverwundete.
8. Heute ist der 21. August, Ihr Geburtstag. Ich wünsche Ihnen (*you*) alles Gute.
9. Der Franzose Louis Braille entwickelte eine Schrift für die Blinden.
10. Im frühen Mittelalter zogen einige germanische Stämme nach Österreich.
11. Farbloses Licht ist ein Gemisch von Lichtwellen verschiedener Längen.
12. Man verwendet Filter zur Trennung fester und flüssiger Körper.
13. In diesen Untersuchungen fand man etwas Wichtiges.
14. Kupfer ist, außer Gold, das einzige farbige Metall und, außer Silber, der beste Leiter für Wärme und Elektrizität.
15. Die wirtschaftliche Entwicklung des letzten Jahrhunderts war fast unglaublich.
16. Etwas Endgültiges über die Sicherheit dieses Atomkraftwerkes ist noch nicht bekannt.
17. Das (*that*) ist natürlich nichts Neues, wir wissen es schon lange.
18. Etwas Ähnliches wußten schon die alten Griechen.
19. Edmund Burke, der große englische Staatsmann und Redner, hatte zwei Gesichter: Der eine Burke war der Bewahrer des Alten, der andere war der Reformer, der Liberale.
20. Die Romantik beeinflußte in der ersten Hälfte des 19. Jahrhunderts fast alle Bereiche des kulturellen und geistigen Lebens in Deutschland.

2. **verwandt** related
   Verwandte (*m.*), **-n** relative
   bekannt acquainted, known
3. **Nächstenliebe** (*f.*) love for one's fellow man, charity
   verteilen to distribute
   Vermögen (*n.*) wealth
4. **ergeben°** to yield, give, show
7. **Unfall** (*m.*), **∸e** accident
   schwerverwundet seriously injured
8. **Geburtstag** (*m.*), **-e** birthday
9. **Schrift** (*f.*), **-en** script, form of writing
11. **farblos** colorless

Gemisch (*n.*), **-e** mixture
Welle (*f.*), **-n** wave
12. **Trennung** (*f.*) separation
14. **Kupfer** (*n.*) copper
   farbig colored
   Leiter (*m.*), **-** conductor
15. **unglaublich** unbelievable
16. **endgültig** final
   Sicherheit (*f.*) safety
19. **Redner** (*m.*), **-** orator, speaker
   Gesicht (*n.*), **-er** face, aspect
   Bewahrer (*m.*), **-** preserver
20. **Bereich** (*m.*), **-e** sphere, area

Die Romantik

Die Romantik war eine ästhetisch-literarische Epoche in der Literatur verschiedener europäischer Länder. In Deutschland dauerte sie von ungefähr 1790 bis 1840. Sie ist gekennzeichnet durch einen Abfall vom verstandesmäßigen Denken und von aller Nüchternheit. Gefühl, Phantasie, Stimmung und Sehnsucht bewegten die Romantiker. Ihre Sehn- 5
sucht trug sie aus der Wirklichkeit in eine glückliche Vergangenheit und in ferne Länder. Das Geheimnisvolle und Unergründliche, der Traum und die Nacht faszinierte ihr Denken.

Die Romantik hatte einen starken Einfluß auf fast alle Bereiche des kulturellen und geistigen Lebens. Sie beeinflußte die Kunst, Musik, Phi- 10
losophie und andere Gebiete. Bekannte Namen in der Musik sind Weber, Schubert und Mendelssohn. Im Gesellschaftlichen führte der romantische Subjektivismus zu einer Lockerung der sittlichen Bindungen. Auch geistreiche Frauen spielten eine Rolle in der Entwicklung der deutschen Romantik. 15

3 **gekennzeichnet** characterized
  Abfall (*m.*) **vom** revolt against
4 **verstandesmäßig** rational
  Nüchternheit (*f.*) sobriety, dullness
  Gefühl (*n.*), **-e** feeling
5 **Stimmung** (*f.*) mood, emotion
  Sehnsucht (*f.*) longing
6 **Wirklichkeit** (*f.*) reality
  Vergangenheit (*f.*) past
7 **fern** distant

geheimnisvoll mysterious
unergründlich unfathomable
Traum (*m.*), **-̈e** dream
9 **Bereich** (*m.*), **-e** realm, sphere
11 **Gebiet** (*n.*), **-e** field, area
12 **gesellschaftlich** social
13 **Lockerung** (*f.*) loosening
  sittlich moral, ethical
  Bindung (*f.*), **-en** bond, tie
14 **geistreich** gifted, clever

Chapter 8

1. Adverbs

in wahrhaft tropischer Hitze	*in truly tropical heat*
eine leicht lösliche Substanz	*an easily soluble substance*
Der Fasan kam ursprünglich aus Asien.	*The pheasant originally came from Asia.*
Die Flüssigkeit verdunstete schnell.	*The liquid evaporated rapidly.*

Many German adjectives function also as adverbs and as such have no endings. Adverbs modify adjectives, verbs, or other adverbs. Most English adverbs end in -*ly*.

2. Verbs with Separable and Inseparable Prefixes

(a) Inseparable Prefixes

Simple German verbs often are used to form compound verbs. Either separable or inseparable prefixes may be added to the simple verb.

Inseparable prefixes (**be-, emp-, ent-, er-, ge-, hinter-, miß-, ver-, zer-**) are integral parts of the compound verb and are never separated from the simple verb. The prefix usually changes the meaning of the simple verb:

stehen	*to stand*
bestehen	*to exist*
entstehen	*to originate*
gestehen	*to admit*
verstehen	*to understand*

54

Some prefixes imply certain types of actions, but because there are numerous exceptions, check the meaning of each compound verb before you translate. Two prefixes, **ent-** and **zer-,** have fairly consistent meanings, which may help you determine the meaning of the compound verb:

ent- *away from*

entfernen	*to remove* (*take away from*)
entziehen	*to withdraw, take away*
entwässern	*to drain* (*take water away from*)

zer- *to pieces*

zerbrechen	*to shatter* (**brechen** *to break*)
zerreißen	*to tear to pieces* (**reißen** *to tear*)
zerschlagen	*to break up* (**schlagen** *to strike*)

(b) Separable Prefixes

Die Vorlesung fängt um 9 Uhr an.   *The lecture begins at nine o'clock.*

The verb in this sentence is **fängt . . . an,** its infinitive is **anfangen, an** being a *separable prefix*. Separable prefixes are detached from the simple verb in main clauses in the present and past tenses and stand last in the clause. Prepositions, infinitives, adjectives, or adverbs may serve as separable prefixes. The most common separable prefixes are: **ab, an, auf, aus, ein, her, hin, mit, nach, vor, zusammen.**

Follow this procedure when translating German sentences containing verbs with separable prefixes; for example:

Wir ziehen diese Methode der alten vor.
We prefer this method to the old one.
Die Uhr blieb um zehn Minuten nach eins stehen.
The clock stopped at ten minutes after one.

Read the whole sentence before attempting to translate, and pay particular attention to the end of a clause. Frequently, the last word of a clause may be a separable prefix. Attach it to the stem of the simple verb and look up the infinitive of this combination in the dictionary. In the above sentences, the infinitives of the compound verbs are **vorziehen** and **stehenbleiben.** Remember that lists of irregular verbs normally do not include verbs with inseparable or separable prefixes. You will have to determine the infinitive of the simple verb before checking the compound infinitive in the vocabulary or in a dictionary.

Translate the following verbs. Use the List of Irregular Verbs, if necessary, and the Vocabulary:

er zieht . . . vor	er wies . . . nach
sie empfing	sie verstanden
er fing . . . an	es kommt . . . vor
er dachte . . . nach	sie zogen . . . vor
er fängt . . . an	sie nahmen . . . teil

3. Recognizing Singulars and Plurals of Nouns

(a) Singular

1. When preceded by **das, des, dem** or by **ein-**words having no ending or **-es, -em** endings.
2. Subject noun, if verb does not have **-en** ending.
3. Feminine nouns ending in **-ung, -heit, -keit, -schaft, -ie, -ik, -in, -ion, -tät, -ei** (their plurals have **-en** endings).

(b) Plural

1. **die** with obviously masculine noun: **die Stiere** (*bulls*).
2. **die** plus noun ending in **-en**: **die Klassen**.
3. **die** plus adjective ending in **-en**: **die hohen Löhne** (*the high wages*).
4. Subject noun, if verb ends in **-en, -n** or is **sind**.
5. Noun without article is frequently plural. Check the context before deciding.

When these rules or the context do not help you, consult the vocabulary or a dictionary.

BASIC VOCABULARY

anziehen° (*sep.*)	to attract	Kraft (*f.*), ¨-e	power, force,
auftreten° (*sep.*)	to occur, appear		strength
Auge (*n.*), -n	eye	Mutter (*f.*), ¨-er	mother
ausüben (*sep.*)	to exert	nachdenken° (*sep.*)	to reflect, think
auswandern (*sep.*)	to emigrate		(about)
besitzen°	to possess, have	sofort	immediately
Bruder (*m.*), ¨	brother	stattfinden° (*sep.*)	to take place,
daher	therefore, hence		occur
Dampf (*m.*), ¨-e	steam, vapor	Ursprung (*m.*), ¨-e	origin, source
Eigenschaft (*f.*), -en	property, quality	Veränderung (*f.*),	change
einfach	simple	-en	
einteilen (*sep.*)	to divide, classify	verhältnismäßig	relative,
Entdeckung (*f.*), -en	discovery		comparative
erhalten°	to receive, obtain	verstehen°	to understand
Eisen (*n.*)	iron	vorziehen° (*sep.*)	to prefer
gewöhnlich	usual, common	wahrscheinlich	probable, plausible

weich	soft	**weiter**	further, additional
weiß	white	**Wort** (*n.*), **-e, -̈er**	word, term

IRREGULAR VERBS

In subsequent listings of irregular verbs, only forms of the simple verb will be given. Irregular verbs appearing in the exercises and reading selections will not be listed if the form of a verb encountered is regular, such as **findet**.

INFINITIVE	PAST	PRESENT
beginnen	**begann**	**beginnt**
geben	**gab**	**gibt**
gehen	**ging**	**geht**
halten	**hielt**	**hält**
schmelzen	**schmolz**	**schmilzt**
schreiben	**schrieb**	**schreibt**
stehen	**stand**	**steht**
stoßen	**stieß**	**stößt**
treten	**trat**	**tritt**
ziehen	**zog**	**zieht**

EXERCISES

1. Zwischen 1820 und 1920 wanderten über 6 Millionen Deutsche in die Neue Welt aus.
2. Wir verstanden fast jedes Wort der Vorlesung des deutschen Physikers.
3. Keine Veränderung des Moleküls findet hier statt.
4. Phosphor tritt in zwei Zustandsformen (*states*) auf, als weißer und als roter.
5. Ein Magnet zieht andere Eisenstücke an.
6. Ein Magnet übt auf einen andern Magneten und auf weiches Eisen mechanische Kräfte aus.
7. Elektrische Thermometer zeigen die Temperatur durch thermo-elektrische Ströme an.
8. Im Jahre 1900 stellten Rutherford und Soddy die Zerfallstheorie auf.
9. Eisen besitzt technisch sehr wichtige Eigenschaften.
10. 1895 gab Röntgen seine große Entdeckung bekannt.
11. Die Atome sind gewöhnlich elektrisch neutral.
12. Die Brüder Orville und Wilbur Wright führten im Jahre 1903 mit einem selbstgebauten Doppeldecker den ersten Motorflug aus.

2. **Vorlesung** (*f.*), **-en** lecture
5. **Stück** (*n.*), **-e** piece
8. **aufstellen** (*sep.*) to formulate, set up
   Zerfallstheorie (*f.*) disintegration theory
9. **technisch** technical, commercial, industrial

10. **bekanntgeben**° (*sep.*) to make known, announce
12. **ausführen** (*sep.*) to carry out
    selbstgebaut built by themselves, home-made
    Doppeldecker (*m.*), **-** biplane
    Flug (*m.*), **-̈e** flight

13. 1912 stieß der englische Dampfer *Titanic* auf seiner ersten Reise nach New York mit einem Eisberg zusammen und ging mit 1500 Menschen unter.

14. In seiner Autobiographie beschrieb der Staatsmann die Einflüsse seiner Erziehung auf seine persönliche Entwicklung.

15. Die Ingenieure zogen Eisen seiner Härte wegen dem Aluminium vor.

16. Jod (*iodine*) schmilzt nicht, sondern geht sofort aus der festen Form in Dampf und auch aus dem Dampf sofort in die feste Form über.

17. Lichtwellen verschiedener Längen rufen in unserem Auge den Eindruck verschiedener Farben hervor.

18. 774 eroberte Karl der Große das Langobardenreich und gliederte es in sein Reich ein.

19. Diese Methode ist verhältnismäßig einfach.

20. Die alten Römer teilten das Jahr in nur zehn Monate ein. Der zweite römische Kaiser fügte zwei weitere Monate hinzu.

13. **zusammenstoßen°** (*sep.*) to collide
    Reise (*f.*), **-n** trip, voyage
    untergehen° (*sep.*) to sink
14. **beschreiben°** to describe
    Erziehung (*f.*) education
15. **Härte** (*f.*) hardness
16. **schmelzen°** to melt
    übergehen° (*sep.*) to change, transform

17. **hervorrufen°** (*sep.*) to bring about, call forth
    Eindruck (*m.*), **¨-e** impression
18. **erobern** to conquer
    eingliedern (*sep.*) to incorporate
20. **hinzufügen** (*sep.*) to add

Unsere Monatsnamen*

Plutarch machte in seiner Lebensbeschreibung des „Numa Pompilius", des zweiten römischen Königs, einige Angaben über den Ursprung unserer Monatsnamen.

Die alten Römer vor Numa teilten das Jahr in nur zehn Monate ein.
5 Numa fügte den Januar und den Februar hinzu. Der Januar erhielt seinen Namen von dem Friedensgott Janus. Im Februar feierten die Römer die Trauerfeste (*Februa*), daher der Name Februar. Romulus, der erste König Roms, weihte den Monat März dem Kriegsgott Mars. Eine Erklärung für den Namen April geht auf das lateinische Wort

1 **Lebensbeschreibung** (*f.*), **-en** biography
2 **Angabe** (*f.*), **-n** statement, assertion
6 **Friedensgott** (*m.*) god of peace

feiern to celebrate
7 **Trauerfest** (*n.*), **-e** mourning ceremonial
8 **weihen** to consecrate, dedicate

---

* Adapted from an article by Hans Neumeister, Heft 4, 1977, *Langenscheidts Sprach-Illustrierte*, Langenscheidt-Verlag, Berlin–München.

aperire (öffnen, der Frühling öffnet die Saat für ein neues Leben) zurück. 10
Der Mai ist nach der Mutter des Merkur, Maja, benannt. Der Juni war
wahrscheinlich der Göttin Juno gewidmet. Juli ehrte den Julius Cäsar,
August den Kaiser Augustus. Die Monate September, Oktober, Novem-
ber und Dezember leiten ihre Namen einfach von ihrer Stellung (der
7. bis 10. Monat) im alten römischen Jahr her. Das Jahr begann mit dem 15
Monat März. Der September war daher der 7. Monat des Jahres, der
Oktober der 8. usw.

10	**zurückgehen°** (*sep.*) to go back		**gewidmet** dedicated
	öffnen to open		**ehren** to honor
	Saat (*f.*), **-en** seed	14	**herleiten** (*sep.*) to derive
11	**benannt** named		**Stellung** (*f.*), **-en** position
12	**Göttin** (*f.*), **-nen** goddess		

Chapter 9

1. Perfect Tenses

In English, perfect tenses consist of forms of the auxiliary verb *to have* plus the past participle of the main verb: *he has seen* (present perfect), *he had seen* (past perfect). In German, the perfect tenses consist of forms of **haben** or **sein** plus the past participle.[1]

PRESENT PERFECT

er, sie, es hat gesagt	**er, sie, es ist gekommen**
sie haben gesagt	**sie sind gekommen**

PAST PERFECT

er, sie, es hatte gesagt	**er, sie, es war gekommen**
sie hatten gesagt	**sie waren gekommen**

Verbs that take a direct object (*transitive verbs*) use **haben.** Some *intransitive verbs* (which do not take direct objects) use **sein;** others use **haben.**

2. Meanings of the Perfect Tenses

The German present perfect is usually equivalent to the English past tense; occasionally, however, the English present perfect may be better:

er hat gesagt *he said (has said)*
er ist gekommen *he came (has come)*

---

1. Only third-person forms will be illustrated in this and subsequent lessons, since such forms most frequently occur in reading. Other forms of **haben** and **sein** may be reviewed in Chapters 1, 2, and 3.

In the past perfect, **hatt-** and **war-** are equivalent to *had*:

er hatte gesagt   *he had said*
er war gekommen   *he had come*

3. Past Participles

(a) Weak Verbs

PAST PARTICIPLE	COMPONENTS	INFINITIVE
1. gesagt	ge-sag-t	sagen
2. bezahlt	bezahl-t	bezahlen
3. verzeichnet	verzeichn-et	verzeichnen
4. filtriert	filtrier-t	filtrieren
5. ausgedrückt	aus-ge-drück-t	ausdrücken

Dictionaries do not ordinarily list past participles. You must, therefore, be able to derive the infinitive of a verb by analyzing the past participle. Observe that the past participles of weak verbs end in **-t** or **-et**. To determine the infinitive of the past participle of a weak verb, drop the prefix **ge-** (where used) and the ending **-(e)t**, and add **-en** to the stem.

Note the following:

1. **gesagt**	Simple verbs, with the exception of those with infinitive in **-ieren,** have **ge-** as prefix in the past participle.
2. **bezahlt** 3. **verzeichnet**	Verbs with inseparable prefixes have no **ge-** past participle prefix.
4. **filtriert**	Verbs in **-ieren** have no **ge-** past participle prefix.
5. **ausgedrückt**	In verbs with separable prefixes, **ge-** stands between the separable prefix and the stem of the verb in the past participle.

(b) Strong Verbs

PAST PARTICIPLE	COMPONENTS	INFINITIVE
gesungen	ge-sung-en	singen
genommen	ge-nomm-en	nehmen
bestanden	be-stand-en	bestehen
angefangen	an-ge-fang-en	anfangen

The past participles of strong verbs end in **-en.** Simple verbs have **ge-** as prefix in the past participle, verbs with inseparable prefixes (**bestehen**) do not. In verbs with separable prefixes, **ge-** stands between the separable prefix and the stem.

To determine the infinitive of a strong verb, check the List of Irregular Verbs. Simple verbs can be found under the initial letter of the stem (**gesungen** under **s**). An exeption is **gewesen**, the past participle of **sein** (*to be*):

er ist gewesen   *he was (has been)*
er war gewesen   *he had been*

To determine the infinitive of a compound verb, find the infinitive of the simple verb, then add the separable or inseparable prefix.

4. Word Order

Viele deutsche Revolutionäre sind 1848 und 1849 nach Amerika gekommen.
Many German revolutionaries came to America in 1848 and 1849.

The complete verb in this sentence is **sind gekommen** (*came*). Note that the past participle stands at the end of the main clause. The auxiliary (**sind**), here the *finite* verb, stands in second position.

The finite verb is the *inflected* or *conjugated* form of the verb, indicating person and number of the subject, and tense. In simple tenses, it is the verb itself; in compound tenses, it is the auxiliary. Remember: When you come to a form of **haben** or **sein**, *check the end of the clause for a past participle to see whether the form of* **haben** *or* **sein** *is an auxiliary of a perfect tense.* If it is, translate the complete verb as a unit.

BASIC VOCABULARY

abgeben° (*sep.*)	to give off, pass on	**Gesundheit** (*f.*)	health
außer	except for, outside of	**Hauptstadt** (*f.*), **-̈e**	capital
		Heimat (*f.*)	native land
beeinflussen	to influence	**jemand**	someone
beitragen° (*sep.*)	to contribute	**kämpfen**	to fight, battle
berichten	to report	**kennenlernen**	to learn, become
bestimmen	to determine	(*sep.*)	acquainted with
Bewegung (*f.*), **-en**	movement	**Landwirtschaft** (*f.*)	agriculture
bleiben°	to stay, remain	**Lehre** (*f.*), **-n**	doctrine, teaching
deshalb	therefore	**lesen°**	to read
Einwohner (*m.*), **-**	inhabitant	**nötig**	necessary, needed
erhöhen	to increase, raise	**rein**	pure, clean
ermöglichen	to make possible	**Sprache** (*f.*), **-n**	language, speech
erscheinen°	to appear	**spät**	late
Gelehrte (*m.*), **-n**	scholar, scientist	**sprechen°**	to speak
geschehen°	to happen, take place	**steigern**	to intensify, increase

Teilnehmer (*m.*), -	participant	**vor**	before, ago
Vereinigte Staaten (*pl.*)	United States	**vor zehn Jahren**	ten years ago
Vernunft (*f.*)	reason	**vorbereiten** (*sep.*)	to prepare

IRREGULAR VERBS

INFINITIVE	PAST	PAST PARTICIPLE	PRESENT
bleiben	blieb	geblieben	bleibt
finden	fand	gefunden	findet
fliehen	floh	geflohen	flieht
geschehen	geschah	geschehen	geschieht
kommen	kam	gekommen	kommt
nehmen	nahm	genommen	nimmt
nennen	nannte	genannt	nennt
scheinen	schien	geschienen	scheint
schließen	schloß	geschlossen	schließt
sprechen	sprach	gesprochen	spricht
weisen	wies	gewiesen	weist

EXERCISES

1. Die Medizin hat unsere Lebenserwartung erhöht.
2. Wir haben diesen Gelehrten schon in Paris kennengelernt.
3. Die Erfindung der Dampfmaschine hat die Massenherstellung von industriellen Produkten ermöglicht.
4. Sind Sie schon in Salzburg gewesen? Diese Stadt, die Hauptstadt des Landes Salzburg, hat viel zur Förderung des Fremdenverkehrs beigetragen.
5. Die heutige kommunistische Bewegung hat ihren Ursprung in den Lehren von Marx und Engels.
6. Vor zweihundert Jahren ist die Elektrizität noch eine reine Spielerei (*plaything*) der Gelehrten gewesen.
7. Der Unfall war in wenigen Sekunden geschehen.
8. Durch seine Bibelübersetzung hat Luther der deutschen Sprache einen großen Dienst erwiesen.
9. Nach der Revolution von 1848 sind viele deutsche Intellektuelle nach den Vereinigten Staaten ausgewandert.
10. Der norwegische Polarforscher Roald Amundsen hatte während der Suche nach Nobiles Luftschiff sein Leben für seinen italienischen Rivalen Nobile geopfert.

1. **Lebenserwartung** (*f.*) life expectancy
3. **Dampfmaschine** (*f.*), -n steam engine
   Herstellung (*f.*) production
4. **Förderung** (*f.*) advancement
   Fremdenverkehr (*m.*) tourism
7. **Unfall** (*m.*), -̈e accident
8. **Übersetzung** (*f.*), -en translation
10. **Suche** (*f.*) search
    Luftschiff (*n.*), -e airship
    opfern to sacrifice

11. Die wirtschaftliche Entwicklung des letzten Jahrhunderts hat die Gesetzgebung, die Verwaltung und den moralischen Druck des Staates gesteigert.

12. Außer der Bibel hatte Jakob Böhme, der große deutsche Mystiker, nur einige mystische Schriften theosophischen und alchimistischen Inhalts gelesen.

13. Im letzten Jahrzehnt sind in Deutschland viele wissenschaftliche Arbeiten erschienen.

14. Osteuropäische Staaten haben landwirtschaftliche Betriebe von 50 000 Hektar und mehr entwickelt.

15. Viele hessische Soldaten sind nach dem amerikanischen Freiheitskrieg in den Vereinigten Staaten geblieben.

16. In seiner *Kritik der reinen Vernunft* hat[1] Kant die Grenzen aller menschlichen Erkenntnis untersucht und bestimmt.

17. Die Zellen haben[1] die nötigen Aufbaustoffe für den Stoffwechsel aus diesen Flüssigkeiten aufgenommen und die Stoffwechselschlacken an die Flüssigkeiten abgegeben.

11. **Gesetzgebung** (*f.*) legislation
    Verwaltung (*f.*) administration
    Druck (*m.*) pressure
12. **Schrift** (*f.*), **-en** work, writing, script
    Inhalt (*m.*) content
14. **landwirtschaftliche Betriebe**
    (*pl.*) agricultural (farming) units
    Hektar (*n.*), **-e** hectare (2.5 acres)
15. **hessisch** Hessian
    Soldat (*m.*), **-en** soldier

Freiheitskrieg (*m.*), **-e** war of independence
16. **Grenze** (*f.*), **-n** limit, boundary
    Erkenntnis (*f.*), **-se** knowledge
17. **Zelle** (*f.*), **-n** cell
    Aufbaustoff (*m.*), **-e** synthesis material
    aufnehmen° (*sep.*) to absorb
    Stoffwechsel (*m.*) metabolism
    Schlacke (*f.*), **-n** waste material

Die „Latin Farmers" von Belleville, Illinois

Im Jahre 1815 hatten die Herrscher von Preußen, Österreich und Rußland einen Bund, die Heilige Allianz, geschlossen. Dieser Bund, unter Metternichs Einfluß, führte eine Zeit der Unterdrückung und Reaktion herbei.

5   In deutschen Ländern, sowie in Italien, Frankreich und Polen haben die radikalen Studenten und viele Intellektuelle dagegen gekämpft. 1833

1 **Herrscher** (*m.*), **-** ruler
2 **Bund** (*m.*), **-e** alliance
   schliessen° to form, conclude
3 **Unterdrückung** (*f.*) suppression

4 **herbeiführen** (*sep.*) to bring about
5 **sowie** as well as
6 **dagegen** against it

---

1. Note that the auxiliary governs two past participles: **untersucht** and **bestimmt** (16), **aufgenommen** and **abgegeben** (17).

kam es in Frankfurt am Main zu einem Aufstandsversuch, aber er wurde
schnell niedergeschlagen.

Einige Teilnehmer sind nach Amerika geflohen, fanden in Belleville,
Illinois, eine neue Heimat und wurden Farmer. Sie hatten aber keine 10
Erfahrung in der Landwirtschaft. Als europäische Intellektuelle sprachen
aber alle Latein. Deshalb haben ihre amerikanischen Nachbarn sie (*them*)
die ,,Latin Farmers'' genannt. Diese Einwanderer beeinflußten das poli-
tische und kulturelle Leben im Staate Illinois. Bis ins späte 19. Jahr-
hundert sprachen viele Einwohner von Belleville fast nur Deutsch. Auch 15
die schwarzen Dienstboten, so berichtet ein Historiker, sagten ,,Gesund-
heit'', nachdem jemand geniest hatte.

7	**Aufstandsversuch** (*m.*), **-e** attempted		13	**Einwanderer** (*m.*), **-** immigrant
	uprising		16	**schwarz** black
8	**niederschlagen°** (*sep.*) to put down			**Dienstbote** (*m.*), **-n** servant
9	**fliehen°** to flee		17	**nachdem** after
11	**Erfahrung** (*f.*), **-en** experience			**niesen** to sneeze
12	**Nachbar** (*m.*), **-n** neighbor			

Chapter 10

1. Present Participle

das siedende Wasser	*the boiling water*
die fliegende Untertasse	*the flying saucer*

The present participle is formed by adding **d** to the infinitive: **sieden—siedend, fliegen—fliegend, liefern—liefernd.** Watch for words ending in **end** or **nd** (plus adjective ending).

2. Participles Used as Adjectives and Adverbs

(**a**) Adjectives

das verbotene Land	*the forbidden land*
siedendes Wasser	*boiling water*
Das ist verboten.	*That is forbidden.*

When used as adjectives before a noun, both past and present participles have endings in accordance with the outline for adjective endings given in Chapter 7.

(**b**) Adverbs

siedend heißes Wasser   *boiling hot water*

Participles used as adverbs have no endings.

3. Past Participle Used with <u>sein</u>

As we have seen in Chapter 9, transitive verbs (those that may take a direct object) normally use **haben** as an auxiliary to form a perfect tense. When a form of **sein** is used with the past participle of a transitive verb, the past participle functions as a predicate adjective. Observe the following sentences:

1. **In der Tabelle haben wir die Ergebnisse wiedergegeben.**
   We have shown the results in the table.
2. **In der Tabelle sind die Ergebnisse wiedergegeben.**
   The results are shown in the table.
3. **Die Studenten sind ins Theater gegangen.**
   The students went to the theater.

In (1), **haben wiedergegeben** is the present perfect tense. In (2), **wiedergegeben** is a predicate adjective. In (3), **sind gegangen** is the present perfect tense. Most intransitive verbs use **sein** to form a perfect tense.

4. Participles Used as Nouns

das Gesagte	*what was said, that which has been said*
das oben Beschriebene	*what was described above, that which was described above*
der Verwundete	*the injured, wounded (person)*
das Folgende	*the following*

Participles used as nouns are capitalized and are inflected like adjectives used as nouns (Chapter 7). Gender is determined as with adjectives used as nouns. Since many nouns derived from participles are not listed in the dictionary, their meaning must be determined from the infinitive.

5. Infinitives Used as Nouns

das Arbeiten	*work, working*
das Filtrieren	*the process of filtering, filtering*

Infinitives used as nouns are neuter.

6. Case Endings of Nouns

You have observed that nouns may have certain endings. Nominative plural endings were given in Chapter 3. Nouns also may have endings in various cases of the singular and plural. Knowing these endings may aid you in determining the function of some of the nouns in a sentence. Learn the following characteristics of case endings:

1. Feminine nouns have no endings in the singular.
2. Masculine and neuter noun endings in the singular are:

GENITIVE: -s, -(e)s, -en, -ens, -n: des Vaters, Baum(e)s, Menschen, Herzens, Herrn

DATIVE: -, (-e), -n, -en: dem Vater, Baum(e), Herrn, Menschen

ACCUSATIVE: -, -n, -en: den Baum, Herrn, Menschen

3. Only the dative plural may show a change from the nominative plural. All nouns not ending in **-n** or **-s** in the plural add **-n** in the dative plural.

BASIC VOCABULARY

Abb. (Abbildung)	illustration	handeln	to act, trade
anführen (*sep.*)	to cite, state	Hilfe (*f.*), -n	help, aid
antworten	to answer	Kind (*n.*), -er	child
Anwendung (*f.*), -en	use, application	klein	small
aufbauen (*sep.*)	to build up, synthesize	lehren	to teach
		Leute (*pl.*)	people
Aufgabe (*f.*), -n	lesson, task, mission	lösen	to solve, dissolve
beide	both, two	oben	above
besprechen°	to discuss	reifen	to ripen, mature
bestätigen	to confirm	Stoff (*m.*), -e	substance, material
blühen	to bloom, blossom	überraschen	to surprise
brauchen	to need, require	unten	below
da	there, then, here	ursprünglich	original
einzeln	individual, single	verbieten°	to forbid
Freiheit (*f.*), -en	freedom	wie	as, like, how
Ganze (*n.*)	whole, entirety	wiederholen	to repeat
		Zelle (*f.*), -n	cell

IRREGULAR VERBS

INFINITIVE	PAST	PAST PARTICIPLE	PRESENT
bieten	bot	geboten	bietet
dringen	drang	gedrungen	dringt
geben	gab	gegeben	gibt
gehen	ging	gegangen	geht
kommen	kam	gekommen	kommt
nehmen	nahm	genommen	nimmt
riechen	roch	gerochen	riecht
schreiben	schrieb	geschrieben	schreibt
sehen	sah	gesehen	sieht
sprechen	sprach	gesprochen	spricht

EXERCISES

1. Volkes Stimme, Gottes Stimme (*Vox populi, vox Dei*).
2. Die Gaszellen des Zeppelins waren mit brennbarem Wasserstoff gefüllt.
3. Die ursprüngliche Aufgabe des Roten Kreuzes war die Betreuung (*care*) der Verwundeten und Gefangenen im Kriege.
4. Zum Gedeihen brauchen die Pflanzen außer Licht, Wärme, Luft und Wasser auch Nährstoffe.
5. Feste Stoffe dringen nur in gelöster Form in die Pflanze ein.
6. Die oben angeführten Ergebnisse sind in Abb. 5 wiedergegeben.
7. Nach dem Kriege zeigte die deutsche und japanische Industrie eine überraschend schnelle Entwicklung.
8. Die Pflanzen sind aus Zellen aufgebaut.
9. Das Lösen in Salzsäure (*hydrochloric acid*) und Wiederausscheiden durch Ammoniak wiederholt man mehrfach.
10. Schweden hat als erstes Land die Anwendung von DDT verboten.
11. Arbeit ist nicht immer von Erfolg gekrönt.
12. Das Besprochene ist auch durch die unten beschriebenen Versuche bestätigt.
13. „Zum Kriegführen sind dreierlei Dinge nötig: Geld, Geld, Geld", sagte Marschall Trivulzio zu Ludwig XII. von Frankreich.
14. Das Aufrechterhalten eines Magnetfeldes mit Hilfe von Elektromagneten bedingt eine andauernde Aufwendung von Energie.
15. Das fast ununterbrochene nördliche Tageslicht in Alaska beschleunigt den Wachstumsrhythmus und drängt Blühen und Reifen auf wenige Monate zusammen.
16. Wie die Universität als Ganzes, so genießt auch der einzelne Professor in Deutschland vollkommene Freiheit im Denken, Lehren und Handeln.

1. **Stimme** (*f.*), **-n** voice
2. **brennbar** combustible
   füllen to fill
3. **Kreuz** (*n.*), **-e** cross
   verwunden to wound
   gefangen captured
4. **gedeihen°** to thrive
   Nährstoff (*m.*), **-e** nutrient
5. **eindringen°** (*sep.*) to enter, penetrate
6. **wiedergeben°** (*sep.*) to show, reproduce
9. **wiederausscheiden°** (*sep.*) to precipitate again
11. **Erfolg** (*m.*), **-e** success
   krönen to crown

13. **Kriegführen** (*n.*) waging war
   dreierlei three kinds of
   Ding (*n.*), **-e** thing
14. **aufrechterhalten°** (*sep.*) to maintain
   Feld (*n.*), **-er** field
   bedingen to require
   andauern (*sep.*) to last, continue
   Aufwendung (*f.*) supply, expenditure
15. **ununterbrochen** uninterrupted
   Wachstum (*n.*) growth
   zusammendrängen (*sep.*) to compress
16. **genießen°** to enjoy
   vollkommen complete, perfect

17. Das Alte Testament ist zum großen Teil in hebräischer Sprache abgefaßt. Die christliche Kirche hat es aufgenommen und mit den Schriften des Neuen Testaments zur „Bibel" vereinigt.

17. **abfassen** (*sep.*) to write, compose	**aufnehmen°** (*sep.*) to adopt, take up
Kirche (*f.*), **-n** church	**vereinigen** to combine

Eine drollige Geschichte

Im Forest Ranger Büro im Yellowstone National Park gab es einen großen Alarm. Ein brauner Bär war uneingeladen in eine Touristenhütte (*tourist cabin*) eingedrungen. Einige Rangers eilten aus dem Büro und sahen viele Leute vor der Hütte stehen.

5   Eine aufgeregte Frau mit zwei kleinen Kindern berichtete folgendes: „Wir waren gerade beim Frühstück (*breakfast*). Ein großer, hungriger Bär hat den Speck und die Spiegeleier gerochen und ist ins Haus und in die Küche gekommen. Ich und meine beiden Kinder sind schnell aus dem Haus gelaufen."

10   Einer der Rangers bemerkte ein großes Loch in der Fliegentür (*screen door*) und sagte teilnahmsvoll zu der Frau: „Ja, man sieht, wo der Bär hineinging."

Die Frau antwortete schnell: „Nein, so war das (*that*) nicht. Da kamen wir heraus."

	drollig droll, humorous		**Spiegelei** (*n.*), **-er** fried egg
2	**braun** brown		**riechen°** to smell
	uneingeladen uninvited	8	**Küche** (*f.*), **-n** kitchen
3	**eindringen°** (*sep.*) to enter, penetrate	9	**laufen°** to run
	eilen to hurry	10	**bemerken** to notice
5	**aufregen** (*sep.*) to excite		**Loch** (*n.*), **-er** hole
6	**gerade** just, straight	11	**teilnahmsvoll** sympathetic
	hungrig hungry	12	**hineingehen°** (*sep.*) to enter, go in
7	**Speck** (*m.*) bacon	14	**herauskommen°** (*sep.*) to come out

Review 2

Die Bewohner Österreichs

Die völkische Entwicklung der Österreicher ist sehr interessant. Wegen seiner geographischen Lage ist Österreich schon immer ein strategisch wichtiges Land gewesen, und viele Völker sind durch das Land gezogen auf der Suche nach festen und guten Wohnsitzen.

In den letzten Jahren der Eiszeit sind die Kelten vom Westen nach 5 dem Alpengebiet gekommen, verdrängten die einheimischen Illyrer und gründeten das Königreich Noricum. Später sind dann die römischen Legionen von Süden durch die Alpenländer gezogen und sind bis an die Donau vorgedrungen. An der Donau haben die Römer Festungen gebaut. Diese sicherten die nordöstlichen Grenzen des Römischen 10 Reiches gegen die Germanen am anderen Ufer der Donau.

Auf dem Wege nach dem Süden sind die Zimbern durch dieses Gebiet gezogen und sind mit den Römern in der Schlacht von Noreja (113) zusammengestoßen. Dieser Zusammenstoß war einer der ersten zwischen den germanischen Völkern und den Römern. Fünfzig Jahre später 15

	Bewohner (*m.*), **-** inhabitant		**vordringen°** (*sep.*) to advance, penetrate
1	**völkisch** ethnic, racial		**Festung** (*f.*), **-en** fort, fortress
4	**Suche** (*f.*) search	10	**sichern** to secure
	Wohnsitz (*m.*), **-e** abode, domicile		**Grenze** (*f.*), **-n** border, boundary
5	**Eiszeit** (*f.*), **-en** glacial period	11	**Ufer** (*n.*), **-** shore
6	**Gebiet** (*n.*), **-e** region, area	12	**Weg** (*m.*), **-e** way, path
	verdrängen to push out		**Zimber** (*m.*), **-n** Cimbrian
	einheimisch native	13	**Schlacht** (*f.*), **-en** battle
7	**gründen** to found	14	**zusammenstoßen°** (*sep.*) to clash
	später later		
9	**Donau** (*f.*) Danube		

überquerten die Markomannen die Donau und sind bis nach Venetien vorgedrungen, aber der römische Kaiser Mark Aurel hat sie (*them*) wieder über die Donau zurückgetrieben.

Die römischen Donauprovinzen sind schließlich in der Völkerwan-
20 derung gefallen. Germanische Stämme fielen in das Land ein und zogen nach dem Westen und Süden. Die Westgoten drangen bis nach Spanien vor, die Langobarden haben das nördliche Italien besetzt. Auch die Hunnen, unter ihrem großen König Attila, die Avaren, ein kriegerisches Reitervolk von finnisch-türkischer Herkunft, und die Slawen fielen in
25 die Donaugebiete und sogar in die Alpentäler ein.

Vom 10. bis zum 13. Jahrhundert hat wieder eine starke Einwanderung von Bayern und Franken die deutsche Besiedlung Österreichs gefördert. Am Ende des 12. Jahrhunderts war Wien schon eine bedeutende Stadt geworden und wurde später die Residenzstadt der Habsburger. Die
30 Habsburger regierten in Österreich von 1282 bis 1918. Vom Jahre 1438 bis 1806 haben die österreichischen Kaiser auch die deutsche Kaiser-krone getragen.

Vor dem Zusammenbruch der österreichisch-ungarischen Monarchie (1868–1918) im Jahre 1918 bestand die Bevölkerung dieses Reiches aus
35 Deutschen, Ungarn, Tschechen, Slowaken, Polen, Kroaten, Slowenen und Italienern. Das heutige Österreich hat fast dieselben Grenzen wie nach dem Ersten Weltkrieg. Heute zählt das Land ungefähr 7 Millionen Einwohner. Davon sprechen 95,3% Deutsch. Es gibt auch noch einige tausend Ungarn, Slowenen, Italiener und Polen, aber diese Nationali-
40 täten haben volle politische Freiheit und auch kulturelle Autonomie. Seit dem letzten Kriege hat Österreich auch viele Flüchtlinge aus den kom-munistischen Ländern aufgenommen.

Die geographische Lage Österreichs und seine geschichtliche Entwick-lung haben einen bedeutenden Einfluß auf die Zusammensetzung und
45 Herkunft des österreichischen Volkes gehabt. Von allen Seiten sind ver-schiedene Völker in das Land eingezogen, und einige haben hier ihre

16	**überqueren** to cross	27	**Besiedlung** (*f.*), **-en** settlement
	Venetien (*n.*) Venetia		**fördern** to further, advance
18	**zurücktreiben°** (*sep.*) to drive back	28	**bedeutend** important
19	**schließlich** finally	30	**regieren** to rule, govern
20	**Stamm** (*m.*), **⸚e** tribe	31	**Kaiserkrone** (*f.*), **-n** imperial crown
	einfallen° (*sep.*) to invade	33	**Zusammenbruch** (*m.*), **⸚e** collapse
21	**Gote** (*m.*), **-n** Goth	36	**dieselben** (*pl.*) the same
22	**besetzen** to occupy	37	**zählen** to count
23	**kriegerisch** bellicose	38	**davon** of them
24	**Reitervolk** (*n.*), **⸚er** tribe of horsemen	40	**voll** full
	Herkunft (*f.*) origin	41	**Flüchtling** (*m.*), **-e** refugee
25	**sogar** even	42	**aufnehmen°** (*sep.*) to take in, absorb
	Alpental (*n.*), **⸚er** Alpine valley	44	**Zusammensetzung** (*f.*), **- en** composition
26	**Einwanderung** (*f.*) immigration	46	**einziehen°** (*sep.*) to enter, move in

Wohnsitze aufgeschlagen. Trotzdem sind die Kultur, die Traditionen und die Sprache größtenteils deutsch geblieben.

47 **aufschlagen°** (*sep.*) to set up, take up

trotzdem nevertheless

48 **größtenteils** for the most part

IRREGULAR VERBS

INFINITIVE	PAST	PAST PARTICIPLE	PRESENT
bleiben	blieb	geblieben	bleibt
dringen	drang	gedrungen	dringt
fallen	fiel	gefallen	fällt
geben	gab	gegeben	gibt
nehmen	nahm	genommen	nimmt
stehen	stand	gestanden	steht
treiben	trieb	getrieben	treibt
ziehen	zog	gezogen	zieht

Chapter 11

1. Comparison of Adjectives and Adverbs

The three degrees of comparison are the positive (*long*), comparative (*longer*), and superlative (*longest*). The corresponding German forms are similar.

POSITIVE	COMPARATIVE	SUPERLATIVE
schnell (*fast*)	schneller	schnellst-
warm (*warm*)	wärmer	wärmst-
hart (*hard*)	härter	härtest-
heiß (*hot*)	heißer	heißest-

(a) Comparative

The common element of the comparative degree is the **-er** ending. Most words of one syllable also take an umlaut if the stem vowel is **a, o,** or **u.**

(b) Superlative

The **-st** ending is characteristic of the superlative. Adjectives ending in **s, ß, d,** or **t** add **-est.** Most words of one syllable take an umlaut if the stem vowel is **a, o,** or **u.**

2. Irregular Comparisons

gut (*good*)	besser	best-
groß (*large*)	größer	größt-
hoch, hoh- (*high*)	höher	höchst-
nah (*near*)	näher	nächst-

viel (*much, many*)   **mehr**   **meist-**
gern[1]   **lieber**   **am liebsten**

Adjectives of more than one syllable ending in **el** or **er** drop the **e** in the comparative:

dunkel (*dark*)   **dunkler**
teuer (*expensive*)   **teurer**

3. Translation of Comparatives and Superlatives

Learn to recognize the characteristic endings of comparative and superlative forms of adjectives and adverbs.

(a) Comparative

Determine whether **er** is a comparative ending, an adjective ending, or part of the stem of the word:

1. **Diese Methode ist schneller.** *This method is faster.*
2. **ein schneller Dampfer** *a fast steamer*
3. **die schnellere Methode** *the faster method*
4. **Dieser Generator ist einfacher gebaut.** *This generator is constructed more simply.*
5. **ein schwerer Hammer** *a heavy hammer*
6. **ein schwererer Hammer** *a heavier hammer*
7. **Der Hammer ist schwer.** *The hammer is heavy.*
8. **eine schneller siedende Flüssigkeit** *a faster boiling liquid*

Note (comparative endings are underscored): Predicate adjectives ending in **-er** (1) are usually comparative. Attributive adjectives ending in **-er** (2) are usually not comparative: **er** is an adjective ending. Adverbs ending in **er** (4, 8) are usually comparative. In some words, **er** may be part of the word itself (5, 7 **schwer**).

Watch for **er** before adjective endings. If **er** is not part of the word, it is a comparative ending (3, 6).

(b) Superlative

die schnellsten Maschinen   *the fastest machines*
das schönste Bild   *the most beautiful picture*

Watch for **-st** preceding adjective endings.

---

1. **Er geht gern ins Kino.** *He likes to go to the movies.*
   Er geht lieber zum Fußballspiel. *He prefers to go to the football game.*
   Er geht am liebsten ins Theater. *He likes best to go to the theater.*

4. Special Uses of the Comparative and Superlative

(a) Comparative

1. Comparative followed by **als** (not necessarily immediately, but in the same sentence).

Der Mond ist kleiner als die Erde.   *The moon is smaller than the earth.*

2. **Immer** plus comparative

immer schneller   *faster and faster*
immer zahlreicher   *more and more numerous*

Not involving a comparative, but following the pattern is:

immer wieder   *again and again*

3. Comparative used with **je, desto, umso**

je (desto, umso) größer, je (desto, umso) stärker
the larger, the stronger
Je größer der Fleiß, desto höher der Lohn.
The greater the effort, the higher the reward.
Diese Droge ist umso wertvoller, je weniger Holzteile sie enthält.
This drug is the more valuable, the fewer wood particles it contains.

4. Comparison merely implied

eine größere Menge
a fairly (rather) large amount
längere Zeit
a rather (fairly) long period of time
Es ist uns schon länger bekannt, daß . . .
It has been known to us for some time that . . . .

(b) Superlative

1. **am-** superlatives

am schnellsten   *(the) fastest*
am schönsten   *(the) most beautiful*
am besten   *(the) best*

Das Pferd ist schnell, das Auto ist schneller, das Flugzeug ist am schnellsten.
The horse is fast, the automobile is faster, the airplane is fastest.

A form consisting of **am**+ the superlative with **-en** is used as a predicate adjective or as an adverb.

2. No actual comparison involved

A few frequently used superlatives have special meanings:

äußerst langsam	*very (extremely) slow*
höchst lehrreich	*very (most) instructive*
möglichst schnell	*as fast as possible*
höchstens	*at most, at best*
meistens	*usually, as a rule*
wenigstens	*at least*

Der Vortragende behandelte ein äußerst interessantes Thema.
The lecturer discussed an extremely interesting subject.
Die Vorlesungen waren meistens gut besucht.
The lectures were usually well attended.

5. Comparatives and Superlatives Used as Nouns

das Wichtigste	*the most important thing*
der Größte	*the biggest one*
der Kleinere	*the smaller one*
das Wesentlichste	*the most essential thing*
die Schönste	*the most beautiful one (woman)*

What was said concerning adjectives used as nouns (Chapter 7) also applies to these nouns.

BASIC VOCABULARY

äußerst	very, extremely	**langsam**	slow
besser	better	**Lauf** (*m.*)	course
dagegen	on the other hand, against it	**im Laufe**	in the course of
doch	however, indeed, yet	**liegen°**	to lie, be lying down
durchschnittlich	average, on the average	**Linie** (*f.*), **-n**	line
erfolgreich	successful	**in erster Linie**	primarily
Fall (*m.*), **-e**	case, fall	**Meer** (*n.*), **-e**	ocean, sea
geeignet	suited, suitable	**Nähe** (*f.*)	vicinity, nearness
hart	hard	**in der Nähe**	near
Höhe (*f.*), **-n**	height, elevation	**niedrig**	low
immer	always	**reich**	rich, abundant
immer reicher	richer and richer	**Spannung** (*f.*), **-en**	tension, voltage, stress
immer wieder	again and again	**tief**	deep, low
je	per, always	**u.a. (unter anderem, anderen)**	among other things, among others
je ... desto (umso) ...	the ... the ...	**um mehr als**	by more than
lang	long	**verbinden°**	to connect, combine, unite
drei Jahre lang	for three years		

vorkommen° (*sep.*)	to occur, happen, seem	**zahlreich**	numerous
Wachstum (*n.*)	growth	**zunehmen°** (*sep.*)	to increase, grow

IRREGULAR VERBS

INFINITIVE	PAST	PAST PARTICIPLE	PRESENT
binden	**band**	**gebunden**	**bindet**
nehmen	**nahm**	**genommen**	**nimmt**
steigen	**stieg**	**gestiegen**	**steigt**

EXERCISES

1. Hunger ist der beste Koch.
2. Die Gestapo (Geheime Staatspolizei) war die am meisten gefürchtete Organisation im nationalsozialistischen Deutschland.
3. Die Gleichstrom-Generatoren sind einfacher gebaut als Wechselstrommaschinen.
4. Der Lebensstandard Indiens ist einer der niedrigsten der Welt.
5. Solche Fälle kommen immer wieder vor.
6. Der kleinere Affe war für diese Versuche am besten geeignet.
7. Stahl ist härter und spröder als Schmiedeeisen.
8. Die Grenzfrequenz ist umso höher, je kleiner die Partikeln sind, und je stärker das Magnetfeld ist.
9. Röntgenstrahlen haben eine viel kürzere Wellenlänge als das Licht.
10. Das Wachstum ist bei Y am langsamsten und bei X am schnellsten.
11. Im Laufe der letzten Jahrzehnte sind die reichen Länder reicher geworden und die armen verhältnismäßig ärmer.
12. Je höher der atmosphärische Druck auf eine Flüssigkeit ist, umso höher ist der Siedepunkt der Flüssigkeit.
13. Die Auslesezüchtung war die älteste, einfachste und jahrhundertelang die einzige Form der Pflanzenzüchtung.
14. Zur Entwicklung hochwertiger Kulturpflanzen sind meistens Jahrhunderte nötig.
15. In der Nähe des Erdbodens nimmt die elektrische Spannung zwischen Luft und Erde um mehr als 100 Volt je Meter Höhe zu.
16. Die Bevölkerung der Erde wird in neuester Zeit immer zahlreicher.

1. **Koch** (*m.*), **-̈e** cook
2. **geheim** secret
   fürchten to fear
3. **Gleichstrom** (*m.*) direct current
   Wechselstrom (*m.*) alternating current
6. **Affe** (*m.*), **-n** monkey, ape
7. **Stahl** (*m.*) steel
   spröde brittle
   Schmiedeeisen (*n.*) wrought iron
8. **Grenzfrequenz** (*f.*), **-en** boundary frequency

   Partikel (*f.*), **-n** particle
9. **Röntgenstrahlen** (*pl.*) X-rays
   Wellenlänge (*f.*), **-n** wave length
12. **Druck** (*m.*), **-e** pressure
   Siedepunkt (*m.*), **-e** boiling point
13. **Auslesezüchtung** (*f.*) selective growing, breeding
14. **hochwertig** high-grade
   Kulturpflanze (*f.*), **-n** cultivated plant
15. **Erdboden** (*m.*) surface of the earth

17. Die modernen Flugzeuge fliegen immer schneller.
18. Dies ist ein äußerst einfaches Problem.
19. Das Meer bedeckt einen größeren Teil der Erdoberfläche als die Landmassen.
20. „Spieglein, Spieglein an der Wand,
    Wer ist die Schönste im ganzen Land?"
    „Frau Königin, Ihr seid die Schönste hier,
    Aber Schneewittchen über den Bergen
    Bei den sieben Zwergen
    Ist noch tausendmal schöner als Ihr."

17. **Flugzeug** (*n.*), **-e** airplane
    fliegen° to fly
19. **bedecken** to cover
    Erdoberfläche (*f.*) surface of the earth
20. **Spieglein** (*n.*), **-** (little) mirror
    Wand (*f.*), **-̈e** wall
    Königin (*f.*), **-nen** queen
    Zwerg (*m.*), **-e** dwarf

Die Lebenserwartung des Menschen

In den am wenigsten entwickelten Ländern ist die mittlere Lebensdauer am kürzesten. Je mehr ein Land industrialisiert und entwickelt ist, desto höher ist meistens die Lebenserwartung. In den hochentwickelten Ländern liegt sie bei den Neugeborenen zwischen 65 und 74 Jahren. In den meisten Entwicklungsländern dagegen liegt sie viel tiefer, bei 30   5 bis 50 Jahren. Für einige dieser Länder sind keine Angaben bekannt. Hier liegt die m.L. wahrscheinlich noch tiefer.

Im letzten Jahrhundert ist die m.L. in den Industrieländern äußerst schnell gestiegen. Dazu hat in erster Linie die moderne Medizin beigetragen. Sie hat die Kindersterblichkeit stark reduziert und verschiedene Seuchen, z. B. die Pocken, die Kinderlähmung u.a. erfolgreich   10 bekämpft. Auch eine bessere Ernährungslage, besonders unter der ärmeren Bevölkerung, hat die m.L. erhöht.

Die Steigerung der m.L. ist natürlich mit der Verlängerung der durchschnittlichen Lebensdauer verbunden. Doch lebt heute ein Greis von 75   15 Jahren nicht wesentlich länger als ein Greis vor 50 oder 100 Jahren gelebt hat.

Lebenserwartung (*f.*) life expectancy
1 **mittler-** average
  Lebensdauer (*f.*) life span
4 **neugeboren** new-born
5 **Entwicklungsland**(*n.*),**-̈er** developing nation, country
6 **Angabe** (*f.*), **-n** information, *pl.* data
7 **m.L.** = **mittlere Lebensdauer**
9 **dazu** to this
10 **Kindersterblichkeit** (*f.*) infant mortality
11 **Seuche** (*f.*), **-n** (epidemic) disease
  Pocken (*pl.*) smallpox
  Kinderlähmung (*f.*) infantile paralysis
12 **bekämpfen** to fight (against)
  Ernährungslage (*f.*) food supply, state of nutrition
14 **Steigerung** (*f.*) increase
  Verlängerung (*f.*), **-en** extension, increase
16 **Greis** (*m.*), **-e** old man

Chapter 12

1. Future Tense

SINGULAR	PLURAL
ich werde arbeiten	wir werden arbeiten
du wirst arbeiten	ihr werdet arbeiten
er wird arbeiten	
sie wird arbeiten	sie werden arbeiten
es wird arbeiten	

Werden is the auxiliary verb in the future tenses. The present tense of **werden** used with an infinitive is your clue for the future tense.

Wir werden nun diesen Versuch wiederholen.
We will now repeat this experiment.

Observe the word order in this example. Since **werden** is the finite verb, it is the second element in a main clause. The infinitive, like the past participle in compound tenses, stands at the end of a main clause. In translating, follow the same procedure as with **sein** and **haben.** Determine first whether **werden** is the main verb (*to become*) or an auxiliary.

2. Future Perfect Tense

The future perfect is formed by **werden** used with the past infinitive of a verb:

er wird beendet haben	*he will have finished*
er wird gekommen sein	*he will have come*

The past infinitive of a verb consists of the past participle plus the infinitive of **haben** or **sein:**

beendet haben   *to have finished*
gesagt haben   *to have said*
gekommen sein   *to have come*
gewesen sein   *to have been*

Die Studenten werden die Versuche in einer Woche beendet haben.
The students will have finished the experiments in a week.

3. Future Tenses Used to Express Probability

In German the future and future perfect may be used to express probability.

Das wird wohl das Ende dieser Arbeit sein.
This is probably the end of this work.
Er wird das Buch schon kennen.
He probably knows the book.
Er wird die Antwort wohl nicht gewußt haben.
He probably did not know the answer.
Er wird wohl gestern gekommen sein.
He probably came yesterday.

The future tense may express probability in reference to the present, and the future perfect expresses probability in reference to the past. The words **wohl, doch, schon** are frequently used in these constructions and give a clue as to the use of the tense.

4. selbst, selber

Der Professor selbst wußte es nicht.
The professor himself did not know it.
Wenn Sie selber diese Zustände gesehen hätten, so . . .
If you yourself had seen these conditions, then . . .

After a noun or pronoun, **selbst** or **selber** are intensive pronouns and mean *himself, herself, themselves,* etc. Preceding a noun or pronoun, **selbst** means *even:*

selbst die Eltern des Studenten . . .
even the parents of the student . . .
Selbst er wußte es nicht.
Even he did not know it.

BASIC VOCABULARY

abhängen° von (sep.)	to depend on	nützlich	useful
abnehmen° (sep.)	to decrease, take off	Papier (n.), -e	paper
		Prüfung (f.), -en	examination
blau	blue	Quelle (f.), -n	source, spring
doppelt	double, twice	Regel (f.), -n	rule
Entwicklungsland (n.), -er	developing country	rund	round, about
		selber; er selber	-self: he himself
Ernährung (f.)	feeding, food, nourishment	selbst	-self, even
		sogar	even
etwa	about, perhaps	steigen°	to rise, increase
Gesetz (n.), -e	law	Stück (n.), -e	piece
Gott (m.), -er	God	wohl	well, perhaps, probably, indeed, no doubt
hauptsächlich	main(ly), chief		
Kapitel (n.), -	chapter		
kaum	hardly, scarcely	Zahl (f.), -en	number
Milliarde (f.). -n	billion	Zuwachs (m.)	increase
Mitteilung (f.), -en	communication, report		

IRREGULAR VERBS

INFINITIVE	PAST	PAST PARTICIPLE	PRESENT
bringen	brachte	gebracht	bringt
kennen	kannte	gekannt	kennt
nehmen	nahm	genommen	nimmt
tragen	trug	getragen	trägt

EXERCISES

1. Die junge Generation wird immer gegen die Gesetze und Regeln der alten protestieren.
2. In dieser Mitteilung werden wir die wichtigsten Ergebnisse unserer Untersuchungen angeben.
3. In diesem Kapitel werden wir voraussetzen, daß . . .
4. Dieses Buch wird für jeden Erzieher nützlich sein.
5. Die Konsequenzen deines Betragens wirst du wohl selbst vorhergesehen haben.
6. Selbst Edison wird dieses Prinzip nicht gekannt haben.
7. Die Prüfung wird jetzt wohl schon beendet sein.
8. Die Atomkraft wird wahrscheinlich eine sehr nützliche Kraftquelle werden.
9. Da sprach die Schlange zum Weib: . . . ihr werdet sein wie Gott und werdet wissen, was gut und böse ist.

2. **angeben°** (sep.) to state, cite
3. **voraussetzen** (sep.) to assume, presuppose
4. **Erzieher** (m.), - educator

5. **Betragen** (n.) behavior
9. **Schlange** (f.), -n snake, serpent
   Weib (n.), -er woman
   böse evil

10. Der Student tauchte ein Stück Lackmuspapier in eine Lösung von Ammoniak, und das Papier wurde blau.
11. Durch anstrengende Arbeit werden die Muskeln eines jungen Menschen immer kräftiger.
12. Für viele Leser wird dieses Buch zu einem faszinierenden Erlebnis werden.
13. Der Nährstoffreichtum eines Bodens wird wohl zum Teil von seiner physikalischen und petrographischen Beschaffenheit abhängen.
14. Im folgenden werden wir die steigende Weltbevölkerung besprechen.
15. Die Bevölkerungszahl der Erde wird jetzt wohl schon bei vier Milliarden liegen.
16. Heute ist die Bevölkerungszahl der Erde mehr als doppelt so hoch wie vor hundert Jahren.
17. Der größte Teil des Bevölkerungszuwachses wird in weniger entwickelten Ländern stattfinden. In einigen entwickelten Nationen nimmt die Bevölkerungszahl sogar ab.
18. Nach einer Prognose des Instituts der Deutschen Wirtschaft wird die Einwohnerzahl in der Bundesrepublik (etwas über 60 Millionen) um rund 6 Millionen bis zum Jahre 2000 abnehmen.
19. Steigende Bevölkerungszahlen werden in den kommenden Jahren einen enormen Druck auf das Ernährungssytem der Weltbevölkerung ausüben.

10. **tauchen**   to dip
    Lackmuspapier (*n.*)   litmus paper
11. **anstrengend**   strenuous
    Muskel (*m*), **-n**   muscle
12. **Leser** (*m.*), **-**   reader
    Erlebnis (*n.*), **-se**   experience
13. **Nährstoffreichtum** (*m.*)   amount of nutrients

zum Teil   in part, partly
Beschaffenheit (*f.*)   nature, quality, character
18. **Wirtschaft** (*f.*)   economy
19. **Druck** (*m.*), **-e**   pressure
    ausüben (*sep.*)   to exert

Die Welternährungskrise

Die immer zahlreicher werdende Bevölkerung der Erde wird zu immer größeren Problemen führen. Eines dieser Probleme wird natürlich die Ernährung der unglaublich schnell steigenden Weltbevölkerung sein. 1900 betrug sie etwa 1,5 Milliarden. Heute liegt sie bei 4 Milliarden. In 20 bis 30 Jahren wird die Zahl der Menschen mehr als doppelt so hoch 5 sein. Schon heute wird die Ernährung der vielen Menschen, besonders

3 **unglaublich**   unbelievable

in den unterentwickelten Ländern, immer schwieriger, denn diese Länder weisen den größten Bevölkerungszuwachs auf.

Die moderne Landwirtschaft hat zwar in der Entwicklung der Bo-
10 denbearbeitung, Bewässerung, krankheitsresistenten Züchtungen usw. Wunder vollbracht. Aber wird es möglich werden, die moderne landwirtschaftliche Technologie, das notwendige Transportsystem usw. in unterentwickelten Ländern und in Entwicklungsländern in verhältnismäßig kurzer Zeit einzuführen? Dies wird wohl notwendig werden, denn
15 die Ausfuhr landwirtschaftlicher Erzeugnisse der entwickelten Länder wird mit der steigenden Weltbevölkerung kaum Schritt halten können.

7   **unterentwickelt**   underdeveloped
    schwierig   difficult
    aufweisen° (*sep.*)   show, have
8   **zwar**   indeed, to be sure
9   **Bodenbearbeitung** (*f.*)   cultivation of
    the soil
10 **Bewässerung** (*f.*)   irrigation
    krankheitsresistent   disease resistant
    Züchtung (*f.*), **-en**   strain of plants,
    growing

11 **Wunder** (*n.*), **-**   wonder, miracle
    vollbringen°   to perform, accomplish
    möglich . . . einzuführen   possible to
    introduce, establish
12 **notwendig**   necessary
15 **Ausfuhr** (*f.*)   export
    Erzeugnis (*n.*), **-se**   product
16 **Schritt halten**°   to keep pace
    können°   to be able

Chapter 13

1. Passive Voice

The tenses studied so far have all been in the *active voice*. In the active voice, the subject performs the action expressed by the verb:

The scientist performs the experiment.

In the *passive voice* the subject is acted upon, hence is passive:

The experiment is (being) performed by the scientist.

2. Present and Past Tenses of the Passive Voice

PRESENT

er, sie, es wird behandelt   *he, she, it is (being) treated*
      sie werden behandelt   *they are (being) treated*

PAST

er, sie, es wurde   behandelt   *he, she, it was (being) treated*
      sie wurden behandelt   *they were (being) treated*

The German passive voice consists of the auxiliary **werden** plus the past participle of the verb. The tense of **werden** determines the tense of the passive voice.

Der Friedensvertrag wurde von den Staatsmännern unterzeichnet.
The peace treaty was signed by the statesmen.
Dieses Gas wurde durch Erhitzen eines festen Körpers gewonnen.
This gas was obtained by heating a solid body.

The prepositions **von, durch,** and occasionally **mit,** are equivalent to English *by.*

As in other compound tenses, the past participle is separated from the finite verb and stands at the end of the main clause. Check the end of the clause and translate the complete verb.

3. Three Uses of werden

(a) **werden** used as main verb—basic meaning *to become* (Chapter 5, 3)
(b) **werden** plus infinitive—Future Tense (Chapter 12, 1)
(c) **werden** plus past participle—Passive Voice (Chapter 13, 2)

4. Personal Pronouns

From the conjugation of verbs, you are acquainted with the nominative case of personal pronouns. The full declension follows (genitive forms occur rarely):

SINGULAR

NOM:	**ich**	*I*	**du**	*you*		
GEN:	(**meiner**)		(**deiner**)			
DAT:	**mir**	(*to*) *me*	**dir**	(*to*) *you*		
ACC:	**mich**	*me*	**dich**	*you*		

NOM:	**er**	*he, it*	**sie**	*she, it*	**es**	*it*
GEN:	(**seiner**)		(**ihrer**)		(**seiner**)	
DAT:	**ihm**	(*to*) *him, it*	**ihr**	(*to*) *her, it*	**ihm**	(*to*) *it*
ACC:	**ihn**	*him, it*	**sie**	*her, it*	**es**	*it*

PLURAL

NOM:	**wir**	*we*	**ihr**	*you*	**sie**	*they*
GEN:	(**unser**)		(**euer**)		(**ihrer**)	
DAT:	**uns**	(*to*) *us*	**euch**	(*to*) *you*	**ihnen**	(*to*) *them*
ACC:	**uns**	*us*	**euch**	*you*	**sie**	*them*

SINGULAR AND PLURAL

NOM:	**Sie**	*you*
GEN:	(**Ihrer**)	
DAT:	**Ihnen**	(*to*) *you*
ACC:	**Sie**	*you*

5. Agreement of Pronoun and Antecedent

Gott hat die Welt erschaffen, aber sie ist nicht göttlich.
God created the world, but it is not divine.

Man erhitzt den Stein und legt ihn dann ins kalte Wasser.
The stone is heated and then it is placed in cold water.

The third-person pronoun (**er, sie, es; sie**) agrees with its antecedent (the noun) in gender and number. In translating the pronoun, remember that in English, inanimate objects are neuter, while in German they may be masculine, feminine, or neuter.

BASIC VOCABULARY

ansehen° (*sep.*)	to regard, look at	**Leistung** (*f.*), **-en**	work, performance, achievement
anstecken (*sep.*)	to infect		
aufwenden° (*sep.*)	to use, employ	**Mal** (*n.*), **-e**	time, sign
ausländisch	foreign	**nächst-**	next
Bericht (*m.*), **-e**	report	**ohne**	without
dankbar	thankful, grateful	**Schriftsteller**	writer, author
Dauer (*f.*)	duration	(*m.*), **-**	
Dichter (*m.*), **-**	poet, writer	**schwer**	heavy, difficult, severe
einführen (*sep.*)	to introduce, import		
einheimisch	native	**Seele** (*f.*), **-n**	soul
erfinden°	to invent	**sichtbar**	visible
erwähnen	to mention	**töten**	to kill
genau	exact	**u.a. (unter anderem, unter anderen)**	among other things, among others
herstellen (*sep.*)	to produce, make		
jung	young, recent	**zwar**	indeed, to be sure
Krankheit (*f.*), **-en**	illness, disease	**und zwar**	that is, they are

IRREGULAR VERBS

INFINITIVE	PAST	PAST PARTICIPLE	PRESENT
brechen	brach	gebrochen	bricht
finden	fand	gefunden	findet
leihen	lieh	geliehen	leiht
nennen	nannte	genannt	nennt

EXERCISES

1. Nach der spanischen Eroberung von Peru wurde die Kartoffel in Europa eingeführt.
2. Beethovens Werke sind zum großen Teil Selbstbekenntisse. Aus ihnen klingt das schwere Ringen der Menschenseele mit dem Schicksal.
3. Das Quecksilberthermometer wurde von Daniel Fahrenheit (1686–1736) erfunden. Dieses Thermometer wird noch heute in einigen Ländern gebraucht.

1. **Eroberung** (*f.*). **-en** conquest
   Kartoffel (*f.*), **-n** potato
2. **Selbstbekenntnis** (*n.*), **-e** self-revelation, personal confession
   klingen° to resound
   ringen° to struggle
   Schicksal (*n.*) fate, destiny

4. Die Viren sind Erreger von ansteckenden Krankheiten bei Menschen, Tieren und Pflanzen. Sie sind noch kleiner als Bakterien und im Lichtmikroskop nicht sichtbar.

5. Wie du mir, so ich dir.

6. Lichtwellen werden von durchsichtigen Substanzen gebrochen.

7. Der Äther wird aus Äthylalkohol und Schwefelsäure hergestellt. Er dient als Lösungsmittel für Fette und zum Töten von Insekten. In der Medizin verwendet man ihn als Betäubungsmittel.

8. Petrus wurde wahrscheinlich im Jahre 67 in Rom gekreuzigt.

9. Im nächsten Brief werde ich Ihnen einen genauen Bericht erstatten.

10. In meinem letzten Brief habe ich Dich auf die Folgen Deines unverantwortlichen Betragens aufmerksam gemacht. Du wirst mir eines Tages dankbar sein.

11. Panzerkampfwagen (Panzer) wurden zum ersten Mal im Ersten Weltkrieg, im November 1917 bei Cambrai eingesetzt.

12. Kanada, die USA und Mexiko mit der Fülle ihrer natürlichen Reichtümer bilden einen Wirtschaftsblock ohne nennenswerte Zollschranken.

13. 1867 wurde Alaska für 7,2 Millionen Dollar von Rußland verkauft. Der Kauf wurde von vielen Amerikanern „Seward's folly" genannt.

14. Der Nobelpreis wurde von Alfred Nobel gestiftet. Jedes Jahr werden fünf Preise für hervorragende Leistungen verliehen, und zwar die Preise für Physik, Chemie, Medizin, Literatur und der Friedenspreis. Die Nobelpreisträger für die vier Wissenschaften werden von der Schwedischen Akademie in Stockholm ausgewählt. Die norwegische Volksvertretung bestimmt den Träger des Friedenspreises.

15. Diese Schriftsteller werden als Repräsentanten dieser Bewegung angesehen. Viele junge Dichter wurden von ihnen angeregt.

4. **Virus** (*n.*), **Viren** (*pl.*) virus
Erreger (*m.*),- cause, producer
6. **durchsichtig** transparent
brechen° to break, refract
7. **Schwefelsäure** (*f.*) sulphuric acid
Lösungsmittel (*n.*), - solvent
Fett (*n.*), **-e** fat
Betäubungsmittel (*n.*), - anesthetic
8. **Petrus** St. Peter
kreuzigen to crucify
9. **erstatten**° to give, make
10. **Folge** (*f.*), **-n** consequence
unverantwortlich irresponsible
Betragen (*n.*) behavior
aufmerksam machen auf to call attention to

11. **Panzer** (*m.*), - tank
einsetzen (*sep.*) to employ
12. **Fülle** (*f.*) abundance
Reichtum (*m.*), **-̈er** resource, wealth
nennenswert worth mentioning
ohne nennenswerte with negligible
Zollschranke (*f.*), **-n** customs-barrier
14. **stiften** to found, donate
hervorragend outstanding
verleihen° to grant, award
Friede (*m.*) peace
Träger (*m.*), - winner, carrier
auswählen (*sep.*) to choose, select
Volksvertretung (*f.*), **-en** parliament

Sturm und Drang

Der Sturm und Drang ist eine Bewegung in der deutschen Literatur. Die Bewegung hatte eine verhältnismäßig kurze Dauer, von ungefähr dem Ende der 60er bis in den Anfang der 80er Jahre des 18. Jahrhunderts. Sie wurde von vielen einheimischen und ausländischen Einflüssen angeregt. Von den letzteren werden wir nur Edward Young, einen 5 englischen, und Jean-Jacques Rousseau, einen französischen Schriftsteller, erwähnen.

Die jungen Sturm-und-Drang-Dichter protestierten gegen die Herrschaft des abstrakten Verstandes und gegen zeitlos gültige Regeln und Gesetze. Von ihnen wurden u.a. die schöpferische Kraft der leiden- 10 schaftlichen Gefühle, der Subjektivismus, das Individuelle und Irrationale verherrlicht.

Goethes *Die Leiden des jungen Werthers* und Schillers *Die Räuber* werden als repräsentative Werke dieser Periode angesehen.

	Sturm (*m.*) ˙-e storm	10	**schöpferisch** creative
	Drang (*m.*) stress, drive		**leidenschaftlich** passionate,
5	**anregen** (*sep.*) to stimulate		emotional
8	**Herrschaft** (*f.*) rule, dominance	11	**Gefühl** (*n.*), -e feeling
9	**Verstand** (*m.*) reason	12	**verherrlichen** to glorify
	zeitlos timeless, universal	13	**Leiden** (*n.*), sorrow
	gültig valid		**Räuber** (*m.*), - robber

Chapter 14

1. Perfect Tenses of the Passive Voice

PRESENT PERFECT

er, sie, es ist behandelt worden	*he, she, it has been (was) treated*
sie sind behandelt worden	*they have been (were) treated*

PAST PERFECT TENSE

er, sie, es war behandelt worden	*he, she, it had been treated*
sie waren behandelt worden	*they had been treated*

Note that, in the perfect tenses of the passive voice, the past participle of **werden** is **worden** (not **geworden**, the past participle of **werden** when it means *to become*: **Es ist kalt geworden**).

Die Versuche sind im ersten Kapitel des Buches beschrieben worden.
The experiments were (have been) described in the first chapter of the book.

Remember this rule: When you come to a form of **sein, haben**, or **werden,** check the end of the clause: **worden** stands at the end of a main clause, preceded by the past participle of the main verb.

2. Infinitive of the Passive Voice

PRESENT INFINITIVE:	**geliebt werden**	*to be loved*
PAST INFINITIVE:	**geliebt worden sein**	*to have been loved*

3. Future Tense of the Passive Voice

Die Preise werden erhöht werden.   *The prices will be raised.*

The future passive consists of the auxiliary **werden** and the passive infinitive of a verb. When you encounter the first **werden**, check its use. Here we have **werden** + present infinitive, hence future tense of the passive voice.

4. Future Perfect of the Passive Voice

Er wird behandelt worden sein.   *He will have been treated.*

The future perfect passive is rarely used, except to express probability in the past.

Dieses Buch wird wohl schon besprochen worden sein.
This book probably has already been discussed.

5. Suffix -er

(a) The **-er** suffix frequently denotes an occupation.

der Physiker	*the physicist*	**der Lehrer**	*the teacher*
der Arbeiter	*the worker*	**der Priester**	*the priest*
der Bäcker	*the baker*	**der Ansager**	*the announcer*
der Chemiker	*the chemist*	**der Apotheker**	*the druggist*

(b) The suffix **-er** may denote an inhabitant of a continent, state, city, etc:

ein Amerikaner	**ein Wiener**	**ein Rheinländer**
ein Schweizer	**ein Berliner**	**ein Pariser**
ein Hamburger	**ein Araber**	**ein Japaner**

(c) With the infinitive stem of a verb, the **-er** suffix denotes a person engaged in the activity indicated by the verb.

der Leser	*the reader*	**der Finder**	*the finder*
der Lenker	*the driver*	**der Erfinder**	*the inventor*
der Trinker	*the drinker*	**der Sprecher**	*the speaker*

(d) Occasionally, the **-er** suffix denotes an instrument.

der Zeiger	*the pointer, hand (of a dial)*
der Hörer	*the receiver (telephone)*
der Rührer	*the stirrer, stirring rod*
der Bohrer	*the drill*
der Schalter	*the switch*
der Geigerzähler	*the Geiger counter*

6. Suffix -in

When added to nouns denoting an occupation, a person engaged in some activity, or an inhabitant, the suffix **-in** makes such nouns feminine:

die Amerikanerin	die Köchin	die Lehrerin
die Schweizerin	die Verkäuferin	die Wienerin

die Rheinländerinnen (pl.)   die Mitarbeiterinnen (pl.)

BASIC VOCABULARY

Abschnitt (*m.*), -e	chapter	fremd	foreign
Arzt (*m.*), ⸚e	physician	Fürst (*m.*), -en	ruler, prince
aufnehmen° (*sep.*)	to absorb, take up	Gegend (*f.*), -en	area, region
ausführen (*sep.*)	to carry out, per-	grundlegend	basic
	form, export	heiß	hot
Autor (*m.*), -en	author	königlich	royal
Begründer (*m.*), -	founder	landwirtschaftlich	agricultural
Beitrag (*m.*), ⸚e	contribution	nah(e)	near
Beobachtung (*f.*),	observation	nördlich	northern,
-en			northerly
bereichern	to enrich	schaffen°	to produce, for-
besonders	especially		mulate, create
Betrieb (*m.*), -e	operation, plant	Soldat (*m.*), -en	soldier
bezeichnen	to designate, de-	Sommer (*m.*), -	summer
	note, call	Spiel (*n.*), -e	play
eigen	own, individual	vermutlich	presumable,
eingehend	thoroughly, in		possible
	detail	Zukunft (*f.*)	future
eventuell	possible, perhaps		
Fortsetzung (*f.*),	continuation		
-en			

IRREGULAR VERBS

INFINITIVE	PAST	PAST PARTICIPLE	PRESENT
bringen	brachte	gebracht	bringt
dringen	drang	gedrungen	dringt
nehmen	nahm	genommen	nimmt
nennen	nannte	genannt	nennt

INFINITIVE	PAST	PAST PARTICIPLE	PRESENT
schreiben	schrieb	geschrieben	schreibt
treiben	trieb	getrieben	treibt

EXERCISES

1. Das „königliche Spiel", Schach, ist aus dem Orient, vermutlich durch die Araber, nach Europa gebracht worden.
2. Tocqueville wird als ein liberal-konservativer Denker angesehen.
3. In diesem Buch wird die grundlegende Arbeit des Begründers dieser Wissenschaft beschrieben.
4. Im Spätsommer werden Blätter (*leaves*), Stengel (*stems*) und Wurzeln dieser Pflanze getrennt geerntet werden.
5. Die ersten Raketen sind von einem Sauerstoff-Alkoholgemisch angetrieben worden.
6. Charles Lindbergh wurde durch seinen Alleinflug über den Atlantischen Ozean berühmt.
7. Die landwirtschaftliche Produktion ist durch den Mechanisierungsprozeß gesteigert worden.
8. Dieses Verfahren zur Kälteerzeugung mit Hilfe der Sonnenbestrahlung ist für Betriebe in heißen Gegenden entwickelt worden.
9. Somerset Maugham ist der unglücklichste Glückliche aller Zeiten genannt worden. Er hatte kein Talent fürs Glücklichsein.
10. Auf dem Meeresgrund ist es umso dunkler, je tiefer es ist, denn ein umso größerer Teil des eingedrungenen Lichtes ist absorbiert worden.
11. Die wesentlichen Grundgedanken der heutigen Atomphysik waren schon von den alten Griechen geschaffen worden.
12. Im Mittelalter sind Operationen nicht von akademisch gebildeten Ärzten, sondern von Badern ausgeführt worden.
13. In der nahen Zukunft werden die meisten Unterseeboote mit Atomkraftwerken ausgestattet sein.

1. **königlich** royal
   Schach (*n.*) chess
3. **Begründer** (*m.*), - founder
4. **Wurzel** (*f.*), **-n** root
   getrennt separate
   ernten to harvest
5. **Gemisch** (*n.*), **-e** mixture
   antreiben° (*sep.*) to drive, propel
6. **Alleinflug** (*m.*), **-e** solo flight
8. **Verfahren** (*n.*), - process
   Kälteerzeugung (*f.*) refrigeration
   Sonnenbestrahlung (*f.*) solar radiation
9. **glücklich** happy
10. **Meeresgrund** (*m.*) bottom of the ocean
    dunkel dark
    umso größerer Teil correspondingly greater part
    eindringen° (*sep.*) to penetrate, enter
11. **Grundgedanke** (*m.*), **-n** basic idea, basic concept
12. **gebildet** trained, educated
    Bader (*m.*), - (*obsolete*) barber
13. **ausstatten** (*sep.*) to equip

14. Die Chinesische Mauer war im 3. Jh. v. Chr. zur Abwehr der nörd-
    lich von China lebenden Nomadenvölker gebaut worden.
15. Die meisten dieser Spekulationen werden wohl schon verwirklicht
    worden sein.
16. Viele dieser Ideen werden[1] von anderen Autoren aufgenommen,
    durch neue Beobachtungen ergänzt und bereichert werden.

14. **Mauer** (*f.*), **-n** wall   15. **verwirklichen** to realize, materialize
    Abwehr (*f.*) protection (against)   16. **ergänzen** to add to, supplement

Die Hessen im Amerikanischen Freiheitskrieg

In amerikanischen Geschichtsbüchern sind die hessischen Soldaten
schon immer als „mercenaries" bezeichnet worden. Diese Bezeichnung
ist ungenau. Durch sie wird die lang gehegte Voreingenommenheit ge-
gen diese Soldaten verewigt.

5   Im engeren Sinne des Wortes verkauft ein Söldner (*mercenary*) seine
eigenen Dienste und eventuell sein Leben. Dies war jedoch bei den
hessischen Soldaten nicht der Fall. Sie sind der Tyrannei und Geldsucht
ihrer Fürsten zum Opfer gefallen. Ganze Regimenter deutscher Soldaten
10   sind von ihren Landesvätern an höchstbietende fremde Länder, beson-
ders England, verkauft worden. Dieser Abschnitt deutscher Ge-
schichte ist von Friedrich Kapp in seinem Buch *Der Soldatenhandel
deutscher Fürsten nach Amerika: ein Beitrag zur Kulturgeschichte des achtzehnten
Jahrhunderts* (Berlin, 1874) eingehend beschrieben worden.

15   (Fortsetzung folgt)

Hesse (*m.*), **-n** Hessian   **Dienst** (*m.*), **-e** service
2 **Bezeichnung** (*f.*), **-en** term,   7 **Geldsucht** (*f.*) avarice
  designation   8 **Opfer** (*n.*), **-** victim
3 **ungenau** inaccurate   **zum Opfer fallen°** to fall victim to
  hegen to feel, cherish   10 **Landesvater** (*m.*), **-** father of the
  Voreingenommenheit(*f.*), prejudice   country, ruler
4 **verewigen** to perpetuate   **höchstbietend** highest bidding
6 **eigen** own, individual   12 **Handel** (*m.*) trade, traffic

---

1. Note that **werden** is the auxiliary of three passive infinitives: **aufgenommen werden,**
   ergänzt werden, bereichert werden.

Chapter 15

1. Reflexive Pronouns

DIRECT OBJECT

ich sehe <u>mich</u>	*I see myself*
du siehst <u>dich</u>	*you see yourself*
wir sehen <u>uns</u>	*we see ourselves*
ihr seht <u>euch</u>	*you see yourselves*

INDIRECT OBJECT

ich kaufe <u>mir</u> **einen Hut**	*I am buying myself a hat (for myself)*
du kaufst <u>dir</u> **einen Hut**	*you are buying yourself a hat (for yourself)*
wir kaufen <u>uns</u> **ein Haus**	*we are buying a house (for ourselves)*
ihr kauft <u>euch</u> **ein Haus**	*you are buying a house (for yourselves)*

German does not have special forms for the first and second persons singular and plural of the reflexive pronouns, but uses the regular personal pronouns (see Chapter 13). The reflexive pronouns may be direct or indirect objects of the verb or may be used with a preposition:

wir haben von uns gesprochen   *we spoke about ourselves*

Note the form of the reflexive pronoun in the third person singular and plural:

er sieht sich	*he sees himself*
sie sieht sich	*she sees herself*
sie sehen sich	*they see themselves*

Sie sehen sich	*you see yourself*
sie hat sich einen Hut gekauft	*she bought herself a hat*
sie haben sich ein Haus gekauft	*they bought (themselves) a house*
Sie haben sich ein Haus gekauft	*you bought a house*

In the third person singular and plural, the reflexive pronoun is **sich**; it is used both as the direct and indirect object.

2. Reflexive Verbs

| er hat ihn verletzt | *he injured him* |
| er hat sich verletzt | *he injured himself (he was injured)* |

Many German verbs become reflexive by adding reflexive pronouns. Some German reflexive verbs are idiomatic, and the reflexive pronoun is not necessarily translated. Dictionaries usually indicate such verbs as follows:

| **erinnern** to remind; | **sich** ~ to remember |
| or **erinnern,** *v. t.* to remind; | *v.r.* to remember[1] |

| ich erinnere ihn | *I remind him* |
| ich erinnere mich | *I remember* |

3. Conjugation of the Reflexive Verb

ich erinnere mich	*I remember*
du erinnerst dich	*you remember*
er, sie es erinnert sich	*he, she, it remembers*
wir erinnern uns	*we remember*
ihr erinnert euch	*you remember*
sie erinnern sich	*they remember*
Sie erinnern sich	*you remember*

4. Position of the Reflexive Pronoun in Main Clauses

Dieses Buch befaßt sich mit der Kolonialpolitik Englands.
This book deals (**sich befassen**) *with the colonial policy of England.*
Wir befassen uns mit einem schwierigen Problem.
We are dealing with a difficult problem.

---

1. *v.t.* = transitive verb, *v.r.* = reflexive verb, indicating different meanings and usages.

In diesem Behälter hat sich ein Gas gebildet.
In this container a gas was formed (**sich bilden**).
Die westlichen Staaten der Vereinigten Staaten haben sich in den letzten Jahrzehnten äußerst schnell entwickelt.
The western states of the United States have developed (**sich entwickeln**) *very rapidly in the last few decades.*

In main clauses, the reflexive pronoun usually follows immediately after the finite verb. Note that, in compound tenses, the reflexive pronoun follows the auxiliary while the main verb stands at the end of the clause. This word order also holds true for questions, unless the subject is a pronoun:

Hat sich der Mann verletzt?	*Did the man injure himself?*
Hat er sich verletzt?	*Did he injure himself?*
Wie befinden Sie sich?	*How are you?*

5. Suffixes -bar and -lich

(a) Suffix -**bar**

Many verbs can be the basis for compound words formed with the suffix -**bar**. It corresponds to English *-able, -ible,* or *-ful:* **trennbar** (**trennen** *to separate*) *separable.*

Give the meanings of the following adjectives:

denkbar	(**denken**	*to think*)
teilbar	(**teilen**	*to divide*)
eßbar	(**essen**	*to eat*)
meßbar	(**messen**	*to measure*)
brauchbar	(**brauchen**	*to use*)
sichtbar	(**sehen**	*to see*)
tragbar	(**tragen**	*to carry, wear, bear*)
waschbar	(**waschen**	*to wash*)

(b) Suffix -**lich**

The suffix -**lich** is added to verbs, nouns, and adjectives. The corresponding English suffixes are usually *-able* after verbs and *-ly* after nouns and adjectives. The suffix -**lich** may cause an umlaut in the stem vowel of the word: **Jahr—jährlich.**

Give the meanings of the following adjectives:

lieblich	(**lieben**	*to love*)
veränderlich	(**verändern**	*to change*)

glaublich	(glauben	*to believe*)
löslich	(lösen	*to solve*)
erhältlich	(erhalten	*to obtain*)
nützlich	(nutzen	*to use*)
sterblich	(sterben	*to die*)
gänzlich	(ganz	*whole*)
schwerlich	(schwer	*hard*)
stündlich	(Stunde	*hour*)
monatlich	(Monat	*month*)
mündlich	(Mund	*mouth*)

When added to a color adjective, -**lich** indicates a lesser degree of the quality stated, usually expressed with the suffix -**ish** in English:

blau (*blue*)	bläulich	grün (*green*)	grünlich
rot (*red*)	rötlich	weiß (*white*)	weißlich

BASIC VOCABULARY

ändern (sich)	to change	entwickeln (sich)	to develop, evolve
ankommen° (*sep.*)	to arrive	erinnern	to remind
ansiedeln (sich)	to settle	erinnern (sich)	to remember
Ausnahme (*f.*), -n	exception	Fortschritt (*m.*), -e	progress, advance
außerordentlich	extraordinary	Grad (*m.*), -e	degree
befassen (sich) mit	to deal with, concern oneself with	leider	unfortunately
		Nachteil (*m.*), -e	disadvantage
befinden° (sich)	to be located, to be	niederlassen° (sich)	to settle
		reiben°	to rub
bewegen (sich)	to move	Titel (*m.*), -	title
Bürger (*m.*), -	citizen	vermehren (sich)	to multiply
dunkel	dark	verwandeln (sich)	to change
Durchschnitt (*m.*), -e	average, cross section	wachsen°	to grow

IRREGULAR VERBS

PRESENT	PAST	PAST PARTICIPLE	PRESENT
kommen	kam	gekommen	kommt
nehmen	nahm	genommen	nimmt
steigen	stieg	gestiegen	steigt

EXERCISES

1. Die ersten Universitäten entwickelten sich im 12. Jahrhundert in Italien (Bologna, Salerno, Padua), dann entstanden die Universitäten in Paris, Cambridge und Oxford.
2. Die Berliner Humboldt-Universität befindet sich im Ostsektor.
3. In diesem Werke werden wir uns mit den religiösen Bewegungen befassen.

4. Ammoniak zersetzt sich in drei Teile Wasserstoff und einen Teil Stickstoff (*nitrogen*).
5. In sehr großen Höhen verwandelt sich die Luftfeuchtigkeit in Eiskristalle.
6. Gefrierendes Wasser dehnt sich aus.
7. Der weiße (oder gelbliche) Phosphor entzündet sich oberhalb 50 Grad, also auch beim Reiben (*rubbing*).
8. In Salpetersäure (*nitric acid*) lösen sich, mit Ausnahme von Gold und Platin, alle Metalle, selbst das Silber.
9. Nun erinnere ich mich an den Titel des Buches.
10. Die Geometrie befaßt sich mit Linien, Winkeln, Flächen und Körpern.
11. Ich habe mir gestern ein äußerst interessantes Buch gekauft.
12. Die Ratten vermehren sich außerordentlich schnell.
13. Der elektrische Widerstand eines Leiters ändert sich mit der Temperatur; er nimmt mit wachsender Temperatur bei metallischen Leitern zu.
14. Der Phosphor löst sich in Schwefelkohlenstoff (*carbon disulfide*).
15. In den dunklen Rassen haben sich Zwergvölker (*pygmies*) entwickelt; sie werden im Durchschnitt nicht über 150 cm groß.
16. Ähnlich wie die Erde bewegen sich auch die anderen Planeten um die Sonne.
17. Jeder technische Fortschritt bringt Nachteile und Probleme mit sich.
18. Die Literaturauswahl in diesem Buch konzentriert sich leider, amerikanischer Übung gemäß, auf Werke in englischer Sprache.
19. Während der Völkerwanderung haben sich die Bajuwaren im heutigen Bayern niedergelassen.
20. Die kleineren Affen eignen sich besonders gut zu diesem Versuch.

---

4. **zersetzen (sich)** to decompose, break up
5. **Feuchtigkeit** (*f*.) moisture
6. **gefrieren°** to freeze
   ausdehnen (sich) (*sep.*) to expand
7. **gelb** yellow
   entzünden (sich) to ignite
10. **Winkel** (*m*.), - angle
    Fläche (*f*.), -n plane

12. **Ratte** (*f*.), -n rat
13. **Widerstand** (*m*.), ⸚e resistance
    Leiter (*m*.), - conductor
17. **mit sich bringen°** to entail
18. **Literaturauswahl** (*f*.) choice of references, bibliography
    konzentrieren (sich) to concentrate
    Übung (*f*.), -en practice
    gemäß according to

Die Hessen im Amerikanischen Freiheitskrieg
(*Fortsetzung*)

Im Juli 1776 kamen 7000 deutsche Soldaten, aus Hessen und ver-schiedenen anderen Fürstentümern, unter dem Befehl des General-leutnants von Heister in Staten Island an. Sie wurden dem Kommando des Generals Howe unterstellt. In den nächsten Jahren stieg die Zahl bis
5 auf fast 30 000. Von diesen kehrten jedoch nur ungefähr 17 000 wieder in ihre Heimat zurück. Tausende sind auf dem Schlachtfeld gefallen und andere haben sich in Amerika angesiedelt. Von den Deserteuren und Kriegsgefangenen haben sich viele in Pennsylvania und Virginia niedergelassen und sind gute amerikanische Bürger geworden.
10   Ein zeitgenössischer Protest gegen dieses schändliche Blatt in der Ge-schichte der deutschen Kleinstaaten befindet sich in Schillers Drama *Kabale und Liebe*, Akt 2, Szene 2.

2 **Fürstentum** (*n.*), **-er** principality
   Befehl (*m.*), **-e** command, order
   Generalleutnant (*m.*), **-s** lieutenant general
4 **unterstellen** to place under
   bis auf to, up to
5 **zurückkehren** (*sep.*) to return

6 **auf dem Schlachtfeld fallen°** to die in battle
8 **Kriegsgefangene** (*m.*), **-n** prisoner of war
10 **zeitgenössisch** contemporary
    schändlich shameful
11 **Blatt** (*n.*), **-er** page, leaf
11 **Kabale** (*f.*), **-n** intrigue
12 **Liebe** (*f.*) love

Review 3

Paracelsus

Theophrastus Bombastus von Hohenheim (1493–1541), genannt Paracelsus, in der Schweiz geboren, ist eine der interessantesten Persönlichkeiten der Frührenaissance. Er wird als Gelehrter, Arzt, Forscher, Schriftsteller und Bahnbrecher in verschiedenen Wissenschaften angesehen. Er verachtete Bücherwissen und sah in der Erforschung der 5 Natur die dringlichste Aufgabe der Wissenschaftler. Für Paracelsus war der Mensch der Mittelpunkt der Welt, der Spiegel des Makrokosmos. Erkenntnis des Makrokosmos, der großen Welt, bedeutete ihm daher auch Erkenntnis des Mikrokosmos, des Menschen.

Paracelsus wird als einer der Begründer der modernen Chemie an- 10 gesehen. Als Arzt bereitete er die meisten seiner Arzneien im eigenen Laboratorium zu. In seiner alchimistischen Küche fand er neue Heilmittel, besonders metallische und mineralische. Diese waren bisher als giftig angesehen worden. Paracelsus empfahl z.B. Salz mit starkem Jodgehalt als Heilmittel gegen Kropf. Mit der Einführung chemischer 15 Arzneimittel wurde er der Vater der modernen Chemotherapie.

2 **Schweiz** (*f.*) Switzerland
   Persönlichkeit (*f.*), **-en** personality
3 **Frührenaissance** (*f.*) early Renaissance period
4 **Bahnbrecher** (*m.*), **-** pioneer
5 **verachten** to despise
   Bücherwissen (*n.*) book learning
   Erforschung (*f.*), **-en** investigation, study
6 **dringlich** pressing
7 **Spiegel** (*m.*), **-** mirror
8 **Erkenntnis** (*f.*), **-se** knowledge, insight
   bedeuten to mean, signify

11 **zubereiten** (*sep.*) to prepare
    Arznei (*f.*), **-en** medicine
12 **alchimistisch** alchemical
    Küche (*f.*), **-n** kitchen
    Heilmittel (*n.*),**-** remedy, medicine
13 **bisher** hitherto, till then
14 **giftig** poisonous
    empfehlen° to recommend
15 **Jodgehalt** (*m.*) iodine content
    Kropf (*m.*), **-e** goiter
    Einführung (*f.*), **-en** introduction
16 **Arzneimittel** (*n.*), **-** medicine
    Vater (*m.*), **-̈er** father

101

Mit seiner Schrift *Von der Bergsucht* legte Paracelsus den Grund für die moderne Lehre von Gewerbekrankheiten und Gewerbehygiene. Er studierte die eigenartigen Krankheiten der Bergbauarbeiter und suchte
20 auch entsprechende Heilmittel dagegen. Durch seine vielen Versuche mit Quecksilber ist Paracelsus selbst an einer gewerbsmäßigen Vergiftung gestorben. Er liegt in einer kleinen Kirche in der Stadt Salzburg begraben.

Als Arzt machte sich Paracelsus auch in der Chirurgie einen Namen.
25 Damals wurden Operationen nicht von akademisch gebildeten Ärzten ausgeführt, sondern von Badern. Paracelsus hingegen wirkte nicht nur als beratender Arzt, sondern auch als Chirurg. Er führte Operationen selbst aus. Damit verhalf er der Chirurgie zu einem gewissen Ansehen. Als Chirurg kamen ihm seine außerordentlichen Kenntnisse in der An-
30 atomie sehr zugute, denn die Bader und auch die meisten Ärzte verstanden wenig von der Anatomie. Dieses Studium war damals noch weithin verpönt.

Auch in der Psychologie und in der Psychiatrie hat Paracelsus grundlegende Arbeit geleistet. Er hat auch schon psychologische Heilmittel
35 befürwortet. Als erster machte er einen Unterschied zwischen Teufelsbesessenheit und Irrsinn. Dies hat wahrscheinlich manchem Irrsinnigen das Leben gerettet, denn während des Mittelalters wurden viele „Teufelsbesessene" hingerichtet.

In mancher Beziehung war Paracelsus noch ein mittelalterlicher

17 **Schrift** (*f.*), **-en** work, article
Bergsucht (*f.*) miners' disease
den Grund legen to lay the foundation
18 **Gewerbekrankheit** (*f.*), **-en** occupational disease
19 **eigenartig** peculiar, characteristic
Bergbauarbeiter (*m.*), **-** miner, *worker in the mining industry*
suchen to seek, search
20 **entsprechend** appropriate, corresponding
dagegen for them
21 **gewerbsmäßig** occupational
Vergiftung (*f.*), **-en** poisoning
22 **sterben°** to die
Kirche (*f.*), **-n** church
23 **begraben** buried
24 **Chirurgie** (*f.*) surgery
damals at that time
25 **gebildet** trained, educated
26 **Bader** (*m.*), **-** barber
hingegen on the other hand
wirken to act, work

27 **beraten°** to advise
28 **damit** with that
verhelfen° to help, aid
gewiß certain
Ansehen (*n.*) prestige, respect
29 **zugute kommen°** *to be helpful*
30 **denn** for
32 **weithin** to a large extent
verpönt taboo, despised
34 **leisten** to perform
35 **befürworten** to propose
als erster machte er he was the first one to make
Unterschied (*m.*), **-e** difference, distinction
Teufelsbesessenheit (*f.*) being possessed by the devil
36 **Irrsinn** (*m.*) insanity
irrsinnig insane
37 **retten** to save
38 **hinrichten** (*sep.*) to execute
39 **Beziehung** (*f.*), **-en** respect, relationship
mittelalterlich medieval

Mensch. Aber in seinen wissenschaftlichen und sozialen Anschauungen 40
wird er vielfach als eine der hervorragendsten Gestalten der Frühre-
naissance angesehen.

40 **Anschauung** (*f.*), **-en** view, idea
41 **vielfach** widely, frequently

hervorragend outstanding
Gestalt (*f.*), **-en** figure, character

IRREGULAR VERBS

INFINITIVE	PAST	PAST PARTICIPLE	PRESENT
empfehlen	empfahl	empfohlen	empfiehlt
finden	fand	gefunden	findet
helfen	half	geholfen	hilft
nennen	nannte	genannt	nennt
sehen	sah	gesehen	sieht
stehen	stand	gestanden	steht
sterben	starb	gestorben	stirbt

Chapter 16

1. Modal Auxiliaries

German modal auxiliaries, unlike English modals, have a complete conjugational system like other weak verbs. Learn to recognize the various forms of these modals:

INFINITIVE	PAST	PAST PARTICIPLE	PRESENT	MEANING
dürfen	durfte	gedurft	darf	*to be allowed to, may*
können	konnte	gekonnt	kann	*to be able to, can*
mögen	mochte	gemocht	mag	*to like to*
müssen	mußte	gemußt	muß	*to have to, must*
sollen	sollte	gesollt	soll	*to be supposed to, should*
wollen	wollte	gewollt	will	*to want to*

2. Conjugation of the modals

(a) Present Tense

	dürfen	können	mögen	müssen	sollen	wollen
ich	darf	kann	mag	muß	soll	will
du	darfst	kannst	magst	mußt	sollst	willst
er	darf	kann	mag	muß	soll	will
sie	darf	kann	mag	muß	soll	will
es	darf	kann	mag	muß	soll	will
wir	dürfen	können	mögen	müssen	sollen	wollen
ihr	dürft	könnt	mögt	müßt	sollt	wollt
sie	dürfen	können	mögen	müssen	sollen	wollen

(b) Past Tense

ich mußte	*I had to*
er mußte	*he had to*
wir mußten	*we had to*
sie mußten	*they had to*

In the past tense, modals are conjugated like weak verbs.

3. Modals and the Dependent Infinitive

(a) Modals with Present Infinitives

An einem klaren Abend kann man viele Sterne sehen.
On a clear evening one can see many stars.
Wir wollten heute mit dem Versuch fortfahren.
We wanted to continue the experiment today.

Modals are normally used with an infinitive. In main clauses, the modal auxiliary, as the finite verb, stands in second position, while the infinitive stands at the end. Follow the same procedure as with other auxiliaries (**haben, sein, werden**): Check the end of the clause.

(b) Modals with Past Infinitives

Er kann diese Tatsache nicht gewußt haben.
He cannot have known this fact.
Diese Nachricht muß wahr gewesen sein.
This news must have been true.

(c) Modals with Passive Infinitives

Die Beobachtungen von Steinhardt konnten bestätigt werden.
The observations of Steinhardt could be confirmed.
Die Beobachtungen von Steinhardt müssen bestätigt worden sein.
The observations of Steinhardt must have been confirmed.

4. Fractions

1/2	**ein halb**	3/4	**drei Viertel**	
1/3	**ein Drittel**	1/19	**ein Neunzehntel**	
2/3	**zwei Drittel**	1/20	**ein Zwanzigstel**	
1/4	**ein Viertel**	1/100	**ein Hundertstel**	

Note that from 1/4 to 1/19, **tel** is added to the cardinal number. From 1/20 on, **stel** is added.

BASIC VOCABULARY

Alter (*n.*)	age	**Schwierigkeit** (*f.*),	difficulty
anfangen° (*sep.*)	to begin	**-en**	
berechnen	to calculate	**Stern** (*m.*), **-e**	star
darum	therefore	**teilen**	to divide
durchführen (*sep.*)	to carry out	**teilweise**	partially
Entfernung (*f.*),	distance	**tun**°	to do
-en		**unter**	under, among
feststellen (*sep.*)	to determine	**Verfahren** (*n.*), **-**	process
Freund (*m.*), **-e**	friend	**Vorlesung** (*f.*),	lecture
ganz	whole, quite	**-en**	
helfen°	to help	**vornehmen**° (*sep.*)	to undertake
nie	never	**weder ... noch**	neither ... nor
Rat (*m.*)	advice	**wirken**	to act
um Rat bitten°	to ask for advice		
schließlich	finally, in conclusion		

IRREGULAR VERBS

PRESENT	PAST	PAST PARTICIPLE	PRESENT
bieten	**bot**	**geboten**	**bietet**
bleiben	**blieb**	**geblieben**	**bleibt**
erlöschen	**erlosch**	**erloschen**	**erlischt**
halten	**hielt**	**gehalten**	**hält**
nehmen	**nahm**	**genommen**	**nimmt**
schneiden	**schnitt**	**geschnitten**	**schneidet**

EXERCISES

1. Viele Leute mögen die moderne Musik und Kunst nicht. Mein Freund mag sie auch nicht.
2. Ich will Ihnen keine Schwierigkeiten bereiten.
3. Das (*that*) darfst du nicht und sollst du auch nicht tun.
4. Nach dem Versailler Vertrag (1919) mußte Deutschland alle deutschen Kolonien abtreten. Das damalige Deutschland war nur 1/8 so groß wie die Kolonien.
5. Vierundzwanzig kann durch acht geteilt werden.
6. Alphastrahlen sind unsichtbar, können aber durch den Geigerzähler wahrgenommen werden.
7. Die Vorlesung sollte um halb acht (7:30) anfangen, aber der Professor konnte nicht kommen.
8. Der rote Phosphor ist unlöslich und kann darum nicht als Gift wirken.

2. **bereiten**   to cause, prepare
4. **Vertrag** (*m.*), **-e**   treaty
  abtreten° (*sep.*)   to surrender, cede
  damalig   of that time, then

6. **Strahl** (*m.*), **-en**   ray, beam
  wahrnehmen° (*sep.*)   to perceive, observe
8. **löslich**   soluble

9.   Ohne Wasser werden diese Pflanzen nicht gedeihen können.
10. Bei dem heute bestehenden Konkurrenzkampf in der Industrie muß eine Senkung der Produktionskosten erreicht werden, sie darf aber nicht auf Kosten der Qualität durchgeführt werden.
11. Schließlich müssen wir hier noch die Produktionskosten erwähnen.
12. Mit diesem Verfahren wird man viele Fundstellen von vorgeschichtlichen Menschen datieren können.
13. Mit diesen Instrumenten konnte die Entfernung der Sterne berechnet werden.
14. Das Alter der Erde werden wir wahrscheinlich nie ganz genau feststellen können.
15. Das Problem mußte von allen Seiten beleuchtet werden.
16. Ein Elektromagnet kann durch Einschalten oder Ausschalten des Stromes beliebig magnetisch und wieder unmagnetisch gemacht werden.
17. Uran 239 kann in den Atomsprengstoff (. . . *explosive*) Plutonium umgewandelt werden.
18. Der weiße Phosphor entzündet sich oberhalb 50 Grad, also auch beim Reiben. Er darf deshalb nur unter Wasser geschnitten und nur mit der Zange (*pincers*) angefaßt werden.
19. Die Erinnerung (*memory*) kann in der Hypnose ganz oder teilweise erhalten, sie kann vollständig erlöschen, aber auch außerordentlich gesteigert werden.

9. **gedeihen°** to thrive
10. **Konkurrenzkampf** (*m.*), **-̈e** competition
    Senkung (*f.*) decrease, lowering
    auf Kosten at the expense
    erreichen to achieve, attain
12. **Fundstelle** (*f.*), **-n** place of discovery
    vorgeschichtlich prehistoric
    datieren to date
15. **beleuchten** to view, illuminate
16. **einschalten** (*sep.*) to switch on

    ausschalten (*sep.*) to switch off
    beliebig as desired, arbitrary
17. **umwandeln** (*sep.*) to transform
18. **entzünden** (*sich*) to ignite
    schneiden° to cut
    anfassen (*sep.*) to grasp, take hold of
19. **Hypnose** (*f.*) hypnosis
    erhalten° to retain, obtain
    vollständig completely
    erlöschen° to wipe out, extinguish

Der kluge Derwisch[1]

Ein Araber hatte seinen drei Söhnen bei seinem Tode siebzehn Kamele hinterlassen. Der Älteste sollte die Hälfte erben, der Zweite ein Drittel

klug wise, clever
1 **Sohn** (*m.*), **-̈e** son
   Tod (*m.*) death

2 **hinterlassen°** to bequeath
   erben to inherit

---

1. Adapted from *Langenscheidts Sprach-Illustrierte*, Heft 6, 12. Jahrgang.

und der Jüngste ein Neuntel. Nach dem Tode des Vaters wollten die Söhne die Erbschaft teilen, aber wie sollten sie den Willen ihres Vaters 5 erfüllen? Sie konnten die siebzehn Kamele weder durch zwei noch durch drei oder neun teilen. Schließlich mußten sie einen Derwisch um Rat bitten. Er war bereit, ihnen zu helfen. Zunächst bot er den Brüdern sein eigenes Kamel als Geschenk an. Die Brüder hatten nun achtzehn Kamele, und der Derwisch 10 konnte die Teilung vornehmen. Der Älteste erhielt die Hälfte, also neun Kamele, der Zweite ein Drittel, sechs Kamele, und der Jüngste ein Neuntel, zwei Kamele. Ein Kamel blieb übrig. Die glücklichen Brüder schenkten es dem Derwisch für seine Hilfe.

4	**Erbschaft** (*f.*), **-en** inheritance	9	**Geschenk** (*n.*), **-e** present
5	**erfüllen** to fulfill		**anbieten°** (*sep.*) to offer
7	**bereit** willing, ready	10	**Teilung** (*f.*), **-en** division
8	**zunächst** first of all, first	12	**übrig bleiben°** to be left over
			schenken to give, donate

Chapter 17

1. Perfect Tenses of Modals

(a) Er hat es gemußt.   *He had to (do it).*
Er hat es gedurft.   *He was allowed to (do it).*

(b) Wir haben eine andere Methode benutzen müssen.
We (have) had to use a different method.
Kolumbus hatte seine Theorie nicht beweisen können.
Columbus had not been able to prove his theory.

The perfect tenses of all six modals are formed with **haben**. Note that modals have two forms for the past participle: **(a)** a regular form used when a dependent infinitive (usually **tun**) is not expressed, but understood; **(b)** a form identical with the infinitive, which is used when a dependent infinitive is expressed. This construction is commonly called a *double infinitive*.[1] The finite verb is a form of **haben**.

When you see a double infinitive at the end of a clause, remember that the infinitive of the modal actually represents a past participle. Check the end of the clause when you come upon a form of **haben** and pick up the double infinitive (if one is there) before rendering the entire verb unit.

---

1. Note that this "double infinitive" **(benutzen müssen)** is identical with the last two verb forms in a future construction where the finite verb, however, is **werden:**

Wir werden eine andere Methode benutzen müssen.
We will have to use a different method.

2. Double Infinitive with Other Verbs

Lassen (*to let*), **hören** (*to hear*), **helfen** (*to help*), **brauchen** (*to use*), and **sehen** (*to see*) also form perfect tenses with a double infinitive:

Wir haben das Flugzeug kommen sehen.
We saw the plane coming.
Sie haben den Verletzten auf der Straße liegen lassen.
They left the injured man lying in the street.

3. Idiomatic Meanings of Modal Auxiliaries

In addition to their basic meanings, modals also have idiomatic meanings, some of which are given in the examples below:

dürfen   (*to be allowed to*)

Man darf diese Tatsache nicht außer acht lassen.
We must not disregard this fact.
Man darf das Gemisch nicht zu schnell abkühlen.
The mixture must not be cooled too quickly. (**Dürfen** with **nicht** or **kein** usually means *must not*.)

können   (*to be able to*)

Der Student kann Deutsch.   *The student knows German.*
Das kann wahr sein.   *That may be true.*
Es kann vorkommen (*to happen, occur*), **daß** . . .   *It is possible that* . . .

mögen (*to like to*)

Das mag stimmen.   *That may be correct.*
Komme, was kommen mag!   *Come what may!*

sollen   (*to be supposed to, to be said to*)

Diese Aufgabe soll sehr schwer sein.
This lesson is said to be very difficult.
Der Versuch soll morgen unternommen werden.
The attempt is to be undertaken tomorrow.

wollen   (*to want to, to claim to*)

Die Russen wollen diese Erfindung gemacht haben.
The Russians claim to have made this invention.
Wir wollten eben anfangen.
We were just about to begin.

BASIC VOCABULARY

allgemein	general	Gruß (m.), -̈e	greeting
im allgemeinen	in general	herrschen	to rule, prevail
anregen (sep.)	to stimulate	Name (m.), -n	name
bedeutend	significant,	niemals	never
	considerable	Reise (f.), -n	trip
eben	just now, now	Schüler (m.), -	pupil
empfehlen°	to recommend	Stellung (f.), -en	position
erwarten	to expect	unzählig	countless,
fliegen°	to fly		innumerous
Flug (m.), -̈e	flight	vergessen°	to forget
Flugzeug (n.), -e	airplane	Verhältnis (n.), -se	condition, situation
fürchten (sich) vor	to be afraid of	zuerst	first, first of all
Grund (m.), -̈e	ground, reason	Zug (m.), -̈e	train
aus diesem—	for this reason	Zustand (m.), -̈e	condition

IRREGULAR VERBS

INFINITIVE	PAST	PAST PARTICIPLE	PRESENT
empfehlen	empfahl	empfohlen	empfiehlt
fliegen	flog	geflogen	fliegt
sprechen	sprach	gesprochen	spricht
wissen	wußte	gewußt	weiß

EXERCISES

1. Die Astrologie will aus dem Lauf und der Stellung der Sterne die Zukunft der Menschen deuten.

2. Als Hausaufgabe haben die Schüler einen langen Aufsatz schreiben müssen.

3. Der Student konnte sich in Deutschland verständigen: er konnte Deutsch.

4. Viele Forscher haben bei diesen Versuchen ihr Leben riskiert; wir dürfen es nicht vergessen.

5. Das Dritte Gebot lautet: Du sollst den Namen des Herrn, deines Gottes, nicht mißbrauchen. Aber im Namen Gottes wurden unzählige Menschen getötet und wurden und werden Kriege geführt.

6. Man darf die Lösung dieser Frage nicht in der nahen Zukunft erwarten.

7. Da sprach der Herr zu Kain: Wo ist dein Bruder Abel? Er sprach: Ich weiß es nicht; soll ich meines Bruders Hüter sein?

8. Von den Greueltaten wollen die angeklagten Gefängniswärter nichts gewußt haben.

1. **Lauf** (m.), -̈e course, path
   deuten to interpret, construe
2. **Hausaufgabe** (f.), -en homework
   Aufsatz (m.), -̈e composition
3. **verständigen (sich)** to make oneself understood
5. **Gebot** (n.), -e commandment

   lauten to say, read
   mißbrauchen to misuse, speak in vain
7. **Hüter** (m.), - keeper
8. **Greueltat** (f.), -en atrocity
   anklagen (sep.) to accuse
   Gefängniswärter (m.), - prison guard

9. Dies Buch wurde mir empfohlen; es soll sehr anregend sein.
10. Ich habe eben mit der Arbeit anfangen wollen.
11. Aus diesem Grunde hat er die Arbeit einstellen müssen.
12. Im allgemeinen sollen die Arbeitsverhältnisse hier bedeutend besser sein.
13. Elefanten sollen sich vor Mäusen fürchten.
14. Der Autofahrer hat den Zug nicht kommen sehen.
15. Es mag sein, daß in diesem Lande andere Zustände herrschen.
16. Wegen der Dunkelheit haben wir langsamer fahren müssen.
17. Nach dem zweiten Unfall hat er nicht mehr fliegen wollen.
18. Im Schweiße deines Angesichts sollst du dein Brot essen.
19. Jetzt, nach vielen Jahren, will der Politiker ein Frontkämpfer gewesen sein, er hat aber während des Krieges niemals eine Kugel pfeifen hören.
20. Man darf eine Lösung des Welternährungsproblems durch eine Züchtung neuer Pflanzensorten allein nicht erwarten.

11. **einstellen** (*sep.*) to stop
13. **Maus** (*f*), ⁻e mouse
14. **Autofahrer** (*m.*), - motorist
16. **Dunkelheit** (*f.*) darkness
17. **Unfall** (*m.*), ⁻e accident
18. **Schweiß** (*m.*) sweat
    Angesicht (*n.*) face, brow

19. **Politiker** (*m.*), - politician
    Frontkämpfer (*m.*), - combat soldier
    Kugel (*f.*), **-n** bullet
    pfeifen° to whistle
20. **Züchtung** (*f.*) cultivation, breeding
    Sorte (*f.*), **-n** variety, kind

Ein kurzer Brief aus Kanada

Quebec, den 28. August

Lieber Onkel Heinrich!

Nach unserer Reise durch die Vereinigten Staaten haben wir auch Kanada besuchen können. In Vancouver an der Westküste haben wir
5 sogar nach Lachsen fischen dürfen und haben einige Prachtexemplare (8-10 kg) gefangen. Der Flug nach Montreal über die kanadischen Rocky Mountains war atemberaubend. Vom Flugzeug aus haben wir zuerst die herrlichen Berge und Seen bewundern können. Dann kamen die unglaublich riesigen Weizenfelder.

4 **Küste** (*f.*), **-n** coast
5 **Lachs** (*m.*), **-e** salmon
 Prachtexemplar (*n.*), **-e** splendid
  specimen
7 **atemberaubend** exciting,
  breathtaking

 vom . . . aus from
8 **herrlich** magnificent
 bewundern to admire
 unglaublich unbelievable
9 **riesig** huge, gigantic
 Weizen (*m.*) wheat

In der sehr modernen Stadt Montreal haben wir uns leider nur zwei   10
Tage aufhalten können. Von dort sind wir nach Quebec geflogen. Im
alten Teil der Stadt glaubt man sich fast in eine alte französische Stadt
versetzt. Da ich etwas Französisch und Englisch kann, konnte ich mich
mit den Einheimischen unterhalten. Sie waren alle sehr gastfreundlich
und hilfsbereit. Heute abend kehren wir nach New York zurück, und   15
von dort fliegen wir zurück in die Heimat.

Mit herzlichen Grüßen

Karl

11	**aufhalten°** (**sich**) to stay		**gastfreundlich** hospitable
13	**versetzt** transposed, removed	15	**hilfsbereit** helpful
	da since		**zurückkehren** (*sep.*) to return
14	**unterhalten°** (**sich**) to converse	16	**zurück** back
	einheimisch native	17	**herzlich** cordial

Chapter 18

1. Coordinating Conjunctions

und	*and*	**allein**	*but, only*
aber	*but, however*	**denn**	*for*
sondern	*but (rather)*	**jedoch**	*however*
oder	*or*		

Coordinating conjunctions connect words, phrases, or clauses of equal value, and have no effect on word order.

2. Subordinating Conjunctions

(a) Subordinating conjunctions introduce subordinate clauses. The most important subordinating conjunctions are given below, others are listed in the vocabulary.

als	*when*	**wie**	*as, how*
bis	*until*	**weil**	*because*
da	*since*	**ob**	*whether, if*
damit	*so that, in order that*	**als ob**	*as if, as though*
daß	*that*	**obgleich**	*although*
während	*while*	**je nachdem**	*according to whether, depending on whether*
wenn	*if, when, whenever*		

(b) Word Order

Es ist gewiß, daß er kommen wird.
It is certain that he will come.

Es ist gewiß, daß er das gesagt hat.
It is certain that he said that.
Ich weiß nicht, ob das richtig ist.
I do not know whether that is correct.
Ich weiß nicht, wie dieser Versuch ausgeführt wird.
I do not know how this experiment is carried out.

Subordinate clauses are always set off by commas.

In subordinate clauses, the finite verb usually is the last element.[1] When a subordinating conjunction introduces a clause, look for the finite verb at the end of the clause. If the finite verb is an auxiliary (**sein, haben, werden,** or a modal), the dependent infinitive or participle will stand immediately before the auxiliary. Also check for verb modifiers standing before the complete verb. They may be predicate adjectives, predicate nouns, or adverbs and usually should be translated with the verb before continuing with the rest of the clause.

3. Learn to Differentiate

(a) **während** (preposition)   *during*
   während (subordinating conjunction)   *while*

Während dieser Zeit war ich in München.
During this time I was in Munich.
Während Hans auf der Universität war, mußte Fritz arbeiten.
While Hans was attending the university, Fritz had to work.

(b) **da** (adverb)   *there, then*
   da (subordinating conjunction)   *since*

Als die Tür geöffnet wurde, da wußte ich, daß . . .
When the door was opened, (then) I knew that . . .
Da ich nicht wußte, wo ich war, bat ich einen Schutzmann um Auskunft.
Since I did not know where I was, I asked a policeman for information.

---

1. But note that a double infinitive always stands last in a clause; in a subordinate clause, the finite verb immediately precedes it:

Ich weiß nicht, ob er <u>hat</u> kommen können.
I don't know whether he was able to come.
Ich weiß nicht, ob er es <u>wird</u> tun können.
I do not know whether he will be able to do it.

(c) damit (da plus preposition)   *therewith, with it, with that*
damit (subordinating conjunction)   *so that, in order that*

Hier sind die neuen Werkzeuge. Damit werden wir besser arbeiten können.
Here are the new tools. With them we will be able to work better.
Wir haben die neuen Werkzeuge gekauft, damit wir besser arbeiten können.
We bought the new tools so that we can work better.

Während, da, and **damit** can be recognized as subordinating conjunctions by the position of the finite verb. If the finite verb is the last element of the clause, these words are subordinating conjunctions.

(d) indem (subordinating conjunction)
in dem (in plus pronoun or article)

Dies geschieht, indem man die Lösung erwärmt.
This is done by warming the solution.
Das Experiment konnte kontrolliert werden, indem die Temperatur konstant gehalten wurde.
The experiment could be controlled by keeping the temperature constant.
Das Buch, in dem diese Theorie erklärt wird, . . .
The book in which this theory is explained . . .

Indem means *while, in that, because of the fact that,* or often *by* plus the *-ing* form of the verb (*by warming*).

4. Wenn auch, auch wenn (*even if, even though, even when*)

Diese Zimmer sind immer kalt, auch wenn sie geheizt sind.
These rooms are always cold, even when they are heated.
Wenn das Zimmer auch geheizt war, so war es doch kalt.
Even though the room was heated, it still was cold.

Note that **auch** may precede or follow **wenn** and may be separated from it within the same clause.

BASIC VOCABULARY

Ausdruck (*m.*), **-̈e**	expression	**einmal**	once
benutzen	to employ, utilize	**einteilen** (*sep.*)	to classify, divide
da	since, there, then	**erklären**	to explain
Ding (*n.*), **-e**	thing, object	**erzeugen**	to produce
drehen (sich)	to rotate, turn	**Fahrt** (*f.*), **-en**	trip, flight

Feld (*n.*), **-er**	field	**obwohl**	although, though
Gewicht (*n.*), **-e**	weight	**verbessern**	to improve
gründen	to found	**verschwinden**	to disappear
indem	in that, by	**völlig**	fully, completely
je nachdem	depending on	**während**	while, during
	whether	**Wasserstoff** (*m.*)	hydrogen
jedoch	however	**weil**	because, since
Ladung (*f.*), **-en**	charge	**wenn**	if, when
leicht	light, easy	**wenn auch,**	even though,
manchmal	sometimes	**auch wenn**	although
nachdem	after	**Wetter** (*n.*)	weather
nachweisen° (*sep.*)	to prove, show	**wie**	as, how
ob	whether, if	**zustandekommen°**	to come about,
Oberfläche (*f.*), **-n**	surface	(*sep.*)	produce

IRREGULAR VERBS

INFINITIVE	PAST	PAST PARTICIPLE	PRESENT
brechen	brach	gebrochen	bricht
dringen	drang	gedrungen	dringt
fliegen	flog	geflogen	fliegt
geben	gab	gegeben	gibt
gehen	ging	gegangen	geht
geraten	geriet	geraten	gerät
leiden	litt	gelitten	leidet
nehmen	nahm	genommen	nimmt
nennen	nannte	genannt	nennt
sehen	sah	gesehen	sieht
sitzen	saß	gesessen	sitzt
weisen	wies	gewiesen	weist

EXERCISES

1. Das Atomgewicht des Wasserstoffs wird mit der Zahl 1 bezeichnet, weil Wasserstoff das leichteste Element ist.
2. Während eines Erdumlaufes dreht sich der Mond einmal um seine eigene Achse, er kehrt also der Erde stets die gleiche Seite zu.
3. Wie schon vor fünfzig Jahren festgestellt wurde, verschwindet bei einigen Metallen der elektrische Widerstand in der Nähe der absoluten Temperatur völlig.
4. Als Gleichstrommotor kann jeder Gleichstrom-Generator benutzt werden, wenn man ihn an eine Gleichstromquelle anschließt.
5. Da der deutsche Kaiser Karl V. (1510–1556) auch König von Spanien war und als solcher Kolonien in der Neuen Welt besaß, ging in seinem Reich die Sonne nicht unter.

2. **Erdumlauf** (*m.*), **-e** revolution around the earth
   Mond (*m.*), **-e** moon
   zukehren (*sep.*) to turn toward
   stets always

3. **Widerstand** (*m.*), **-e** resistance
4. **Gleichstrom** (*m.*) direct current
   anschließen° (*sep.*) to connect
5. **untergehen°** (*sep.*) to set, go under

6. Kolumbus selbst hat nie erfahren, daß er nicht den Wasserweg nach Indien, sondern einen neuen Kontinent entdeckt hatte.

7. Wenn eine Biene ein Feld mit vielen Blüten entdeckt hat, teilt sie dies den anderen Bienen in ihrem Stock mit, indem sie einen eigenartigen Tanz ausführt.

8. Da sich die Berliner Humboldt-Universität im Ostsektor befindet, wurde 1948 die Freie Universität Berlin gegründet.

9. Als im Jahre 1901 A. Köhler sein bekanntes Ultraviolett-Mikroskop baute, hatte er zum ersten Male im Prinzip ein Fluoreszenzmikroskop geschaffen.

10. Das Innere des Atoms hat, wenn das Atom nicht ionisiert wird, eine ganz bestimmte Ladung.

11. Je nachdem man Gleichstrom oder Wechselstrom erzeugt, teilt man die elektrischen Generatoren in Gleichstromerzeuger und Wechselstromgeneratoren ein.

12. Da die Anhänger der Aufklärung im 18. Jahrhundert die Vernunft zum Maßstab aller Dinge erheben wollten, gerieten viele von ihnen in Widerspruch zum Offenbarungsglauben.

13. Das Anlaufen des Kupfers kann man verhindern, indem man die Oberfläche mit einem Schellacküberzug versieht.

14. Wenn das Wetter auch etwas kalt war, war es doch schön.

15. Louis Pasteur wies durch seine Versuche nach, daß die Gärung (*fermentation*) durch die Lebenstätigkeit kleiner Pilze und Bakterien zustande kommt, und zeigte, wie man sie verhindern kann.

6. **erfahren°** to learn, find out
7. **Biene** (*f.*), **-n** bee
   Blüte (*f.*), **-n** blossom
   mitteilen (*sep.*) to tell, communicate
   Stock (*m.*), **ːe** hive
   eigenartig special, characteristic
   Tanz (*m.*), **ːe** dance
   ausführen (*sep.*) to perform
10. **Innere** (*n.*) interior
    ionisieren to ionize
11. **Wechselstrom** (*m.*) alternating current
12. **Anhänger** (*m.*), **-** adherent, follower
    Aufklärung (*f.*) enlightenment

Maßstab (*m.*), **ːe** criterion, measure
erheben° to raise, elevate
in Widerspruch geraten° to come into conflict (with)
Offenbarungsglaube (*m.*) belief in revelation
13. **anlaufen°** (*sep.*) to tarnish
    Kupfer (*n.*) copper
    Schellacküberzug (*m.*), **ːe** coating of shellac
    versehen° to give, apply
15. **Lebenstätigkeit** (*f.*) activity
    Pilz (*m.*), **-e** fungus, mushroom

Der Zeppelin im Ersten Weltkrieg

Unter der Leitung von Graf Zeppelin startete schon 1900 der erste Zeppelin, das „LZ 1". In den folgenden Jahren wurden die Luftschiffe immer größer und schneller.

1 **Leitung** (*f.*), **-en** direction   2 **Luftschiff** (*n.*), **-e** airship

Nachdem der 1. Weltkrieg ausgebrochen war, wurden Zeppeline von
der Marine (*navy*) und dem Heer (*army*) übernommen. Sie wurden 5
zuerst für Aufklärungsflüge in der Nordsee gegen die englische Flotte
und später zum Bombenabwurf über England eingesetzt. Als die Zeppe-
line über England und London ihre ersten Luftangriffe machten, er-
regten sie großen Schrecken, denn es gab keine erfolgreiche
Abwehr gegen sie, wenn sie in einer Höhe von 4000 m flogen. Weder 10
die englischen Jagdflugzeuge (*fighter planes*) noch die Artilleriegranaten
(. . . *shells*) konnten so eine Höhe erreichen. Jedoch in verhältnismäßig
kurzer Zeit verbesserten die Engländer ihre Flugabwehr, indem sie ihre
Jagdflugzeuge und die Flak[1] (Flugzeugabwehrkanone) verbesserten.
Nun konnten sie die Zeppeline mit Phosphormunition angreifen. Da die 15
Zeppeline mit brennbarem Wasserstoff gefüllt waren, genügte manch-
mal nur ein Treffer (*hit*), um das Luftschiff in einen riesigen Feuerball
zu verwandeln. Die angreifenden Luftschiffe erlitten nun schwere Ver-
luste, und für die Mannschaft (*crew*) wurde eine Fahrt gegen England
ein „Himmelfahrtskommando" (*suicide mission*).   20
    Obwohl die Zeppeline wenig taktischen Wert hatten, hatten sie jedoch
in den ersten Kriegsjahren einen gewissen psychologischen und strate-
gischen Wert. Je tiefer sie ins englische Hinterland eindrangen, desto
mehr Streitkräfte und Artillerie mußten zur Abwehr in England bleiben
und konnten daher nicht in den Entscheidungsschlachten (*decisive battles*) 25
in Frankreich eingesetzt werden.

4	**ausbrechen°** (*sep.*) to start, break out	13	**Flugabwehr** (*f.*) air defense
5	**übernehmen°** to take over	15	**angreifen°** (*sep.*) to attack
6	**Aufklärung** (*f.*) reconnaissance	16	**brennbar** combustible
	Flotte (*f.*), **-n** fleet		**genügen** to suffice
7	**Bombenabwurf** (*m.*) bombing	17	**um . . . zu verwandeln** to
	einsetzen (*sep.*) to engage, use		transform...
8	**Angriff** (*m.*), **-e** attack	18	**erleiden°** to suffer
	erregen to arouse, cause	21	**Wert** (*m.*), **-e** value, worth
9	**Schreck(en)** (*m.*) alarm, fright	23	**eindringen°** (*sep.*) to penetrate
10	**Abwehr** (*f.*) defense	24	**Streitkräfte** (*pl.*) armed forces
12	**erreichen** to attain, reach		

---

1. Im Zweiten Weltkrieg nannten die amerikanischen und englischen Flieger die explo-
dierenden Flakgranaten *flak*. Dies erklärt unseren heutigen Ausdruck „*to run into* (*get
a lot of*) *flak*".

Chapter 19

1. Relative Pronouns

	M	F	N	PL		MEANING
NOM:	der	die	das	die		*who, which, that*
GEN:	dessen	deren	dessen	deren		*whose, of whom, of which*
DAT:	dem	der	dem	denen	(*to*)	*whom, which, that*
ACC:	den	die	das	die		*whom, which, that*
NOM:	welcher	welche	welches	welche		*who, which, that*
GEN:	(*No genitive forms*)					
DAT:	welchem	welcher	welchem	welchen	(*to*)	*whom, which, that*
ACC:	welchen	welche	welches	welche		*whom, which, that*

2. Recognizing Relative Clauses

1. **Der absolute Nullpunkt ist die tiefste Temperatur, die möglich ist.**
   Absolute zero is the lowest temperature (that is) possible.
2. **Die Nutzbarmachung der Energien, welche bei Kernprozessen frei werden, liegt noch in weiter Ferne.**
   The utilization of the energies that are freed in nuclear processes still lies in the distant future.
3. **Die Flüssigkeit, in der sich ein fester Stoff auflöst, heißt das Lösungsmittel.**
   The liquid in which a solid substance dissolves is called a solvent.

Note that a German relative clause is always set off from the main clause by commas, as are other subordinate clauses. *The finite verb stands last in a relative clause.* [1]

Diese Geschichten, die von den meisten Kindern gelesen werden, sind sehr bekannt.
These stories, which are read by most children, are very well known.
Der Zug, der vor fünf Minuten angekommen ist, kam aus Wien.
The train which arrived five minutes ago came from Vienna.
Das Haus, in dem ich als Student wohnte, ...
The house, in which I lived as a student, ...

Important Rule: When a form of **der, die, das,** or **welch-** (or a preposition with one of these forms) directly follows a comma, check the end of the clause. If the finite verb, or a double infinitive, is the last element, you are dealing with a relative clause.

3. Agreement of Relative Pronoun and Antecedent

der Mann, <u>der</u> . . .   **die Frau, <u>die</u> . . .**   **das Kind, <u>das</u> . . .**
die Männer, <u>die</u> . . .   **die Frauen, <u>die</u> . . .**   **die Kinder, <u>die</u> . . .**

Relative pronouns agree in gender and number with the nouns to which they refer. This agreement may help you determine singulars and plurals of the antecedents. (In example 2, above, the **-en** ending of **werden** indicates that **welche** is plural; hence **Energien** must also be plural.)

4. Case of the Pronoun

The case of the pronoun depends on its function in the *relative* clause:

Der Gelehrte, <u>der</u> ein neues Buch schrieb, . . . (subject)
The scholar, who was writing a new book, . . .
Der Gelehrte, <u>dessen</u> Buch ich gelesen habe, . . . (possessive)
The scholar, whose book I read, . . .
Der Gelehrte, <u>dem</u> das Buch bekannt war, . . . (indir. obj.)
The scholar, to whom the book was known, . . .
Der Gelehrte, <u>den</u> die ganze Welt kannte, . . . (dir. obj.)
The scholar, whom the whole world knew, ...

---

1. Except in double infinitive constructions, as shown in footnote 1 of Chapter 18.

Der Gelehrte, mit dem er arbeitete, . . . (obj. of prep.)
The scholar with whom he worked . . .

Note the importance of recognizing **dem** or **den** as objects. Do not translate the verb of a relative clause until you have translated the subject.

5. Was as a Relative Pronoun

(a) Was is used as a relative pronoun after neuter indefinites, such as **alles, vieles, nichts, etwas,** and others:

Alles, was ich weiß, . . . *All that I know* . . .
Etwas, was nicht erlaubt ist, . . . *Something that is not permitted* . . .

(b) Was is used after a neuter superlative:

Das Interessanteste, was ich gehört habe, war . . .
The most interesting thing (that) I heard was . . .

(c) Was is used as a relative pronoun when there is no specific antecedent:

Er erzählte uns, was schon jeder wußte.
He told us what everyone already knew.

(d) Was is used as a relative pronoun referring to an entire preceding statement; **was** is then usually translated *a fact that, something that:*

Er hat dieses Experiment allein durchgeführt, was man kaum glauben kann.
He carried out this experiment all by himself, something that one can hardly believe.

BASIC VOCABULARY

Abstammung (*f.*), -en	descent, origin	**Einteilung** (*f.*), -en	division, arrangement
Anhang (*m.*), ¨-e	appendix, appendage	**Eltern** (*pl.*)	parents
		entsprechen°	to correspond
Band (*m.*), ¨-e	volume	**ganz**	whole, entire
begründen	to found, establish	**im ganzen**	on the whole
Brennstoff (*m.*), -e	fuel	**gegenüber**	as compared to, opposite
darstellen (*sep.*)	to represent, produce	**glauben**	to believe
		Herkunft (*f.*)	origin, descent
Ei (*n.*), -er	egg	**hell**	bright, light

hörbar	audible	**Vererbung** (*f.*)	heredity
Inhalt (*m.*)	content, contents	**Vererbungsfor-**	genetics
insbesondere	especially	**schung** (*f.*)	
legen	to lay, place	**veröffentlichen**	to publish
Mitte (*f.*), **-n**	middle, center	**Vorgang** (*m.*), **-e**	process
neben	beside, in addition	**Wagen** (*m.*), **-**	wagon, vehicle, car
	to	**Weise** (*f.*), **-n**	way, manner
nieder	low, inferior	**auf diese Weise**	in this way
Präparat (*n.*)	preparation	**wirken**	to work, be en-
üblich	customary		gaged, to have
verbrennen°	to burn		an effect

IRREGULAR VERBS

PRESENT	PAST	PAST PARTICIPLE	PRESENT
brennen	**brannte**	**gebrannt**	**brennt**
finden	**fand**	**gefunden**	**findet**
halten	**hielt**	**gehalten**	**hält**
liegen	**lag**	**gelegen**	**liegt**
reiben	**rieb**	**gerieben**	**reibt**
schließen	**schloß**	**geschlossen**	**schließt**
schreiben	**schrieb**	**geschrieben**	**schreibt**
schießen	**schoß**	**geschossen**	**schießt**
sprechen	**sprach**	**gesprochen**	**spricht**
ziehen	**zog**	**gezogen**	**zieht**

EXERCISES

1. Der rote Phosphor ist ein Pulver, das sich bei 440 Grad entzündet.
2. Das Wort Automobil bedeutet ein Fahrzeug, welches sich „von selbst bewegt", im Gegensatz zum Wagen, der von einem Pferd gezogen wird.
3. Die Vögel bauen Nester, in denen sie ihre Eier legen.
4. Ultraschallwellen sind Schallwellen, deren Schwingungszahlen für das menschliche Ohr nicht mehr hörbar sind.
5. Wir erhielten auf diese Weise ein Präparat, dessen Schmelzpunkt bei 17 Grad lag.
6. Das Straußenei, dessen Inhalt etwa 24 Hühnereiern entspricht, soll sehr schmackhaft sein.
7. Ob ein Körper durch Reiben positiv oder negativ elektrisch geladen wird, hängt von dem Partner ab, mit dem er gerieben wird.
8. Der Versuch, in dem dieser Vorgang gezeigt wird, wurde auf S. 58 beschrieben.

1. **Pulver** (*n.*), **-**   powder
2. **Fahrzeug** (*n.*), **-e**   vehicle
   im Gegensatz zu   in contrast to
3. **Vogel** (*m.*), **⁻**   bird
4. **Schallwelle** (*f.*), **-n**   sound wave
   Schwingung (*f.*), **-en**   oscillation

Ohr (*n.*), **-en**   ear
6. **Straußenei** (*n.*) **-er**   ostrich egg
   Huhn (*n.*), **⁻er**   chicken
   schmackhaft   tasty
7. **reiben°**   to rub
   geladen   charged

9. Der Monotheismus ist ein Glaube, nach welchem nur ein Gott verehrt wird. Beispiele sind: Judentum, Christentum, Islam.
10. Ein glimmender Holzspan, den wir in das Glas tauchen, verbrennt mit heller Flamme.
11. Das Beste, was ein Mensch besitzen kann, ist die Gesundheit.
12. Alles, was aus der Erde kommt, muß wieder zu Erde werden.
13. Zu diesem Experiment wurden Tiere verwendet, deren Eltern gegen diese Krankheit immun waren.
14. In einer Stufenrakete wird auf eine große Rakete eine kleinere aufgesetzt, die erst durch Fernzündung abgeschossen wird, wenn der Brennstoff in der „Mutterrakete" verbrannt ist.
15. Die Hindus glauben, daß der Mensch, der in einer niederen Kaste geboren wird, so für seine Sünden eines früheren Lebens büßen muß.
16. Der Augustinerpater Gregor Mendel veröffentlichte 1865 als Ergebnisse seiner Erbsenkreuzungen seine Grundregeln der Vererbung, die seit 1900 allgemeine Anerkennung fanden und die neuzeitliche Vererbungsforschung begründeten.

9. **verehren** to worship
10. **glimmen°** to glow
Holzspan (*m.*), ⸚e wood splinter
tauchen to dip
14. **Stufenrakete** (*f.*), **-n** multi-stage rocket
aufsetzen (*sep.*) to mount
Fernzündung (*f.*) remote ignition
abschießen° (*sep.*) to fire

15. **Kaste** (*f.*), **-n** caste
Sünde (*f.*), **-n** sin
früh early
büßen to atone
16. **Augustinerpater** Augustinian monk
Erbsenkreuzung (*f.*) cross-breeding of peas
Anerkennung (*f.*) recognition
neuzeitlich modern

Buchbesprechung[1]

Udo Sautter: *Geschichte der Vereinigten Staaten von Amerika.* Stuttgart: Kröner 76. 592 S. (*Kröners Taschenbuch, Bd. 443*).

Der in Kanada wirkende Historiker deutscher Abstammung verleugnet seine auch historiographisch deutsche Herkunft nicht. Sein Buch,
5 das er selbst als „Skizze" bezeichnet, stellt gegenüber dem üblichen amerikanischen Pragmatismus eine distanziert und überlegen urteilende

2 **Taschenbuch** (*n.*), ⸚er pocket edition
Bd. (Band) (*m.*), ⸚e volume
3 **verleugnen** to deny, fail to reveal
4 **Herkunft** (*f.*), ⸚e origin, descent

5 **Skizze** (*f.*), **-n** sketch
6 **distanziert** detached
überlegen superior
urteilen to judge, evaluate

---

1. Prof. Dr. E. Hölzle (Konstanz): *Wissenschaftlicher Literaturanzeiger,* Nr. 1, 1977.

Übersicht dar, die neben den sozialen Komponenten auch die geistigen heraushebt. Die innere und insbesondere wirtschaftliche Entwicklung steht voran, doch vernachlässigt der Verf. die äußere Machtentfaltung nicht. Die Einteilung in fünf Epochen bezieht die englische Kolonialzeit 10 ein und reicht bis zur Mitte der 70er Jahre unseres Jahrhunderts. Man wird nicht immer den Bewertungen des Verf. folgen können, doch im ganzen gewährt sein Buch eine faktenreiche Einführung. Ein Anhang (*appendix*) bringt aufschlußreiche Statistiken. Die Literaturauswahl konzentriert sich bedauerlicherweise, amerikanischer Übung gemäß, auf 15 Werke in englischer Sprache.

7 **Übersicht** (*f.*), **-en** survey, review
8 **herausheben°** (*sep.*) to accentuate
9 **voranstehen°** (*sep.*) to be emphasized
  vernachlässigen to neglect
  Verf. (Verfasser) (*m.*), **-** author
  äußere Machtentfaltung development of international power
10 **einbeziehen°** (*sep.*) to include

11 **reichen** to reach, extend
12 **Bewertung** (*f.*), **-en** assessment
13 **gewähren** to assure
  faktenreich filled with facts
14 **aufschlußreich** informative
  Literaturauswahl (*f.*) bibliography
15 **bedauerlicherweise** unfortunately
  Übung (*f.*), **-en** practice

Chapter 20

1. Demonstrative Pronouns

(a) Forms of **der, die, das; die** may be used as demonstrative pronouns and are then declined like relative pronouns (Chapter 19). As demonstrative pronouns, forms of **der, die, das; die** are used for emphasis:

Kennen Sie den neuen Lehrer? Nein, den kenne ich nicht.
Do you know the new teacher? No, I don't know him.
Die Beschreibung der Maschine und deren Gebrauch
The description of the machine and its use

Der, die, das; die, used as demonstrative pronouns, mean *he, she, it, that, this, they,* etc.

(b) Demonstrative forms of **der, die, das; die** are used as antecedents of relative pronouns:

Die Polizei kennt den, der das Auto gestohlen hat.
The police know the one who stole the car.
Das ist nicht der, den wir suchen.
That is not the one we are looking for.
Das sind die Ansichten derer, die gegen uns sind.
These are the views of those who are against us.
(As an antecedent, **derer** is used instead of **deren**.)

(c) Forms of **der, die, das; die** may stand directly before a genitive article:

Die Gesetze Deutschlands und die der Vereinigten Staaten . . .
The laws of Germany and those of the United States . . .

Die Temperatur des Wassers und die des Eises . . .
The temperature of water and that of ice . . .

2. Other Demonstrative Pronouns

(a) **derjenige, diejenige, dasjenige; diejenigen**   the one, he, it, she, those, etc.

Diejenigen, die nicht untersucht worden waren, . . .
Those who had not been examined . . .
Das Geld wird demjenigen ausgezahlt werden, der . . .
The money will be paid to the one (him), who . . .

This pronoun is usually followed by a relative clause. The first part of the word is declined like a definite article; the second part takes adjective endings.

(b) **derselbe, dieselbe, dasselbe; dieselben**   *the same (one), the same thing, he, she it, etc.*

Das Eisen hat dieselben Eigenschaften.
Iron has the same properties.
Dasselbe wurde auch früher beobachtet.
The same thing was also observed before.
Auch meine Mitarbeiter benutzen diese Methode, seit sie dieselbe kennen.
My co-workers have also been using this method since they became acquainted with it.

Derselbe, etc., is declined like **derjenige,** etc.

3. Suffix -los (-less, without)

brotlos	*breadless*	arbeitslos	*unemployed*
farblos	*colorless*	furchtlos	*fearless*
machtlos	*powerless*	zahllos	*countless*
geldlos	*without money*	bewegungslos	*motionless*
erfolglos	*unsuccessful*	staatenlos	*stateless*

4. Suffix -fach (-fold, times)

zehnfach	*ten times*	mehrfach	*several times*
dreifach	*three times*	vielfach	*many times, manifold*

5. Suffix -mal (*time, times*)

manchmal	*sometimes*	**einmal**	*once*
viermal	*four times*	**oftmals**	*frequently*
jedesmal	*every time*	**keinmal**	*never*

BASIC VOCABULARY

abhängig	dependent	**Sinn** (*m.*), **-e**	meaning, sense
Ausgabe (*f.*), **-n**	expenditure, edition	**täglich**	daily
		Tod (*m.*)	death
behandeln	to treat	**u.U. (unter Umständen)**	under certain circumstances
belebt	animate		
. . . fach	times, . . . fold	**v.H. (vom Hundert)**	percent
falsch	false, wrong		
gar	even, very, quite	**vergleichen°**	to compare
Gift (*n.*), **-e**	poison	**verständlich**	intelligible
giftig	poisonous	**vorhanden sein**	to be present
herbeiführen (*sep.*)	to bring about	**vorhergehen°** (*sep.*)	to precede
Menge (*f.*), **-n**	amount	**vorschlagen°** (*sep.*)	to suggest, propose
Rate (*f.*), **-n**	rate	**wirksam**	effective
sammeln	to collect	**Wirksamkeit** (*f.*)	efficacy
Schaden (*m.*), ⁓	damage	**Wirtschaft** (*f.*), **-en**	industry, economy
Siedepunkt (*m.*), **-e**	boiling point		

IRREGULAR VERBS

INFINITIVE	PAST	PAST PARTICIPLE	PRESENT
finden	**fand**	**gefunden**	**findet**
gelten	**galt**	**gegolten**	**gilt**
gleichen	**glich**	**geglichen**	**gleicht**
halten	**hielt**	**gehalten**	**hält**
tragen	**trug**	**getragen**	**trägt**

EXERCISES

1. Die Relativitätstheorie ist nur dem verständlich, der die höhere Mathematik beherrscht.
2. Der Siedepunkt des Wassers liegt bei 100 Grad, der des Quecksilbers bei 360 Grad.
3. Als ein Ampere bezeichnet man diejenige Strommenge, die in einer Sekunde elektrolytisch 1,118 mg Silber aus einer Silbernitratlösung (. . . *nitrate* . . .) ausscheidet.
4. Durch Chemikalieneinwirkung kann die Mutationsrate u.U. auf das 1000fache und mehr erhöht werden.

1. **beherrschen**   to master, rule
3. **ausscheiden°** (*sep.*)   to precipitate, separate

4. **Chemikalieneinwirkung**(*f.*)**-en**   effect of chemicals

5. Die chemische Natur der Toxine ist ebensowenig bekannt wie die der Antitoxine.
6. Die allgemeine Methode war dieselbe wie in den vorhergehenden Studien.
7. In dieser Untersuchung wurden die Schulzeugnisse von über 1000 Kindern gesammelt und mit denen ihrer Eltern und Großeltern verglichen.
8. Wenn zwei dasselbe tun, so ist es nicht dasselbe.
9. Die Beobachtungen von Nelson, wie diejenigen der anderen Autoren, konnten von uns bestätigt werden.
10. Andere Methoden sind vorgeschlagen worden, z.B. die, die der nächste Abschnitt des Buches behandelt.
11. Die durchschnittliche Zuwachsrate der Ausgaben des Staates für die deutsche Forschung und Entwicklung betrug in den letzten Jahren 12,7 v.H., die der Wirtschaft 13,1 v.H.
12. Ein Adoptivkind erhält den Familiennamen dessen, der es adoptiert hat.
13. Die CSSR gehört zu jenen Ländern in Europa, in denen die Frauen mit 3,5 Millionen einen Rekordanteil an der Arbeitnehmerschaft besitzen.
14. Pflanzen haben kein Muskelgewebe und auch kein Nervengewebe, das dem der Tiere ähnlich ist.
15. Giftpflanzen sind solche Pflanzen, deren Genuß schwere gesundheitliche Schäden oder gar den Tod herbeiführen kann.
16. Was du nicht willst, das man dir tu',
Das füg' auch keinem andern zu.

5. **Toxin** (n.), **-e** toxin
ebensowenig just as little
7. **Schulzeugnis** (n.), **-se** report card
Großeltern (pl.) grandparents
11. **Zuwachs** (m.) growth, increase
12. **Adoptivkind** (n.), **-er** adopted child
13. **CSSR (Tschechoslowakische Sozialistische Republik)** Czechoslovakia
Rekordanteil (m.), **-e** record share, major share

Arbeitnehmerschaft (f.) work force, working population
14. **Muskelgewebe** (n.), **-** muscle tissue
15. **Genuß** (m.), **-sse** consumption, pleasure
gesundheitliche Schäden damage to health
16. **zufügen** (sep.) to do unto

Gifte[1]

Im allgemeinen bezeichnet man diejenigen Stoffe als Gifte, die zu Gesundheitsschäden bei Mensch und Tier führen. Im engeren Sinne

1. Adapted from *Der Große Bockhaus*, 16. Auflage, F. A., Wiesbaden.

sind Gifte unbelebte Stoffe, aber auch belebte Stoffe, z.B. die, die Krankheitserreger sind, werden als Gifte angesehen. Gifte werden auch in
5 Pflanzen gefunden. Die giftigen Stoffe können in allen Teilen der Pflanzen oder nur in einigen vorhanden sein, z.B. in Wurzeln, Blättern oder Früchten. Die Menge des Giftes und seine Wirksamkeit ist oft von der Tages- und Jahreszeit, vom Klima und vom Boden abhängig.

Auch Arzneimittel, die in zu großer Menge oder in falscher Weise
10 dem Körper zugeführt werden, wirken als Gifte. Dasselbe gilt auch für Stoffe der täglichen Ernährung, z.B. Kochsalz, und für Alkohol.

Maßgebend für jede Giftwirkung sind die Menge des Giftes, die Form und der Ort der Einführung. Neben der Menge ist auch die Konzentration des Giftes von Bedeutung.

3 **Krankheitserreger** (*m.*), - pathogenic agent, cause of disease
6 **Wurzel** (*f.*), **-n**   root
   Blatt (*n.*), **-̈er**   leaf
7 **Frucht** (*f.*), **-̈e**   fruit
9 **Arzneimittel** (*n.*), -   medicine
10 **zuführen** (*sep.*)   to administer

11 **Ernährung** (*f.*)   food, diet, nutrition
    Kochsalz (*n.*)   table salt
12 **maßgebend**   decisive
    Wirkung (*f.*), **-en**   effect
13 **Ort** (*m.*), **-e**   place, location, site
    Einführung (*f.*)   introduction

Review 4

Deutsche Siedler vor 1776[1]

Gut hundert Jahre vergingen nach Kolumbus' Entdeckung, ehe auch der Teil der neuen Welt kolonialisiert wurde, den die Spanier wegen der—von ihnen so empfundenen—Unwirtlichkeit des Klimas gemieden hatten. Die Initiative dazu ging von den Engländern und Franzosen aus; Holländer und Schweden folgten. Deutschland war zu dieser Zeit durch 5 den 30jährigen Krieg so sehr mit seinen eigenen Problemen beschäftigt, daß Deutsche im 17. Jahrhundert nur vereinzelt und im Dienst fremder Mächte nach Nordamerika kamen.

Die ersten dürften (*may*) drei Zimmerleute gewesen sein, Unger, Keffer und Volday mit Namen. Sie gehörten zur Mannschaft jenes Captain 10 Smith, der 1607 Jamestown gründete und damit die englische Besiedlung der Ostküste einleitete. Bereits in Amt und Würde überquerte Peter Minuit (Minnewit) aus Wesel den Atlantik. Als Generaldirektor der holländischen Besitzungen in Nordamerika landete er 1626 auf Manhattan.

	Siedler (*m.*), **-** settler	10	**gehören zu** to be a member of
1	**vergehen°** to pass		**Mannschaft** (*f.*), **-en** crew
	ehe before	11	**damit** therewith
3	**empfinden°** to feel		**Besiedlung** (*f.*) settlement,
	Unwirtlichkeit (*f.*) severity		colonization
	meiden° to avoid	12	**Ostküste** (*f.*) east coast
4	**dazu** for this		**einleiten** (*sep.*) to start
	ausgehen° (*sep.*) **(von)** to come (from)		**in Amt und Würde** installed in office
6	**beschäftigt** occupied		**überqueren** to cross
7	**vereinzelt** singly, sporadically	13	**Wesel** town on the lower Rhine river
	Dienst (*m.*), **-e** service	14	**Besitzung** (*f.*), **-en** possession
9	**Zimmerleute** (*pl.*) carpenters		

---

1. *Die Deutschen und die Amerikaner*, Heinz Moos Verlag, München ed. Thomas Pilz, 1977.

131

15 Für ganze 60 Gulden kaufte er den Indianern die Insel ab, auf der heute die Wolkenkratzer New Yorks stehen. Diesen Namen erhielt Minuits Siedlung allerdings erst, nachdem die Engländer Neu-Holland 1664 in ihren Besitz gebracht hatten. Später, im Verlauf der „Glorreichen Revolution", die im englischen Mutterland ganz unblutig verlief, kam es 20 auch in New York zu Unruhen. Die Bevölkerung vertrieb den Gouverneur Thomas Dongan und beauftragte den Kommandeur der Bürgermiliz, den aus Frankfurt gebürtigen Kaufmann Jacob Leisler, mit der kommissarischen Verwaltung der Kolonie. Zweieinhalb Jahre lang versah dieser das Amt mit Umsicht und Tatkraft. Als der vom neuen König 25 ernannte Nachfolger eintraf, erreichten Leislers Gegner, daß er unter der Beschuldigung des Hochverrats festgenommen, ungerechterweise verurteilt und noch im selben Jahr (1691) öffentlich hingerichtet wurde. Doch schon vier Jahre später rehabilitierte das englische Parlament den Patrioten, der zwar für mehr Eigenständigkeit der Kolonie gekämpft 30 hatte, bei alledem aber königstreu geblieben war.

Zog es die ersten deutschen Einwanderer zunächst nach New York, Maryland oder Virginia, so änderte sich das mit der Gründung Pennsylvaniens 1681. Dort errichtete der englische Edelmann William Penn eine Kolonie, in der absolute religiöse Toleranz herrschte. Wer, wie die 35 Quäker, zu denen sich Penn bekannte, in der Alten Welt aus Glaubensgründen verfolgt wurde, der sollte in diesem Staat die Freiheit fin-

15	**Gulden** (*m.*), - guilder			‾**eintreffen**° (*sep.*) to arrive
	abkaufen (*sep.*) to buy from			**erreichen** to manage, attain
	Insel (*f.*), **-n** island			**Gegner** (*m.*), - enemy
16	**Wolkenkratzer** (*m.*), - skyscraper		26	**Beschuldigung** (*f.*), **-en** accusation
17	**Siedlung** (*f.*), **-en** settlement			**Hochverrat** (*m.*) high treason
	allerdings to be sure			**festnehmen**° (*sep.*) to arrest
18	**im Verlauf** during, during the course of			**ungerechterweise** unjustly
	glorreich glorious		27	**verurteilen** to convict
19	**verlaufen**° to pass, come off			**öffentlich** public
20	**Unruhen** (*pl.*) riots, disturbances			**hinrichten** (*sep.*) to execute
	vertreiben° to drive out		29	**Eigenständigkeit** (*f.*) independence, freedom
21	**beauftragen**° . . . **mit** to entrust . . . with		30	**bei alledem aber** but nevertheless
22	**Bürgermiliz** (*f.*) citizens' militia			**königstreu** loyal to the king
	aus . . . **gebürtig** born in . . .		31	**zunächst** at first
	Kaufmann (*m.*), **Kaufleute** (*pl.*) merchant		32	**Gründung** (*f.*) foundation
			33	**errichten** to found, establish
23	**kommissarisch** provisional			**Edelmann** (*m.*), **-er** nobleman
	Verwaltung (*f.*) **-en** administration		35	**zu denen sich Penn bekannte** whose faith Penn professed
24	**versehen**° to discharge			**Glaubensgründe** (*pl.*) religious reasons
	Amt (*n.*), ‾**-er** office, duty			
	Umsicht (*f.*) circumspection		36	**verfolgen** to persecute
	Tatkraft (*f.*) energy, enterprise			**die Freiheit finden** . . . **zu führen** find the freedom to lead . . .
25	**Nachfolger** (*m.*), - successor			
	ernennen° to appoint			

den, das ersehnte „ruhige, ehrliche und gottgefällige Leben" zu führen.
Gern folgten die Mitglieder der zahlreichen pietistischen Sekten Deutsch-
lands, darunter Mennoniten, Schwenckfelder, Tunker und Lambadisten
dieser Einladung. Den Exodus begannen dreizehn Krefelder Menno- 40
niten-Familien. Der Tag, an dem ihr Schiff 1683 im Hafen von Phila-
delphia anlegte, der 6. Oktober, wird noch heute in weiten Teilen der
USA als German Day begangen. Vor den Toren der Stadt erwarben die
Krefelder ein großes Stück Land und legten darauf ihre eigene Siedlung
an: Germantown. Zum Bürgermeister wählten sie Franz Daniel Pastorius 45
(1651–1720), der schon die Überfahrt organisiert hatte. Dieser tatkräf-
tige junge Gelehrte war von Haus aus Jurist und Theologe, besaß da-
neben aber auch umfangreiches praktisches Wissen, das es ihm
ermöglichte, sich erfolgreich an der Lösung öffentlicher Aufgaben zu
beteiligen. Schnell wurde er ein enger Freund und Berater William 50
Penns. Sein besonderes Interesse galt dem Aufbau eines Schulsystems,
das auch Abendklassen für Erwachsene umfaßte. Bereits 1688 verfaßte
er das erste Manifest gegen die Sklaverei.

37	**ersehnen** to long for		46	**Überfahrt** (*f.*), **-en** crossing
	ruhig quiet			**tatkräftig** energetic
	ehrlich honest		47	**von Haus aus** by profession,
	gottgefällig pious			originally
38	**gern** readily			**daneben** along with this
	Mitglied (*n.*), **-er** member		48	**umfangreich** extensive
39	**darunter** among them			**das es ihm ermöglichte, sich ... zu**
40	**Einladung** (*f.*), **-en** invitation			**beteiligen** which enabled him to
41	**Hafen** (*m.*) port			participate ...
42	**anlegen** (*sep.*) to dock		50	**Berater** (*m.*), **-** adviser
43	**begehen°** to observe		51	**gelten°** to be devoted to
	Tor (*n.*), **-e** gate		52	**Abendklasse** (*f.*), **-n** evening class
	erwerben° to acquire			**Erwachsene** (*m.*), **-n** adult
44	**anlegen** (*sep.*) to establish			**umfassen** to include
	darauf on it			**verfassen** to write, compose
45	**Bürgermeister** (*m.*), **-** mayor		53	**Sklaverei** (*f.*) slavery
	wählen to elect			

IRREGULAR VERBS

INFINITIVE	PAST	PAST PARTICIPLE	PRESENT
beginnen	begann	begonnen	beginnt
bleiben	blieb	geblieben	bleibt
bringen	brachte	gebracht	bringt
finden	fand	gefunden	findet
gehen	ging	gegangen	geht
gelten	galt	gegolten	gilt
halten	hielt	gehalten	hält
kommen	kam	gekommen	kommt
laufen	lief	gelaufen	läuft
meiden	mied	gemieden	meidet

nehmen	nahm	genommen	nimmt
nennen	nannte	genannt	nennt
sehen	sah	gesehen	sieht
sitzen	saß	gesessen	sitzt
treffen	traf	getroffen	trifft
treiben	trieb	getrieben	treibt
werben	warb	geworben	wirbt
ziehen	zog	gezogen	zieht

Chapter 21

1. <u>wer</u>, <u>was</u> Used as Interrogative and Relative Pronouns

(a) As Interrogative Pronouns

NOM:	**wer**		*who*	**was**	*what*
GEN:	**wessen**		*whose*		
DAT:	**wem**	(*to*)	*whom*		
ACC:	**wen**		*whom*	**was**	*what*

Wer ist dieser Mann?	*Who is this man?*
Mit wem gehen Sie?	*With whom are you going?*
Wen haben Sie gesehen?	*Whom did you see?*
Was hat er gesagt?	*What did he say?*

(b) As Relative Pronouns

wer	*he who, whoever*
was	*what, whatever, that which, that* [1]

Wer nicht hören will, muß fühlen.
He who won't listen must suffer the consequences.
Was ich nicht weiß, macht mich nicht heiß.
What I don't know doesn't bother me.

---

1. See also Chapter 19, paragraph 5.

2. Verb-First Constructions

(a) Questions

Gehen Sie heute ins Laboratorium?
Are you going to the laboratory today?
Konnten Sie die Abbildung im Buch finden?
Could you find the illustration in the book?

Questions not introduced by interrogatives begin with the finite verb. The presence of the question mark makes identification simple.

(b) Omission of **wenn** in Conditional Clauses

Wenn man ein Stück Eisen erhitzt, so (dann) dehnt es sich aus.
Erhitzt man ein Stück Eisen, so (dann) dehnt es sich aus.
If a piece of iron is heated, it expands.
Wenn man Erfolg haben will, dann muß man arbeiten.
Will man Erfolg haben, dann muß man arbeiten.
If we want to be successful, (then) we must work.

In conditional clauses, **wenn** may be omitted in favor of a verb-first construction. Conditional verb-first constructions are followed by result clauses usually introduced by **so** or **dann**, which are sometimes omitted.

3. Feminine Noun Suffixes

(a) Suffix **-ung**

Added to verb stems, this suffix forms feminine nouns often corresponding to English nouns ending in -*ing*, -*tion*, -*ment*. Give the meanings of the following nouns:

beobachten	*to observe*	**Beobachtung**
bestimmen	*to determine*	**Bestimmung**
bewegen	*to move*	**Bewegung**
einführen	*to introduce*	**Einführung**
lösen	*to dissolve*	**Lösung**
trennen	*to separate*	**Trennung**
atmen	*to breathe*	**Atmung**
bezahlen	*to pay*	**Bezahlung**

(b) Suffixes **-heit, -keit, -igkeit**

Added to adjectives, these suffixes form feminine abstract nouns corresponding to English nouns ending in -*ity*, -*ness*. Give the meanings of the following nouns:

ähnlich	*similar*	Ähnlichkeit
allgemein	*general*	Allgemeinheit
empfindlich	*sensitive*	Empfindlichkeit
fähig	*capable*	Fähigkeit
ewig	*eternal*	Ewigkeit
genau	*exact*	Genauigkeit
hilflos	*helpless*	Hilflosigkeit
krank	*sick*	Krankheit
möglich	*possible*	Möglichkeit

BASIC VOCABULARY

Ausdruck (*m.*), ⁻e	expression, term	mehrere	several, some, a few
beispielsweise	for (by way of) example	rationell	efficient, rational, economical
bisher	until now	sogenannt	so-called
erweisen°	to show, render, prove	sterben°	to die
farbig	colored	Strahl (*m.*), -en	ray, beam
Gesellschaft (*f.*), -en	society, company	verbinden°	to connect, combine
gewiß	certain	Verhältnis (*n.*), -se	ratio, relationship
hingegen	on the other hand	verlieren°	to lose
innerhalb	within	Verstand (*m.*)	mind, reason
insbesondere	especially	vor allem	above all
Kirche (*f.*), -n	church	Wahrheit (*f.*), -en	truth
leiten	to conduct, lead	weit	wide, far, extensive
lernen	to learn	wiegen°	to weigh
lieben	to love		

IRREGULAR VERBS

INFINITIVE	PAST	PAST PARTICIPLE	PRESENT
binden	band	gebunden	bindet
geben	gab	gegeben	gibt
nehmen	nahm	genommen	nimmt
sprechen	sprach	gesprochen	spricht
stehen	stand	gestanden	steht
sterben	starb	gestorben	stirbt
tragen	trug	getragen	trägt
weisen	wies	gewiesen	weist

EXERCISES

1. Wer die Reifeprüfung, das Abitur, der deutschen Höheren Schulen bestanden hat, darf an Universitäten und Hochschulen studieren.

1. **Reifeprüfung** (*f*). = Abitur (*n.*) final comprehensive examination

Höhere Schule (*f.*) secondary school
bestehen° to pass

2. Wem Gott will rechte Gunst erweisen,
   Den schickt er in die weite Welt,
   Dem will er seine Wunder weisen
   In Berg und Wald und Strom und Feld. (Eichendorff)
3. Bringt man Quecksilberoxyd ins Probierglas und erhitzt es über
   einem Brenner auf über 400 Grad, so gibt es Sauerstoff ab.
4. Wird ein Lichtstrahl durch ein Prisma geleitet, dann entsteht ein
   farbiges Band, das man Spektrum nennt.
5. Wer Theologie studiert, der will lernen, was bisher in der Kirche
   über Gott gelehrt worden ist, vor allem, was die Heilige Schrift von
   Gott zu erkennen gibt.
6. Wen die Götter lieben, der stirbt jung. (Plutarch)
7. Der Staat ist im letzten Jahrhundert so mächtig geworden, daß der
   Mensch sich heute fragen muß: ,,Was ist und wo ist noch Freiheit?"
8. Wer über gewisse Dinge (Atombombe, Rüstungswettlauf usw.) den
   Verstand nicht verliert, der hat keinen zu verlieren.
9. Durchfließt in einem Transformator der Wechselstrom die Win-
   dungen der einen Spule, so entsteht in der anderen durch Induk-
   tion ein Wechselstrom mit anderer Spannung.
10. Werden mehrere Stromquellen so miteinander verbunden, daß alle
    positiven Pole an der einen Leitung (*circuit*) und alle negativen an
    der anderen Leitung sind, so sind sie parallel geschaltet.
11. Jeder schwimmende Körper verdrängt soviel Wasser, wie er wiegt.
    Verdrängt er weniger Wasser, als sein Gewicht beträgt, so sinkt er.
12. Wissen Sie, wie der Intelligenz-Quotient (I.Q.) berechnet wird?
    $$I.Q. = \frac{\text{Intelligenzalter}}{\text{Lebensalter}}.$$ Ist z.B. ein Kind 10 Jahre alt und hat ein
    Intelligenzalter von 12 Jahren, so ist sein I.Q. 120.
13. Sind Sie der Meinung, daß die demokratische Gesellschaft eine
    Nivellierung der Kultur mit sich bringt und damit zur Massenkultur
    führt?

2. **recht** real, right
   Gunst (*f.*) favor
   schicken to send
   Wunder (*n.*), - wonder, miracle
   weisen° to show
3. **Quecksilberoxyd** (*n.*) mercuric oxide
   Probierglas (*n.*), ⁻er test tube
   erhitzen to heat
   Brenner (*m.*), - burner
5. **Heilige Schrift** (*f.*) Holy Scriptures
   zu erkennen geben to reveal
7. **mächtig** powerful
8. **Rüstungswettlauf** (*m.*) arms race
9. **durchfließen**° (*sep.*) to flow through
   Transformator (*m.*), **-en** transformer

Wechselstrom (*m.*), ⁻e alternating
   current
Windung (*f.*), **-en** winding
Spule (*f.*), **-n** coil, spool
10. **miteinander** with each other
    schalten to connect
11. **schwimmen**° to swim
    verdrängen to displace
    soviel . . . wie as much . . . as
12. **Intelligenzalter** (*n.*) mental age
    Lebensalter (*n.*) chronological age
13. **Nivellierung** (*f.*) leveling
    mit sich bringen° to bring about,
    entail

14. Ist Ihnen dieser Ausdruck nicht bekannt, schlagen Sie ihn im Wörterbuch nach.

15. Wer einmal lügt, dem glaubt man nicht,
Selbst dann, wenn er die Wahrheit spricht.

14. **nachschlagen°** (*sep.*)   to look up
Wörterbuch (*n.*), **-er**   dictionary

15. **lügen**   to tell a lie, lie

Schnelltest aus Schweden spürt Allergien auf [1]

Menschen mit einer Allergie brauchen sich nicht mehr in allen Fällen langwierigen Testprozeduren zu unterziehen. Der in Schweden entwickelte „Radio-Allergor-Sorbens-Test" (RAST) kann 55 sogenannte Sofort-Allergien rasch nachweisen. Zu diesen Allergieformen, bei denen der Organismus nach Kontakt mit bestimmten Stoffen schon innerhalb 5 weniger Minuten oder Stunden überempfindlich reagiert, gehören vor allem Asthma, Heuschnupfen und Medikamenten-Allergien, insbesondere die gegen Penicillin.

Die Allergie wird bei „RAST", so berichteten Mediziner auf einem Allergie-Symposium in Köln, mit Hilfe radioaktiv markierter Substanzen 10 und elektronischer Auswertung von Blutanalysen sehr rationell und in relativ kurzer Zeit nachgewiesen. Fällt der Test positiv aus, kann auf andere, sehr viel aufwendigere und risikoreichere Allergie-Tests verzichtet werden.

An der Kölner Universitäts-Hautklinik können bereits bis zu 500 Ana- 15 lysen pro Tag vorgenommen werden. Der herkömmliche, mehrtägige Lymphozyten-Transformationstest beispielsweise kann hingegen nur an acht Patienten pro Tag durchgeführt werden.

Allergie (*f.*), **-n**   allergy
aufspüren (*sep.*)   to detect
1 **brauchen sich ... zu**
unterziehen°   need to undergo ...
2 **langwierig**   tedious, protracted
3 **sofort-**   instantaneous
4 **rasch**   quickly
6 **zu ... gehören**   among ... are
überempfindlich   allergic
reagieren   to react
7 **Heuschnupfen** (*m.*)   hay fever
Medikament (*n.*), **-e**   medicine, drug
10 **Köln** (*n.*)   Cologne

markieren   to mark
11 **Auswertung** (*f.*), **-en**   evaluation,
analysis
12 **ausfallen°** (*sep.*)   to turn out
13 **aufwendig**   involved
risikoreich   risky
verzichten (auf)   to dispense (with)
15 **Hautklinik** (*f.*), **-en**   dermatology
clinic
bereits   already
16 **herkömmlich**   usual, conventional
mehrtägig   of several days' duration

---

1. *Die Welt*, 29. April 1978.

Chapter 22

1. Infinitives with <u>zu</u>

(a) Verb Complements

Der Professor scheint nicht in seinem Büro zu sein.
The professor does not seem to be in his office.
Nun beginnt die Flüssigkeit zu sieden.
Now the liquid is beginning to boil.

Infinitives with **zu** are used after some German verbs, such as **anfangen** (*to begin*), **beginnen, scheinen** (*to seem*), and others. These infinitives stand at the end of the clause, but must be translated immediately after the verb.

(b) Infinitive Clauses

Kolumbus versuchte, einen neuen Weg nach Indien zu finden.
Columbus tried to find a new route to India.
Dieses Werk ist ein Versuch, die Entwicklung der Außenpolitik der Vereinigten Staaten darzustellen.[1]
This work is an attempt to show the development of the foreign policy of the United States.

Infinitive clauses are dependent on certain verbs or nouns and often have similar English constructions. Such verbs or nouns should lead

---

1. When used with the infinitive stem of a separable verb (**darstellen** *to show*), **zu** stands between the prefix and the simple verb. When you look up the verb in the dictionary, leave out **zu.**

you to anticipate these constructions. Note that infinitive clauses are set off by commas and that the infinitive must be translated first.

Infinitive clauses may contain modifying clauses or phrases, set off by commas which separate the infinitive from the rest of the clause. Remember to pick up the infinitive at the proper time:

Dieses Werk ist ein Versuch, die Entwicklung der Außenpolitik der Vereinigten Staaten, wie sie von heutigen Geschichtsforschern verstanden wird, darzustellen.
This work is an attempt to show the development of the foreign policy of the United States, as it is understood by present historians.

(c) With **um, ohne, (an)statt**

Um Eis von 0° in Wasser von 0° zu verwandeln, ist die Zufuhr einer bestimmten Wärmemenge erforderlich.
To change ice of 0° into water of 0°, the addition of a certain amount of heat is necessary.
Der Professor verließ das Zimmer, ohne ein Wort zu sagen.
The professor left the room without saying a word.
Anstatt seine Aufgabe zu machen, ging der Student ins Theater.
Instead of doing his assignment, the student went to the theater.

When you see a clause beginning with **um, ohne,** or **(an)statt,** check the end of the clause for **zu** plus infinitive. These constructions are translated as follows:

um . . . zu (zeigen)	*(in order) to (show)*
ohne . . . zu (zeigen)	*without (showing)*
(an)statt . . . zu (zeigen)	*instead of (showing)*

2. Verb-First Constructions (Continued)

(a) Imperative

Verb-first constructions also introduce imperatives (commands or requests). Imperatives may be expressed in the **du, ihr,** or **Sie** form:

INFINITIVE:	sagen	öffnen	gehen	geben	sein
du FORM:	sag(e)![1]	öffne!	geh(e)!	gib!	sei . . . !
ihr FORM:	sagt!	öffnet!	geht!	gebt!	seid . . . !
	saget![2]		gehet	gebet	

---

1. The **e** is frequently dropped.

2. In elevated speech, an **e** may be added before **t.**

In the **du** form, the imperative of many verbs consists of the infinitive stem + **e**. In some verbs, the **e** of the infinitive stem is changed to **i** or **ie** (**geben—gib, sehen—sieh**) in the imperative. Note that the **ihr** form is identical with the second person plural of the present tense: **ihr sagt, öffnet, gebt, seid.**

Sie FORM: **Sagen Sie mir . . . !   Gehen Sie!   Seien Sie . . . !**

The **Sie** form is the most frequent imperative form in reading. It is formed by inverting the word order of the formal **Sie** construction. Note that the imperative form of **sein** is irregular:

Sie gehen	**Gehen Sie!**
Sie sind	**Seien Sie . . . !**

Examples:

Fangen Sie an!	*Begin!*
Seien Sie still!	*Be quiet!*
Wiederholen Sie den Satz, bitte!	*Repeat the sentence, please!*

An exclamation mark usually follows German imperatives when they are short.

(b) Verb-first followed by **wir**

Fangen wir an!	*Let us begin.*
Nehmen wir an, daß . . .	*Let us assume that . . .*
Versuchen wir diese Methode!	*Let us try this method.*

Wir following the verb in this verb-first construction is equivalent to English *Let us.* An exclamation mark sometimes follows this construction. It can be differentiated from a question by the absence of a question mark, and from a conditional clause by the absence of a following **so** or **dann** clause:

Fangen wir heute an?	*Do we begin today?*
Nehmen wir das an, dann . . .	*If we assume that, then . . .*
Fangen wir an!	*Let us begin.*

3. Review of Verb-First Constructions

Verb . . ., **dann, so** . . .	*If . . ., (then)* . . . (Chapter 21, 2b)
Verb . . . ?	Question (Chapter 21, 2a)
Verb (**Sie**) . . . !	Imperative (Chapter 22, 2a)
Verb **wir** . . .	*Let us* . . . (Chapter 22, 2b)

BASIC VOCABULARY

anstatt	instead (of)	**Menschheit** (*f.*)	mankind,
arm	poor, deficient		humanity
bemerken	to notice	**Mund** (*m.*), **-e** *or* **˵er**	mouth
Beruf (*m.*), **-e**	occupation,	**näher**	more closely, in
	profession		greater detail
beweisen°	to prove	**Satz** (*m.*), **-̈e**	sentence, theorem
bitte	please	**Sicherheit** (*f.*)	security
ehren	to honor, respect	**sichern**	to protect
eingehen° (*sep.*)	to go into, enter	**Sohn** (*m.*), **˵e**	son
einmal	once	**Überbevölkerung**	overpopulation
Einzelheit° (*f.*), **-en**	detail	(*f.*)	
fortfahren° (*sep.*)	to continue	**Ungleichheit** (*f.*)	inequality
Friede (*m.*)	peace	**unter**	under; among
Grenze (*f.*), **-n**	boundary, limit	**versuchen**	to try, attempt
halten°	to hold, stop	**Wille** (*m.*)	will
halten° für	to consider	**Ziel** (*n.*), **-e**	goal, aim
imstande sein	to be able	**zugleich**	also, at the same
jederzeit	at all times, always		time

IRREGULAR VERBS

INFINITIVE	PAST	PAST PARTICIPLE	PRESENT
fahren	fuhr	gefahren	fährt
finden	fand	gefunden	findet
halten	hielt	gehalten	hält
lassen	ließ	gelassen	läßt
saugen	sog (saugte)	gesogen (gesaugt)	saugt
sehen	sah	gesehen	sieht
weisen	wies	gewiesen	weist
zwingen	zwang	gezwungen	zwingt

EXERCISES

1. Ein Land kann sich nicht erlauben, materiell reich und geistig arm zu sein. (John F. Kennedy)
2. Willst du immer weiter schweifen?
   Sieh! das Gute liegt so nah.
   Lerne nur das Glück ergreifen,
   Denn das Glück ist immer da. (Goethe)
3. Da Kolumbus glaubte, Indien gefunden zu haben, erhielten die Ureinwohner des Landes den Namen „Indianer".
4. In diesem Buch haben wir versucht, die dringenden Probleme anzudeuten, welche die Menschheit lösen muß, wie: Die Ungleichheit

1. **erlauben (sich)** to afford
2. **schweifen** to roam
   Glück (*n.*) good fortune, happiness
   ergreifen° to take hold of, seize
3. **Ureinwohner** (*m.*), **-** original inhabitant, native
4. **dringend** urgent, pressing
   andeuten (*sep.*) to point out

unter den Menschen, den Rüstungswettlauf und das Problem der Überbevölkerung.

5. Wiederholen Sie den Satz, bitte!

6. Die Königin eines Bienenstockes hat nichts anderes zu tun, als Eier zu legen.

7. Viele Menschen arbeiten, um zu essen, einige dagegen essen, um arbeiten zu können.

8. Wir werden im folgenden nur physikalische Prinzipien betrachten, ohne auf technische Einzelheiten näher einzugehen.

9. Ehret die Frauen! Sie flechten und weben
Himmlische Rosen ins irdische Leben. (Schiller, 18. Jh.)

10. Röntgenstrahlen sind imstande, undurchsichtige Körper zu durchdringen.

11. Das Ziel der Vereinten Nationen ist, den Frieden und die Sicherheit unter den Nationen zu sichern.

12. Betrachten wir jetzt das folgende Beispiel!

13. Um nach dem Einbruch der Hunnen die Grenzen seines Welt-reiches besser verteidigen zu können, teilte Theodosius 395 das Römische Reich unter seinen Söhnen auf. Den östlichen Teil mit der Hauptstadt Konstantinopel nennt man in der Geschichte das Oströmische Reich, den westlichen Teil mit der Hauptstadt Rom das Weströmische Reich.

14. In Deutschland bedeutet Lehrfreiheit, daß kein Lehrer gezwungen werden darf, etwas zu lehren, was er für falsch hält. Er darf aber die Lehrfreiheit nicht dazu gebrauchen, die Verfassung anzugreifen.

15. Immanuel Kant (1724–1804) formulierte seinen Kategorischen Imperativ wie folgt: „Handle so, daß die Maxime deines Willens jederzeit zugleich als Prinzip einer allgemeinen Gesetzgebung gelten könnte (could)."

16. Anstatt Selbstüberwindung zu zeigen, haben die Hörer während der Vorlesung über den Professor gelacht.

Rüstungswettlauf (*m.*) arms race
6. **Bienenstock** (*m.*), ⁻e bee hive
nichts anderes als nothing else than
9. **flechten°** to braid
weben to weave
himmlisch heavenly
Rose (*f.*), **-n** rose
irdisch earthly, human
10. **undurchsichtig** opaque
durchdringen to penetrate
13. **Einbruch** (*m.*), ⁻e invasion
verteidigen to defend
aufteilen (*sep.*) to divide

14. **Lehrfreiheit** (*f.*) freedom of instruction
zwingen° to force
Verfassung (*f.*), **-en** constitution
angreifen° (*sep.*) to attack
15. **Maxime** (*f.*), **-n** maxim, principle
Gesetzgebung (*f.*) legislation, (law)
gelten° to be considered, be valid
16. **Selbstüberwindung** (*f.*) self-control
Hörer (*m.*), - student (attending a lecture)
lachen über to laugh at

Anekdote[1]

„Zwei Dinge, meine Herren", sagte Billroth, der große Mediziner, einmal in einer Vorlesung, „sind für jeden Arzt außerordentlich wichtig: Beobachtungsgabe und Selbstüberwindung." Er stellte ein Glas mit einer unappetitlich aussehenden Flüssigkeit vor sich hin. „Können Sie mir das nicht nachmachen, so werden Sie nie gute Ärzte werden." Er tunkte 5 einen Finger in die Flüssigkeit, führte die Hand zum Munde und sog, ohne eine Miene zu verziehen, am Finger. Dann sagte er: „Nun, meine Herren, machen Sie mir das nach!" Um ihre Befähigung zum Beruf zu beweisen, tunkten die Hörer nun die Finger ein und leckten sie dann mit Todesverachtung ab. Als der letzte Hörer diesem Beispiel gefolgt 10 war, fuhr Billroth fort: „Ihre Selbstüberwindung haben Sie mir nun bewiesen, aber Ihre Beobachtungsgabe läßt sehr zu wünschen übrig. Keiner von Ihnen hat bemerkt, daß ich den Zeigefinger eingetunkt und nur den Mittelfinger abgeleckt habe!"

1 **meine Herren** gentlemen
   Mediziner (*m.*), **-** physician
3 **Beobachtungsgabe** (*f.*) power of observation
4 **unappetitlich** unappetizing
   aussehen° (*sep.*) to look, appear
   vor sich hinstellen (*sep.*) to set before oneself
5 **nachmachen** (*sep.*) to imitate
   einem etwas nachmachen to do as someone else does
   tunken to dip

6 **saugen°** to suck
7 **eine Miene verziehen°** to change expression
8 **Befähigung** (*f.*) qualification, competence
9 **ablecken** (*sep.*) to lick off
10 **Todesverachtung** (*f.*) contempt of death, heroic defiance
12 **zu wünschen übrig lassen°** to leave to be desired
13 **Zeigefinger** (*m.*), **-** index finger

---

1. Adapted from *Langenscheidts Sprach-Illustrierte,* Heft 4, 10. Jahrgang.

Chapter 23

1. Extended-Adjective Construction

Observe the following construction:

Die in Neuyork wohnenden Menschen . . .
The people living in New York . . .
Dieses in Deutschland gebaute Flugzeug . . .
This plane, which was built in Germany . . .
Eine für viele Pflanzen charakteristische Eigenschaft . . .
A property (that is) characteristic of many plants . . .

In these constructions, the *adjectives* or *participles* preceding the nouns are modified by prepositional phrases (**in Neuyork, in Deutschland, für viele Pflanzen**), hence, are "extended." After translating the article or **der-**word, you cannot proceed with the prepositional phrase but must first translate the noun modified by that article or **der-**word. The adjective or participle is translated next (often as a relative clause), followed by the preceding modifiers.

2. Recognizing Extended-Adjective Constructions

The most common signals for these constructions are:

(a) Limiting adjective (article, **ein-**word, **der-**word, **alle, viele**, numbers, and others) followed by a preposition (examples in paragraph 1).

(b) Limiting adjective followed by another limiting adjective or a pronoun:

die unser Leben beherrschenden Kräfte
the forces controlling our lives

146

das die Natur liebende Kind
the child that loves nature; the nature-loving child
ein alle Freuden des Lebens genießender Mann
a man enjoying all the pleasures of life
ein sich täglich erweiterndes Gebiet
a field which is being extended daily

3. Translating Extended-Adjective Constructions

As soon as you recognize an extended-adjective construction, place an opening parenthesis after the limiting adjective. Then find the noun modified by the limiting adjective. This noun is preceded directly by an adjective or a participle. Place the closing parenthesis after this adjective or participle:

Die (im Jahre 1386 gegründete) Universität Heidelberg . . .

The words within the parentheses constitute an extended adjective and modify **Universität Heidelberg.** In translating the extended adjective, begin with the last word (the adjective or participle) and work backward, translating as a unit words obviously belonging together (**im Jahre 1386).**

The University of Heidelberg, which was founded in the year 1386 . . .

If you translate by using a relative clause, put the clause into the present or past tense, depending on the context of the whole sentence. Usually present participles will call for a present tense and past participles for a past tense. With adjectives, only the context is a reliable guide.

Observe the sequence of translation in the following sentence:

```
1      2        3      4           7                  6
Das U-Boot versenkte den (mit Waffen und Treibstoff beladenen)
   5
Dampfer.
```
The sub sank the steamer, which was loaded with arms and fuel.

Examples:

1. **Das auf diesem Wege erhaltene Präparat . . .**
   The preparation obtained in this way . . .

2. **Unser ausländischer Freund kennt die in diesem Lande herrschenden Zustände.**
   Our foreign friend knows the conditions that exist in this country.

3. **Mein Mitarbeiter vollendete die von mir angefangene Arbeit.**
   My co-worker finished the work that I started.

4. **Die uns von der Natur gegebenen Triebe . . .**
   The instincts given to us by nature . . . .

5. **Diese von den alten Griechen geschaffenen Grundgedanken der heutigen Atomphysik . . .**
   These basic ideas of modern atomic physics, which were developed by the ancient Greeks . . . .

6. **Außerordentlich groß ist die in den letzten Jahren in den Handel gekommene Zahl der Antihistamine.**
   The number of antihistamines placed on the market in the last few years is exceedingly large.

Note that genitive modifiers following the noun (5,6) are translated with the noun before translating the extended adjective.

BASIC VOCABULARY

Anzahl (*f.*)	number	**gewinnen°**	to obtain, win
anzeigen (*sep.*)	to indicate, show	**häufig**	frequent
Aufbau (*m.*)	synthesis, construction	**insgesamt**	altogether
		messen°	to measure
Bestimmung (*f.*), **-en**	determination	**schlecht**	bad, poor, evil
		schmelzen°	to melt
Bezeichnung (*f.*), **-en**	term, designation	**stehen°**	to stand
		Studium (*n.*), **Studien** (*pl.*)	study
Einleitung (*f.*), **-en**	introduction		
Franzose (*m.*), **-n**	Frenchman	**Verbindung** (*f.*), **-en**	compound, connection
Gebäude (*n.*), **-e**	building	**Vergleich** (*m.*), **-e**	comparison
Gebiet (*n.*), **-e**	area, region, field	**zum Vergleich**	as a comparison
Gegenstand (*m.*), **-̈e**	object, subject	**vermeiden°**	to avoid
gering	small, slight	**Zusammenarbeit** (*f.*)	cooperation
Gewicht (*n.*), **-e**	weight		

IRREGULAR VERBS

INFINITIVE	PAST	PAST PARTICIPLE	PRESENT
bringen	brachte	gebracht	bringt
finden	fand	gefunden	findet
gehen	ging	gegangen	geht
gewinnen	gewann	gewonnen	gewinnt
nehmen	nahm	genommen	nimmt
nennen	nannte	genannt	nennt
sprechen	sprach	gesprochen	spricht
treiben	trieb	getrieben	treibt
ziehen	zog	gezogen	zieht

EXERCISES

1. Nehmen wir zum Vergleich das vor zehn Jahren ausgeführte Experiment.
2. Am 6. August 1945, um 8 Uhr 15, wurde die von 400 000 Menschen bewohnte Stadt Hiroshima zu 90% durch die erste Atombombe zerstört.
3. Der mit diesem Wasser vorgenommene Versuch führte wieder zum gleichen Ergebnis wie der erste Versuch.
4. Die Anzahl der am Aufbau der organischen Verbindungen beteiligten Elemente ist verhältnismäßig gering.
5. Nach dem Erkalten zeigt der aus dem Ofen herausgenommene Stoff nur 41% seines ursprünglichen Gewichtes.
6. Zur Bestimmung der Kernladung einiger Elemente wurde die in der Einleitung des Buches besprochene Streuung von Alphateilchen benutzt.
7. Die durch Reibung an der Erdatmosphäre erglühten Meteore zerbersten häufig in viele kleinere Stücke.
8. Die beim Schmelzen des roten Phosphors entstehenden Dämpfe setzen sich (in Röhren) als weißer Phosphor ab.
9. Uranerzlager werden mit dem Geigerzähler ausfindig gemacht, einem Instrument, das auf die von Uran ausgesendeten Gammastrahlen anspricht.
10. Zum Messen hoher Temperaturen verwendet man elektrische Thermometer, die durch thermoelektrische Ströme die Temperatur anzeigen.
11. Um an Gebäuden einen Brand zu vermeiden, bringt man an den Gebäuden nach einem schon[1] von B. Franklin (1753) gemachten Vorschlag Blitzableiter an.

2. **bewohnt** inhabited
   zerstören to destroy
4. **beteiligt** involved, participating
5. **erkalten** to cool, turn cold
   Ofen (*m.*), $\ddot{-}$ oven, furnace
   herausnehmen° (*sep.*) to remove, take out
6. **Kernladung** (*f.*) nuclear charge
   Streuung (*f.*) dispersion, scattering
7. **Reibung** (*f.*) friction
   erglüht glowing

8. **zerbersten°** to burst, break up
   absetzen (sich) (*sep.*) to be deposited
   Röhre (*f.*), **-n** tube
9. **Uranerzlager** (*n.*), **-** uranium ore deposit
   ausfindig machen to detect
   aussenden (*sep.*) to emit
   ansprechen° auf (*sep.*) to react to
11. **Brand** (*m.*), $\ddot{-}$e fire
   anbringen° (*sep.*) to install, attach
   Vorschlag (*m.*), $\ddot{-}$e suggestion
   Blitzableiter (*m.*), **-** lightning rod

---

1. Occasionally an adverb will be found between the limiting word and the preposition. Place the opening parenthesis after the limiting word: **einem (schon** . . .

12. Dieses noch am Anfang seiner technischen Entwicklung stehende Gebiet verlangt umfangreiches wissenschaftliches Studium.
13. Luftsauerstoff ist eine Bezeichnung für den in der Luft enthaltenen Sauerstoff im Unterschied zu dem aus Verbindungen gewonnenen.[1]
14. Die in der Natur vorkommenden Eisenoxyde sind zur Herstellung von eisernen Gegenständen ungeeignet, solange ihnen noch nicht der Sauerstoff entzogen ist.

12. **verlangen** to require, demand
    umfangreich extensive
13. **im Unterschied zu** as distinguished from

14. **Herstellung** (*f.*)   production
    eisern iron
    ungeeignet unfit, unsuitable
    entziehen° (*with dat.*)   to extract from

Am Anfang war die Draisine

Wenn wir heute unser Fahrrad besteigen, kommt es uns wohl kaum in den Sinn, daß auch dieses Fahrzeug eine verhältnismäßig lange Entwicklung hatte. Das erste unseren modernen Rädern vorangehende Fahrzeug war die aus Holz gebaute Laufmaschine. Sie wurde von einem
5 in Mannheim lebenden Förstermeister, Karl von Drais, 1817 erfunden und wurde später nach ihm die Draisine benannt.

Diese Laufmaschine ähnelte dem modernen Fahrrad nur insofern, als sie zwei hintereinander angebrachte Räder und einen Sattel hatte und mit den Händen gesteuert werden konnte. Jedoch der im Sattel Sitzende
10 mußte sich mit den Füßen abwechselnd durch Abstoßen auf der Erde fortbewegen, fast wie beim Laufen. Natürlich erregte dieser Anblick viel Gelächter unter den Zuschauenden, besonders, wenn das noch nicht mit einer Bremse ausgestattete Fahrzeug zu schnell über eine mit Kopfsteinpflaster belegte Straße bergab sauste.

1 **Fahrrad** (*n.*), **-er** bicycle
  besteigen° to get on
  in den Sinn kommen° to occur (to)
2 **Fahrzeug** (*n.*), **-e** vehicle
3 **Rad** (*n.*), **-er** wheel, bike
  vorangehen° (*sep.*) to precede
4 **Holz** (*n.*), **-er** wood
  laufen° to run
5 **Förstermeister** (*m.*), - forester
6 **benennen**° to name, call
7 **ähneln** to resemble
  insofern als in as far as, in that
8 **hintereinander** one behind the other
  anbringen° (*sep.*) to arrange, mount
  Sattel (*m.*), **-** saddle, seat

9 **steuern** to steer
10 **abwechseln** (*sep.*) to alternate
   abstoßen° (*sep.*) to push off
11 **fortbewegen (sich)** (*sep.*) to propel oneself
   erregen to cause
   Anblick (*m.*), **-e** sight, view
12 **Gelächter** (*n.*) laughter
   zuschauen (*sep.*) to observe, watch
13 **Bremse** (*f.*), **-n** brake
   ausstatten (*sep.*) to equip
   Kopfsteinpflaster (*n.*) cobbled pavement
14 **belegen** (*sep.*) to cover
   bergab downhill
   sausen to speed

---

1. . . . gewonnenen (Sauerstoff).

Etwa vierzig Jahre später kam die erste wichtige Verbesserung. Der
Instrumentenmacher Fischer in Schweinfurt führte das mit einer Tret-
kurbel am Vorderrad versehene Fahrrad ein. Erst 1885 wurde das mit
einer Kette am Hinterrad getriebene Fahrrad in England erfunden.
Nach vielen anderen Verbesserungen erreichte das Fahrzeug seine heute
bevorzugte Form, die sogar zehn Gänge aufweist, von denen aber die
meisten Radfahrer höchstens zwei oder drei gebrauchen. Aber zehn
Gänge muß unser Fahrrad haben, ob sie gebraucht werden oder nicht—
der Autor spricht aus eigener Erfahrung!

15 **Verbesserung** (*f.*), **-en** improvement
16 **Tretkurbel** (*f.*), **-n** pedal crank
17 **Vorderrad** (*n.*), *-er* front wheel
   versehen° to equip
18 **Kette** (*f.*), **-n** chain
   treiben° to drive

19 **erreichen** to attain, reach
20 **bevorzugt** preferred
   Gang (*m.*), **⸚e** gear (speed)
   aufweisen° (*sep.*) to have
23 **Erfahrung** (*f.*), **-en** experience

Chapter 24

1. Other Types of Extended-Adjective Constructions

(a) Introduced by a Preposition Followed by Another Preposition

In diesem Sanatorium finden Menschen Heilung nur durch (von der Natur gegebene)[1] Mittel.

(b) Without Limiting Adjective

(Von der Sonne her stürzende) Flugzeuge entzogen sich der Wahrnehmung.
Planes diving in from the sun escaped observation.
Nach der Vorstellung Vavilovs ist Züchtung (vom Menschen gelenkte) Evolution.
According to the conception of Vavilov, breeding is evolution directed by man.

The majority of constructions without limiting adjectives involve plural nouns and are introduced by a preposition.

(c) Participle Used as Noun

das (in der Schule vor vielen Jahren) Gelernte
what was learned in school many years ago
das (auf Seite 26) Gesagte
what was said on page 26

---

1. Note that we are providing parentheses only as an aid in reading and translating. They are normally not part of the sentence.

In these constructions the past participle, used as a noun, assumes the function of a preceding modified adjective or participle.

2. Extended Adjectives Plus Unextended Adjectives Before the Noun

diese (für uns schwierige) militärische Aufgabe
this military mission, which is (was) difficult for us
die (im Lande herrschenden) politischen und sozialen Zustände
the political and social conditions prevailing in the country
die (in diesem Versuch erhaltene) grüne Flüssigkeit
the green liquid obtained in this experiment

In a construction having both extended and unextended adjectives or participles (*all having the same adjective ending*) before the noun, unextended adjectives and participles are translated before the noun. The extended construction usually ends after the first adjective or participle. However, note the following construction:

die grüne, (in diesem Versuch erhaltene) Flüssigkeit
the green liquid obtained in this experiment

Die Flüssigkeit has two modifiers, separated by a comma: the adjective **grüne** and the extended adjective beginning with a preposition. **Grüne** and **erhaltene** have the same adjective ending. Translate **die grüne Flüssigkeit** first, then the extended-adjective construction.

3. Several Extended Adjectives Modifying the Noun

in einem (auf konstante Temperatur gebrachten,) (senkrecht stehenden) Metallrohr
in a vertically standing metal tube which was brought to a constant temperature
Dieser (mit vielen Ehren in Deutschland ausgezeichnete,) (von seiner Heimat geflüchtete,) (jetzt in den Vereinigten Staaten lebende) große Physiker war einer der Gründer der modernen Atomphysik.
This great physicist, who had received many honors in Germany, was one of the founders of modern atomic physics. He fled from his native country and is now living in the United States.

When a noun is modified by several extended adjectives, awkward translation may be avoided by dividing the long German sentence into shorter English sentences.

BASIC VOCABULARY

auschließlich	exclusive	gründlich	thorough
ausstatten (sep.)	to equip, endow	Grundsatz (m.), ⁓e	principle
bieten°	to offer	hervorragend	outstanding
Bild (n.), -er	picture, photograph	Künstler (m.), -	artist
Bildung (f.)	formation, education	Mitteilung (f.), -en	communication, report
		Mittel (n.), -	means, aid, middle
Buchbesprechung (f.), -en	book review	Mythe (f.), -n	myth
damalig	then, of that time	oft	often
damals	then, at that time	rasch	rapid, fast
Darstellung (f.), -en	presentation, portrayal	Schrift (f.), -en	work, writing
		sonst	otherwise, else
einleiten (sep.)	to introduce	statt	instead (of)
erkennen°	to recognize, perceive	übersetzen	to translate
		Unterricht (m.)	instruction
Erkenntnis (f.), -se	perception, knowledge	unterscheiden°	to distinguish
		Verständnis (n.)	understanding
Gegenwart (f.)	present, the present time	Weg (m.), -e	way, path
		Wert (m.), -e	value, worth
		Wirklichkeit (f.)	reality

IRREGULAR VERBS

INFINITIVE	PAST	PAST PARTICIPLE	PRESENT
bringen	brachte	gebracht	bringt
geben	gab	gegeben	gibt
fallen	fiel	gefallen	fällt
gelten	galt	gegolten	gilt
gewinnen	gewann	gewonnen	gewinnt
lassen	ließ	gelassen	läßt
scheinen	schien	geschienen	scheint
stehen	stand	gestanden	steht
ziehen	zog	gezogen	zieht

EXERCISES

1. Paracelsus veröffentlichte seine für die damalige Zeit bahnbrechenden neuen Erkenntnisse in verschiedenen Schriften.
2. Der Weg, auf dem die bisher bekannt gewordenen chemischen Mutagene wirken, ist noch weitgehend unbekannt.
3. Aus dem im zweiten Kapitel über die politischen Zustände in Österreich-Ungarn Gesagten folgt, daß ein Zusammenbruch der Monarchie fast unvermeidlich war.

1. **bahnbrechend** pioneering
2. **weitgehend** to a great extent

3. **Zusammenbruch** (m.), ⁓e collapse
   unvermeidlich unavoidable

4. Durch Anwendung radioaktiver Isotopen kann man bestimmte Atome von anderen ihnen chemisch gleichgearteten Atomen unterscheiden.
5. Mit einer Chromschicht überzogenes Eisen rostet nicht.
6. Das auf Seite 39 über die Penizilline Gesagte gilt auch für diese Stoffe.
7. Nichtzuckerstoffe enthaltende Lösungen müssen zuerst filtriert werden.
8. Diese bei Anwesenheit von Nikotin entstandene rasche und intensive Zerstörung der Askorbinsäure (*ascorbic acid*) war auffallend.
9. Für jeden am Erziehungswesen Interessierten ist ein grundlegendes Verständnis der Technik und der Grundsätze des „Programmierten Unterrichts" heute unerläßlich.
10. Macchiavellis Name und die von ihm geprägte, oft umstrittene Staatsform sind bis zur Gegenwart ein Begriff und werden es wohl in der Zukunft bleiben.
11. Die Künstler des Expressionismus legten keinen Wert auf die Wirklichkeit und brachten statt dessen das im Inneren, im Geiste Geschaute zum Ausdruck.
12. Phosphor und Schwefel werden durch in der anorganischen Chemie bekannte Mittel festgestellt.
13. Von uns gewonnene Versuchsergebnisse werden in der nächsten Mitteilung erscheinen.
14. Dieses 1816 zuerst erschienene, später laufend ergänzte, 1838 ins Deutsche übersetzte Buch hatte einen großen Einfluß auf die Psychiatrie ausgeübt.
15. Die Zellgrenzschichten des tierischen Organismus sind im allgemeinen für in wässerigen Flüssigkeiten gelöste Stoffe durchlässig.

4. **gleichgeartet** similar
5. **Chromschicht** (*f.*), **-en** chromium layer
überziehen° to coat
7. **Zucker** (*m.*), **-** sugar
8. **Anwesenheit** (*f.*) presence
Zerstörung (*f.*) destruction, decomposition
auffallend striking
9. **Erziehungswesen** (*n.*) education
unerläßlich indispensable
10. **prägen** to coin

umstritten controversial
11. **zum Ausdruck bringen°** to express
schauen to see, view
12. **Schwefel** (*m.*) sulphur
anorganisch inorganic
14. **laufend** continuously
ergänzen to supplement, add to
15. **Zellengrenzschicht** (*f.*), **-en** boundary layer
tierisch animal, bestial
wässerig watery, aqueous
durchlässig permeable

Buchbesprechung

Veronica Ions: *Welt der Mythen*. Aus dem Engl. v. M. Gatzemeier. Freiburg: Herder 77. 352 S., 366 farb. Abb. Geb.

Dieses umfangreiche, hervorragend mit 366 vorzüglichen Farbbildern ausgestattete Werk wird eingeleitet mit einer Abhandlung über „Deutung und Wertung des Mythos" von Prof. M. Gatzemeier, der das Buch aus dem Englischen übersetzte. Unter den erwähnten Mythendeutungen
5 von A. Comte bis C.G. Jung wird die religionswissenschaftliche Deutung der Mythen (R. Otto, M. Eliade) leider nicht berücksichtigt. Die Texte zu den einzelnen mit reichem Bildmaterial versehenen Kultur- und Religionsbereichen der Mythenbildung (Naher Osten, Ägypten, Persien, Indien, Griechenland, Rom, Kelten, Skandinavien und Germanen,
10 China, Japan, nordamerikanische Indianer, Mexiko und Zentralamerika, Südamerika, Südpazifik und Australien, Afrika) verraten gründliche Sachkenntnis. Das Buch bietet nicht nur eine Erklärung der jeweiligen Mythen betr. Religionen, sondern zugleich eine eindrucksvolle und sachgemäße Darstellung der jeweiligen religionsgeschichtlichen Entwick-
15 lung. Bisweilen fällt eine ausschließlich soziologische Motivierung der mythischen Vorstellungen auf, wenn es z.B. S. 74 heißt: „Sie läßt besonders deutlich erkennen, wie Mythologien soziale Strukturen widerspiegeln und zugleich stützen." Hier wie auch sonst vermißt man spezifisch religiöse Motivation.

Prof. Dr. G. Mensching (Bonn): *Wissenschaftlicher Literaturanzeiger*, Nr. 4, 1977.

	geb. (gebunden) bound	12	**Sachkenntnis** (*f.*), **-se** knowledge of subject
1	**umfangreich** extensive, voluminous		**jeweilig** respective
	vorzüglich excellent	13	**betr. (betreffs)** concerning
2	**Abhandlung** (*f.*), **-en** essay, treatise		**eindrucksvoll** impressive
	Deutung (*f.*), **-en** interpretation	14	**sachgemäß** expert, pertinent
3	**Wertung** (*f.*), **-en** evaluation, appraisal	15	**bisweilen** at times
	Mythos, Mythus (*m.*), **Mythen** myth, mythology		**auffallen°** (*sep.*) to be conspicuous
			Motivierung (*f.*), **-en** motivation
5	**religionswissenschaftlich** theological	16	**Vorstellung** (*f.*), **-en** conception
6	**berücksichtigen** to consider		**heißen°** to state, be stated
7	**Bildmaterial** (*n.*) pictures	17	**deutlich** clear
	versehen provided		**widerspiegeln** to reflect
8	**Bereich** (*m.*), **-e** sphere, area	18	**stützen** to support
11	**verraten°** reveal		**vermissen** to miss

Chapter 25

1. Extended-Adjective Construction within an Extended-Adjective Construction

Die (während der Nacht mit dem [aus Frankreich kommenden] Zug eingetroffenen) Touristen fanden keine Unterkunft.
The tourists who arrived during the night on the train from France did not find any lodging.

When you come to the signal for the second extended-adjective construction (usually a preposition after a limiting adjective), set it off with brackets. Translate it after the first one. These constructions are quite rare, but you should be able to recognize them.

2. zu plus Present Participle

This combination is frequent in extended-adjective constructions:

die (zu messende) Flüssigkeit
the liquid to be measured
die (in unserem Museum zu sehenden) Kunstwerke
the works of art to be seen (which can be seen) in our museum

Zu plus a present participle is best translated with *to be, can be, may be, must be* plus past participle.

3. Participial Phrases

Mit einem Gummistopfen verschlossen, wird die Flasche ins Dunkle gestellt.
Sealed with a rubber stopper, the bottle is placed in the dark.

Die Warnungen der Mutter vergessend, lief das Kind auf die Straße.
Forgetting the warnings of its mother, the child ran into the street.
Der Student versuchte, eine andere Methode benutzend, dieselben Ergebnisse zu erzielen.
The student tried to obtain the same results by using a different method.

The present or past participle is the last element of the phrase, but is translated first. Participial phrases are set off by commas.

4. ist (war) plus zu plus Infinitive

Das Sieden der Flüssigkeit ist zu vermeiden.
Boiling the liquid is to be (must be) avoided.
Das Schiff war nicht mehr zu sehen.
The ship no longer could be (was to be) seen.
Die Menge war so klein, daß sie mit dem bloßen Auge nicht zu sehen war.
The amount was so small, that it could not be seen with the naked eye.
Die rötliche Farbe der Flüssigkeit wird wohl auf das Jod zurückzuführen sein. (Future tense with **wohl** to express probability in the present.)
The reddish color of the liquid can probably be traced to the iodine.

This construction is translated by an English passive infinitive: *is to be, can be, must be; was to be, could be, had to be.* Note that in verbs with separable prefixes, **zu** stands between the prefix and the verb (last example: **zurückzuführen**).

BASIC VOCABULARY

abschneiden° (*sep.*)	to cut off	**Lebensmittel** (*pl.*)	food, victuals
Art (*f.*), **-en**	kind, type, species	**Nachweis** (*m.*), **-e**	proof, detection, determination
aufhalten° (*sep.*)	to stop		
brennen°	to burn	**Rohstoff** (*m.*), **-e**	raw material
Droge (*f.*), **-n**	drug	**sicher**	certain, sure, safe
Dutzend (*n.*), **-e**	dozen	**Truppe** (*f.*), **-n**	troop
entfernen	to remove	**versehen°**	to equip, provide
erhitzen	to heat	**versorgen**	to provide, supply
ernten	to harvest	**vollenden**	to complete, end, finish
Gebrauchsgut (*n.*), **-er**	consumer item		
		vollständig	complete, entire
Himmelskörper (*m.*), **-**	celestial body	**wesentlich**	essential
		im wesentlichen	essentially
Kraftwerk (*n.*), **-e**	power plant	**Zweck** (*m.*), **-e**	purpose
Kreis (*m.*), **-e**	circle		

IRREGULAR VERBS

INFINITIVE	PAST	PAST PARTICULAR	PRESENT
bringen	brachte	gebracht	bringt
fliegen	flog	geflogen	fliegt
geben	gab	gegeben	gibt
gehen	ging	gegangen	geht
schließen	schloß	geschlossen	schließt
schneiden	schnitt	geschnitten	schneidet
werfen	warf	geworfen	wirft
zwingen	zwang	gezwungen	zwingt

EXERCISES

1. Von dieser neuen Methode sind keine Wunder zu erwarten.
2. Der Fortschritt war, wie auf anderen Gebieten, auch hier nicht aufzuhalten.
3. Es ist zu erwähnen, daß das Neue nicht immer das Beste ist.
4. Eine sichere Sterilisation mit chemischen Mitteln allein war nicht durchzuführen.
5. Die Ionisation als Indikator benutzend, hat man einige Dutzend chemisch wohldefinierte radioaktive Elemente entdeckt.
6. Das deutsche Luftschiff „Hindenburg", mit brennbarem Wasserstoff gefüllt, ist 1937 in Lakehurst in Flammen aufgegangen.
7. Die bei dieser Methode zu beachtenden Vorsichtsmaßregeln müssen unbedingt eingehalten werden.
8. Zum Nachweis dieses Stoffes wird die zu untersuchende Flüssigkeit 12-18 Stunden bei 37 Grad C erhitzt und dann filtriert.
9. Ursprünglich nur für Versuchszwecke Anwendung findend, ist dieser Stoff heute auf vielen Gebieten der Industrie vorzufinden.
10. Das Ernten dieser Drogen ist in derjenigen Vegetationsperiode vorzunehmen, in welcher die Pflanzen bzw. die zu erntenden Pflanzenteile den größten Gehalt an wirksamen Bestandteilen enthalten.
11. Besonders hervorzuheben ist die Anwendung der radioaktiven Indikatoren in der Chemie.
12. Von der Kirche gezwungen, mußte Galileo Galilei im 17. Jahrhundert seine revolutionären Ideen widerrufen.

5. **wohldefiniert** well defined
6. **brennbar** combustible
   aufgehen° (*sep.*) to go up
7. **beachten** to observe
   Vorsichtsmaßregel (*f.*),
      -n precautionary measure
   unbedingt absolute

   einhalten° (*sep.*) to observe, follow
9. **vorfinden°** (*sep.*) to find
10. **vornehmen°** (*sep.*) to do, undertake
    Bestandteil (*m.*), **-e** constituent
11. **hervorheben°** (*sep.*) to emphasize
12. **zwingen°** to force
    widerrufen° to recant, deny

13. Die aus der gefährdeten Stadt entfernten Kunstschätze sind jetzt im neuen Museum ausgestellt.

14. Im Mai 1941 machte das mit einem von Whittle gebauten Strahlmotor versehene Jagdflugzeug Gloster E 28/39 in England die ersten Flugversuche.

15. Bereits 1507 im wesentlichen vollendet, wurde das Werk von Kopernikus *Über die Kreisbewegungen der Himmelskörper* erst 1543 veröffentlicht.

13. **gefährden** to endanger
Schatz (*m.*), ⁻e treasure
ausstellen (*sep.*) to exhibit

14. **Strahlmotor** (*m.*), **-en** jet engine
Jagdflugzeug (*n.*), **-e** fighter, pursuit plane

Die „Rosinen-Bomber"

Die während des Zweiten Weltkrieges über Berlin fliegenden alliierten Bomber brachten der Stadt Tod und Verheerung. Weniger als zehn Jahre später wieder nach Berlin fliegend, wurden amerikanische und britische Flugzeuge von der Bevölkerung West-Berlins mit Jubel begrüßt.

5 Vom Juni 1948 bis Mai 1949 brachten sie den West-Berlinern alles, was diese zum Lebensunterhalt brauchten. Durch die von den sowjetischen Truppen durchgeführte Blockade isoliert, mußten die 2,5 Millionen Einwohner vollständig durch die „Luftbrücke" versorgt werden. Dies schloß nicht nur Lebensmittel und Medikamente, sondern auch Kohle,

10 Rohstoffe, Maschinenteile und Gebrauchsgüter aller Art ein. Da Berlin auch von der Stromversorgung abgeschnitten war, wurde sogar ein ganzes Kraftwerk eingeflogen, um die Stadt mit elektrischem Strom zu versorgen. Bei schlechtem Wetter landete alle zwei bis drei Minuten ein Flugzeug, bei gutem sogar öfter. Etwa 500 Großflugzeuge flogen über 200 000 Ein-

15 sätze und beförderten eine Fracht von fast 1 500 000 Tonnen.

Die für ihren Humor und ihre Schlagfertigkeit bekannten Berliner, und besonders die Kinder, zu denen die Piloten kleine aus Bettüchern selbstgemachte Fallschirme mit daran hängenden Süßigkeiten abwarfen, gaben den Flugzeugen den Spitznamen „Rosinen-Bomber".

Rosine (*f.*), **-n** raisin
2 **Verheerung** (*f.*) destruction, devastation
4 **Jubel** (*m.*) jubilation, joy
6 **Lebensunterhalt** (*m.*) subsistence
8 **Luftbrücke** (*f.*) air lift, (air bridge)
9 **einschließen**° (*sep.*) to include
11 **Stromversorgung** (*f.*) electrical current supply

14 **Einsatz** (*m.*), **⁻e** mission
15 **befördern** to haul, transport
Fracht (*f.*) freight(age), goods
16 **Schlagfertigkeit** (*f.*) quick wit
17 **Bettuch** (*n.*), **-er** sheet
18 **Fallschirm** (*m.*), **-e** parachute
Süßigkeit (*f.*), **-en** sweets, candy
abwerfen° (*sep.*) to throw down, drop
19 **Spitzname** (*m.*), **-n** nickname

Review 5

Sonne für Mexiko[1]

Solares Energiesystem liefert Wärme, Kälte, Strom und Süßwasser

Deutsch-mexikanisches Gemeinschaftsprojekt

Ein ungewöhnliches deutsch-mexikanisches Solarenergie-Projekt soll ein kleines mexikanisches Fischerdorf in eine in Handel und Gewerbe aufblühende „Sonnenstadt" verwandeln. So zumindest heißt in deutscher Übersetzung das „Sonntlan" genannte Vorhaben, bei dem in einem integrierten System die Sonne für nahezu alles die Energie liefern 5 soll: für Heizung, Kühlung, Förderung von Meerwasser, seine Aufbereitung zu Trinkwasser, für Gewerbe und den Betrieb von Kommunikationssystemen.

Der Fischerort Las Barrancas liegt einsam am Pazifik auf halber Höhe der rund 1000 Kilometer langen Halbinsel Niederkalifornien in nahezu 10 wüstenartiger, spärlich bewachsener Landschaft. Die rund 250 Ein-

	liefern to supply		6	**Heizung** (*f.*) heating
	Süßwasser (*n.*) fresh water			**Förderung** (*f.*) transporting
	Gemeinschaftsprojekt (*n.*), **-e** joint project			**Aufbereitung** (*f.*) processing
1	**ungewöhnlich** unusual		9	**Ort** (*m.*), **-e** village
2	**Fischerdorf** (*n.*), **¨-er** fishing village			**einsam** isolated
	Handel (*m.*) trade			**auf halber Höhe** half way up
	Gewerbe (*n.*) industry		10	**Halbinsel** (*f.*), **-n** peninsula
3	**aufblühen** (*sep.*) to thrive, prosper		11	**wüstenartig** desert-like
	zumindest at least			**spärlich bewachsen** sparsely vegetated
4	**Vorhaben** (*n.*), **-** enterprise, project			**Landschaft** (*f.*), **-en** landscape
5	**nahezu alles** practically everything			

1. *Deutscher Forschungsdienst*, Nr. 18, 23. Jahrgang.

wohner leben in teilweise sehr dürftigen Unterkünften aus versteiften Sperrholzplatten, Pampas-Gras oder in Campingwagen. Elektrizität gibt es nicht, und das Wasser muß aus weit entfernten Quellen herangeschafft
15 werden. Der relativ geringe Energieverbrauch der Ortschaft, die isolierte Lage, die sie mit vielen vergleichbaren ländlichen Gemeinden teilt, und andererseits die Tatsache, daß Mexiko mit einer durchschnittlichen jährlichen Sonneneinstrahlung von 200 bis 250 Watt pro Quadratmeter zu den sonnenenergiereichsten Ländern gehört, legt es nahe, mit Hilfe
20 der Solarenergie für die Energieversorgung der Bevölkerung eine dezentrale Infrastruktur zu entwickeln. Dabei wollen Mexiko und die Bundesrepublik Deutschland zusammenarbeiten, wie Bundesforschungsminister Dr. Volker Hauff kürzlich vor dem Bundestag mitteilte.

25   Das in Las Barrancas geplante Sonnenkraftwerk soll bis zu 100 Kilowatt elektrische Leistung abgeben. Ein Kollektorfeld mit konzentrierenden Sonnenkollektoren von 3000 Quadratmeter Fläche erhitzt ein Wärmeträgermedium, zum Beispiel Wasser, das in einem thermodynamischen Kreislauf über eine Wärmekraftmaschine entspannt wird und einen
30 Generator zur Stromerzeugung antreibt.

In einer Mehrstufen-Destillations-Entsalzungsanlage wird mit Hilfe der Sonnenwärme Meerwasser verdampft, um auf diese Weise Trinkwasser zu gewinnen. Eine solargetriebene Pumpe, die Energie aus Photozellen von etwa siebzig Quadratmeter Fläche erhält, die die
35 Sonnenenergie direkt in elektrische Energie umwandeln, fördert dabei Meerwasser zu der Anlage, die täglich zwanzig Kubikmeter Süßwasser produziert. Auf die gleiche Weise wird Wasser für Kühlzwecke zu den

12	**dürftig** poor, inadequate		**Infrastruktur** (*f.*), **-en** installation
	Unterkunft (*f.*), **-e** shelter, housing	23	**Bundestag** (*m.*) Lower House
	versteifte Sperrholzplatten braced sheets of plywood	24	**mitteilen** (*sep.*) to report
		26	**abgeben**° (*sep.*) to supply
14	**weit entfernt** remote, distant		**konzentrieren** to concentrate
	heranschaffen (*sep.*) to haul	27	**Fläche** (*f.*), **-n** surface, area
15	**Verbrauch** (*m.*) use, consumption		**Wärmeträgermedium** (*n.*),
	Ortschaft (*f.*), **-en** village		**Wärmeträgermedien** heat conducting medium
16	**vergleichbar** comparable	29	**Kreislauf** (*m.*) cycle
	ländlich rural		**Wärmekraftmaschine** (*f.*), **-n** heat engine (converts thermal energy into mechanical energy)
	Gemeinde (*f.*), **-n** community		
17	**andererseits** on the other hand		
	Tatsache (*f.*) **-en** fact		**entspannen** to cool off
18	**Sonneneinstrahlung** (*f.*) solar radiation	30	**antreiben**° (*sep.*) to drive, propel
	Quadrat (*n.*), **-e** square	31	**Mehrstufen** multi-stage
19	**gehören zu** to be among		**Entsalzungsanlage**(*f.*),**-n** desalination plant
	nahelegen (*sep.*) to suggest, make it appear reasonable	32	**verdampfen** to evaporate
20	ˈ**ːrsorgung** (*f.*) supply	35	**umwandeln** (*sep.*) to convert
21	ˈ **zentral** decentralized, local		**fördern** to conduct

verschiedensten Einrichtungen gepumpt. Alternativ zur Trinkwasser-
gewinnung durch Destillation will man ein Entsalzungsverfahren nach
dem Prinzip der Umgekehrten Osmose testen, wobei die dafür benötigte 40
Kolbenpumpe, die das Wasser unter hohem Druck zu den Membranen
leitet, ebenfalls mit aus Sonnenenergie gewonnenem Strom betrieben
wird.

Sonnenenergie liefert sowohl den Strom für den mechanischen Kom-
pressor einer konventionellen Kompressor-Kältemaschine als auch die 45
Wärmeenergie für den Betrieb einer nach dem Absorptionsprinzip be-
triebenen Kälteanlage, die zum Tiefgefrieren von Fisch für die Lagerung
und den Weitertransport der Fischereiprodukte in Tiefkühllastern be-
ziehungsweise zur Herstellung von Eis zur Zwischenlagerung notwendig
sind. Zur Zeit wird der Fang noch in einfachen Kühlboxen auf Eis gelegt. 50
Mit der Nutzung der Sonnenenergie wird deshalb auch das „industrielle
Zeitalter" in dem kleinen Fischerdorf beginnen.

Photozellen versorgen schließlich ein Funktelefon, ein Rundfunkgerät
sowie einen Videorekorder in einer Schule mit dem für den Betrieb
notwendigen Strom. Das Projekt in Las Barrancas, für das endgültige 55
Lösungsvorschläge noch ausgearbeitet werden müssen, bietet nach An-
sicht von Hauff für die deutsche Solarindustrie zum erstenmal die Mög-
lichkeit, die Anwendung der Sonnenenergie für ein Gesamtenergiesystem
unter realen Umwelt- und Arbeitsbedingungen zu demonstrieren und
damit die wirtschaftlichen und technischen Randbedingungen zu er- 60
proben. Eine deutsch-mexikanische Arbeitsgruppe, in der auch For-
schungseinrichtungen und Universitäten mitarbeiten sollen, wird die
dabei gewonnenen Meßergebnisse auswerten. Darüber hinaus ist ge-
plant, in Mexicali, einer Stadt mit kalten, sonnigen Wintern und heißen
Sommern, einen Gebäudekomplex mit solaren Anlagen zur Klimati- 65

38	**Einrichtung** (*f.*), **-en** installation		50	**Fang** (*m.*) catch
40	**Umgekehrte Osmose** (*f.*) reverse osmosis		51	**Nutzung** (*f.*) utilization
	benötigen to require		52	**Zeitalter** (*n.*), **-** era, age
41	**Kolben** (*m.*), **-** piston		53	**versorgen** to provide
42	**ebenfalls** also			**Funktelefon** (*n.*), **-e** radiotelephone
	betreiben° to operate, run			**Rundfunkgerät** (*n.*), **-e** radio
45	**Kältemaschine** (*f.*), **-n** refrigerator, freezer		55	**endgültig** final
47	**gefrieren°** to freeze		56	**Lösungsvorschlag** (*m.*), **-e** proposed plan
	Lagerung (*f.*) storage			**nach Ansicht von** according to the opinion of
48	**Weitertransport** (*m.*) shipping, transporting		60	**Randbedingung** (*f.*), **-en** peripheral condition
	Tiefkühllaster (*m.*), **-** deep-freeze truck			**erproben** to test
	beziehungsweise or, or as the case may be		62	**mitarbeiten** (*sep.*) to cooperate
			63	**auswerten** (*sep.*) to evaluate
49	**Zwischenlagerung** (*f.*) temporary storage			**darüber hinaus** in addition to this
			65	**Klimatisierung** (*f.*) air-conditioning

sierung und Heißwasserbereitung auszurüsten, um die Anwendung der Sonnenenergie auch in Städten zu testen.

Karl-Heinz Preuß

66 **Heißwasserbereitung** (*f.*)   heating of   **ausrüsten** (*sep.*)   to equip
       water

IRREGULAR VERBS

INFINITIVE	PAST	PAST PARTICIPLE	PRESENT
erhalten	erhielt	erhalten	erhält
geben	gab	gegeben	gibt
gewinnen	gewann	gewonnen	gewinnt
nennen	nannte	genannt	nennt
treiben	trieb	getrieben	treibt

Chapter 26

1. Wo(r)-Compounds

1. **Das Haus, worin er lange gewohnt hatte, wurde zerstört.**
   The house in which he had lived a long time was destroyed.
2. **Ich weiß nicht, woran er gedacht hat.**
   I do not know what he was thinking about.
3. **Ich weiß nicht, wovon er gesprochen hat.**
   I do not know what he talked about.
4. **Wozu gebrauchen Sie dieses Instrument?**
   What do you use this instrument for?

Wo(r)-compounds consist of **wo** plus a preposition (compare English *wherein*). The **r** is inserted when the preposition begins with a vowel. **Wo(r)-** may replace relative pronouns (1) referring to things or ideas or *was* (2, 3). The compounds are also used as interrogatives (4).

Translate **wo(r)** by *which* or *what* and the preposition by its appropriate meaning in the sentence.

2. Da(r)-Compounds

(a) **Da(r)** Used to Replace a Pronoun

In der Mitte des Zimmers steht ein Tisch, und darauf finden Sie die gesuchten Papiere.
In the middle of the room is a table, and on it you will find the desired papers.
Hier sind die Reagenzgläser, und darin sehen Sie ...
Here are the test tubes, and in them you see ...

Da(r)-compounds consist of **da(r)** plus a preposition. **Da(r)-** generally replaces personal or demonstrative pronouns referring to things or ideas and is translated *it, them, that, this, those, these.*

(b) Da(r)-Compounds Anticipating Clauses

Er glaubt nicht daran, daß die Erde rund ist.
He does not believe (in the fact) that the earth is round.
Die Wirkung dieses Stoffes besteht darin, daß er schnell schmilzt.
The effect of this substance consists in its quick melting.
Man erreicht dies dadurch, daß man eine Säure gebraucht.
This is achieved by using an acid.
Man ging dazu über, analytische Versuche auszuführen.
They turned to doing analytical experiments.

Da(r)-compounds may anticipate clauses (usually **daß**-clauses) that follow a verb used with a preposition (**glauben an, bestehen in**). Note that the **da(r)-**compound need not be translated.

3. Hier-Compounds

Hierzu gebraucht man trockene Chemikalien.
Dry chemicals are used for this.
Hierauf werden wir später zurückkommen.
We will come back to this later.
Hiermit beschließen wir unseren Versuch.
With this we conclude our experiment.

Hier-compounds consist of **hier** plus a preposition (compare English *herewith*). The preposition is translated first, and **hier** means *this*.

4. Adverbs of Direction in Prepositional Phrases

Das Wasser läuft von der Flasche aus in ein anderes Gefäß.
The water runs from the bottle into another container.
Die Feinde sind nach allen Richtungen hin geflohen.
The enemies fled in all directions.
Die Vögel sind vom Süden her gekommen.
The birds came from the south.

Adverbs of direction at the end of a prepositional phrase serve to strengthen the preposition but are not translated. Some common combinations of prepositions and adverbs of direction are:

von . . . aus	*from*
um . . . herum	*around*
über . . . hinaus	*beyond*
von . . . her	*from*
zu . . . hin	*to, toward*
nach . . . zu	*to, toward*

5. Introductory es, Not the Real Subject

Es sind 25 Studenten in diesem Zimmer.
There are 25 students in this room.
Es bestehen zwei Möglichkeiten.
There are two possibilities. (Two possibilities exist.)
Es bildet sich dann ein dunkler Rauch.
A dark smoke then forms (is formed).

6. Clauses without a Subject—es Implied

Bekannt ist, daß . . .
It is known that . . .
In vielen Fällen kann gesagt werden, daß . . .
In many cases it can be said that . . .
Dabei konnte festgestellt werden, daß . . .
In the process (here, in so doing) it could be determined that . . .

In impersonal clauses, subject **es** is sometimes omitted.

BASIC VOCABULARY

anbringen° (*sep.*)	to install, place	Jahreszeit (*f.*), -en	season, time of year
beschäftigen	to employ, occupy		
beschäftigen (sich) mit	to deal with, engage in	je nach	depending on, according to
beschließen°	to conclude, decide	kochen	to cook, boil
daher	hence, for that reason	Regen (*m.*), -	rain
Gefahr (*f.*), -en	danger	Standpunkt (*m.*), -e	position, standpoint
Handlung (*f.*), -en	action, deed	trocken	dry
hinauf	up, upward	Übung (*f.*), -en	exercise, practice
hinweisen° (*sep.*)	to refer, point	verlangen	to desire, want, demand
Holz (*n.*), -er	wood		

IRREGULAR VERBS

INFINITIVE	PAST	PAST PARTICIPLE	PRESENT
bringen	brachte	gebracht	bringt
finden	fand	gefunden	findet
gehen	ging	gegangen	geht
graben	grub	gegraben	gräbt
schreiben	schrieb	geschrieben	schreibt
sehen	sah	gesehen	sieht
weisen	wies	gewiesen	weist

EXERCISES

1. Bei Regenwetter kommt der Regenwurm aus dem Boden heraus, daher sein Name.
2. Das Blut besteht aus dem Blutplasma und den darin verteilten Blutkörperchen.
3. Sonnenwärme kann zum Betrieb von Beheizungsanlagen verwendet werden. Hiermit beschäftigen sich viele Forscher.
4. Ein sehr erhebliches Leitvermögen zeigen Salze, worauf wir bereits hingewiesen haben.
5. Die große Gefahr für Haschischsüchtige besteht darin, daß viele von ihnen immer stärkere Drogen verlangen.
6. Die Ruinen der Akropolis geben ein Bild davon, wie hoch entwickelt vor 2500 Jahren die Baukunst der Griechen war.
7. Die Erde wandert in einem Jahr um die Sonne. Dadurch entstehen die Jahreszeiten.
8. In diesem Buch wird mit Fakten, nicht mit Vorurteilen operiert.
9. Naheliegend scheint, die Sonnenwärme auszunutzen, insbesondere auch zur Kälteerzeugnis. In dem vorliegenden Beitrag werden hierzu geeignete Vorschläge gemacht.
10. Es sind noch einige andere Eigenschaften dieses Stoffes zu erwähnen.
11. Ein Luftbild wird von einem Flugzeug oder einem Satelliten aus gemacht.
12. Es werden hier nur verschiedene thermische Vorgänge beschrieben.
13. Eine Suggestivfrage ist z.B. die folgende: ,,Ist nicht die Winkelsumme im Dreieck 180 Grad?" Worauf der Schüler nur ja oder nein antworten kann, und wobei ihm nahegelegt wird, ,,ja" zu sagen.

1. **Regenwurm** (*m.*), ⁼er earthworm
   herauskommen° (*sep.*) to come out
2. **verteilen** to distribute
   Blutkörperchen (*n.*), - blood corpuscle
3. **Beheizungsanlage** (*f.*), -n heating plant
4. **erheblich** considerable
   Leitvermögen (*n.*) conductivity
5. **haschischsüchtig** addicted to hashish

6. **Baukunst** (*f.*) architecture
8. **Vorurteil** (*n.*), -e prejudice, bias
9. **naheliegend** obvious, reasonable
   ausnutzen (*sep.*) to utilize
   vorliegend under consideration
11. **Luftbild** (*n.*), -er aerial photo
13. **Winkel** (*m.*), - angle
   nahelegen (*sep.*) to suggest

14. Vom religiösen Standpunkt aus kann so eine Handlung nicht gerechtfertigt werden.
15. Hierzu verwendet man den auf Seite 15 beschriebenen Apparat.
16. Hiermit beschließen wir diese Übungen.

14. **rechtfertigen** to justify

Ein Sonnen-Kochherd

Beim Lesen eines im 19. Jahrhundert geschriebenen Handbuchs der Physik, worin einige der ersten Versuche, die Sonnenenergie zum Kochen zu gebrauchen, beschrieben werden, wird dem modernen Leser nahegebracht, daß manche unserer heutigen Versuche schon vor vielen Jahren die Wissenschaft beschäftigt haben. Darunter sind u.a. die Versuche von Sir John Herschel erwähnt, die er am Kap der Guten Hoffnung im Jahre 1837 ausgeführt hatte. 5

Er schwärzte inwendig eine Holzkiste, worin er ein Thermometer angebracht hatte, und worüber er eine einfache Glasscheibe legte. Er setzte die Kiste nun den Einwirkungen der Sonnenstrahlen aus und sah 10 das Thermometer auf 67°C steigen. Hierauf grub er die Kiste in trockenen Sand ein, und das Thermometer ging bis auf 81°C hinauf. Danach legte er über die erste Glasscheibe eine zweite, und das Thermometer zeigte, je nach Zeit der Bestrahlung, 103°C, 115°C und sogar 120°C. Sir John hatte sich damit einen Sonnen-Kochherd erfunden. Hierin konnte 15 er Eier, Gemüse und Rindfleisch an der Sonne kochen.

Herd (*m.*), **-e** stove, hearth	10 **aussetzen** (*sep.*) to expose
4 **nahebringen°** (*sep.*) to show, make clear	**Einwirkung** (*f.*), **-en** effect, action
6 **Hoffnung** (*f.*), **-en** hope	11 **eingraben°** (*sep.*) to bury, dig in
8 **schwärzen** to darken, blacken	14 **Bestrahlung** (*f.*), **-en** radiation, exposure
inwendig on the inside	16 **Gemüse** (*n.*) vegetable, vegetables
Kiste (*f.*), **-n** box, crate	**Rindfleisch** (*n.*) beef
9 **Glasscheibe** (*f.*), **-n** pane of glass	

Chapter 27

1. Subjunctive

The tenses learned in previous chapters were in the indicative mood, expressing facts and real conditions. In German the subjunctive mood is used to imply doubt, to express wishes, improbability, and statements contrary to fact. It also is used in indirect statements and questions, and in a few other constructions.

English has few commonly used subjunctive forms; some of them are *if he knew, if he were, so be it, long live the king.* German, however, has a full conjugational system for the various tenses.

German has two types of subjunctives, one based on the infinitive stem of the verb, the other on the past stem. (They are generally referred to as *Subjunctive I* and *Subjunctive II*, respectively.) The personal endings are the same in both types and in all tenses.

2. Present Subjunctive

(a) Formed with the Infinitive Stem of the Verb

ich sage	gebe	habe	sei	werde
du sagest	gebest	habest	sei(e)st	werdest
er sage	gebe	habe	sei	werde
sie sage	gebe	habe	sei	werde
es sage	gebe	habe	sei	werde
wir sagen	geben	haben	seien	werden
ihr saget	gebet	habet	seiet	werdet
sie sagen	geben	haben	seien	werden

170

Note: 1. The endings of **sei** are irregular in the 1st and 3rd persons singular.
2. There is no change of stem vowel in the 2nd and 3rd persons singular of irregular verbs **(geben: gebest, gebe)**.

(b) Formed with the Past Stem of the Verb

ich sagte	gäbe	hätte	wäre	würde
du sagtest	gäbest	hättest	wärest	würdest
er sagte	gäbe	hätte	wäre	würde
sie sagte	gäbe	hätte	wäre	würde
es sagte	gäbe	hätte	wäre	würde
wir sagten	gäben	hätten	wären	würden
ihr sagtet	gäbet	hättet	wäret	würdet
sie sagten	gäben	hätten	wären	würden

Note: 1. Umlauts are added to the stem vowel of strong verbs if the vowel is **a, o,** or **u**.
2. Past-stem present subjunctives of weak verbs **(sagte)** are identical with past-tense indicative forms. Determine from the context whether they are subjunctive or indicative forms.

3. Past Subjunctive

er, sie, es habe gesagt   er, sie, es sei gekommen
er, sie, es hätte gesagt   er, sie, es wäre gekommen

sie haben gesagt   sie seien gekommen
sie hätten gesagt   sie wären gekommen

The past subjunctive consists of the subjunctive of **haben (habe, hätte)** or **sein (sei, wäre)** plus the past participle.

4. Future Subjunctive

er werde kommen
er würde kommen

The future subjunctive consists of the subjunctive of **werden (werde, würde)** plus the infinitive; **würde** is usually equivalent to English *would*.

5. Subjunctive in Indirect Discourse

Indirect discourse is usually introduced by verbs of thinking, believing, saying. A direct quotation is: *He said: "A storm is brewing."* In indirect discourse, a quotation is merely reported: *He said that a storm was brewing.*

In indirect discourse, German usually uses the subjunctive (either form). By using the subjunctive, a German writer need not constantly remind his reader (by periodically saying: "and the author further states") that what he is reading is still a report or indirect discourse.

Observe the translation of the following subjunctives:

1. **Er sagt, daß er es wisse (wüßte).**
   He says that he knows it.
2. **Er sagte, daß er es wisse (wüßte).**
   He said that he knew it.
3. **Er sagt, daß er es gewußt habe (hätte).**
   He says that he knew it.
4. **Er sagte, daß er es gewußt habe (hätte).**
   He said that he had known it.

In general, translate a present subjunctive in the tense of the introductory verb (*says, said,* Examples 1,2). Translate a past subjunctive in a tense prior to that of the introductory verb (Examples 3,4).

Note in the next example that when **daß** is omitted, normal word order is used in the indirect statement. The finite verb is in second position:

Er sagte, er habe (hätte) es gewußt.
He said that he had known it.

6. Indirect Questions

Er fragte mich, ob die Temperatur gestiegen wäre.
He asked me whether the temperature had risen.
Er fragte mich, wo die Bücher wären.
He asked me where the books were.

The subjunctive is also used in indirect questions, introduced by **ob** (*whether*) or by interrogatives (**wer, wann, wo,** etc.). Subjunctives in indirect questions are translated like those in indirect discourse.

BASIC VOCABULARY

Anhänger (*m.*), -	adherent, believer	**jüngst**	recently, lately
annehmen° (*sep.*)	to assume, accept	**Lebewesen** (*n.*), -	living being,
aufstellen (*sep.*)	to set up,		creature
	formulate	**sämtlich**	all, entire
aussprechen° (*sep.*)	to voice, express	**stammen**	to come from,
bereits	already, as early as		stem from
erkennen°	to recognize,	**Tagung** (*f.*), **-en**	convention,
	perceive		meeting
erweitern	to expand,	**teilnehmen°** (*sep.*)	to participate, take
	broaden		part
fordern	to ask, demand	**Tugend** (*f.*), **-en**	virtue
Furcht (*f.*)	fear	**üben**	to practice
Geburt (*f.*), **-en**	birth	**ungewöhnlich**	unusual
gehen°	to go, walk	**verbessern**	to improve
Wie geht es	How are you?	**Vortrag** (*m.*), **-̈e**	lecture
Ihnen?		**wahr**	true
Es geht mir gut.	I am well (fine).	**um . . . willen**	for the sake of . . .
jedenfalls	at any rate, in any	**wirklich**	actual, real, true
	case		

IRREGULAR VERBS

INFINITIVE	PAST	PAST PARTICIPLE	PRESENT
bleiben	**blieb**	**geblieben**	**bleibt**
kennen	**kannte**	**gekannt**	**kennt**
lassen	**ließ**	**gelassen**	**läßt**
nehmen	**nahm**	**genommen**	**nimmt**
schließen	**schloß**	**geschlossen**	**schließt**
sprechen	**sprach**	**gesprochen**	**spricht**

EXERCISES

1. Bereits 1750 sprach B. Franklin die Vermutung aus, daß der Blitz elektrischer Natur sei.[1]
2. Von vielen Leuten wird angenommen, daß sich der Lebensstandard immer verbessern werde.
3. Viele Amerikaner glaubten lange Zeit, daß der Kauf Alaskas für 7,2 Mill. Dollar eine Dummheit gewesen sei.
4. Mein Freund fragte mich, wie es mir gehe. Ich antwortete: ,,Danke, es geht mir gut", obwohl es nicht wahr war.
5. Von Sokrates stammt die Meinung, die Tugend sei lehrbar; wenn jemand das sittlich Schöne wirklich erkannt habe, so werde er es

1.	**Vermutung** (*f.*), **-en** idea, conjecture		**Dummheit** (*f.*), **-en** folly
2.	**Lebensstandard** (*m.*) living standard	5.	**lehrbar** teachable
3.	**Kauf** (*m.*), **-̈e** purchase		**sittlich** moral

---

1. Note that if the statement is still true or believed today, it normally is expressed in the present tense in English, even though the introductory verb is in the past tense.

auch üben. Von dieser Meinung, die immer eine Lieblingsmeinung der Rationalisten gewesen ist, sind wir weit abgekommen.

6. Im Jahre 1815 stellte Prout die Hypothese auf, daß alle Elemente aus Wasserstoff aufgebaut seien.

7. Der Polizist fragte den Studenten, wo er am Sonntag gewesen sei.

8. Vor hundert Jahren ließ die erste deutsche Ärztin durch ein Schild verkünden, daß es in Berlin von nun an eine Ärztin mit eigener Heilpraxis gebe.

9. Wer denkt heute noch, wenn er eine Arztpraxis aufsucht und dort eine Ärztin statt eines Arztes vorfindet, daß das etwas Ungewöhnliches sei?

10. Der Direktor wollte wissen, wie viele Personen an der Tagung teilnehmen würden.

11. Seine Mutter fragte mich, was für ein Buch für ihren zehnjährigen Sohn am geeignetsten sei.

12. Anhänger des Glaubens an die Seelenwanderung meinen, daß der Mensch vor seiner Geburt in anderen Lebewesen (auch in Pflanzen oder Tieren) verkörpert war und daß er auch nach dem Tode wieder in andere Körper, höhere oder niedere, eingehen müsse, je nachdem wie er als Mensch gelebt hat.

13. Immanuel Kant forderte, etwas Gutes solle man nicht um eines Lohnes willen oder aus Furcht vor Strafe tun, sondern allein darum, weil es gut ist.

Lieblingsmeinung (*f.*), **-en** favorite idea
abkommen° **von** (*sep.*) to get away (from)
7. **Polizist** (*m.*), **-en** policeman
8. **Ärztin** (*f.*), **-nen** physician (female)
Schild (*n.*), **-er** sign
verkünden to announce
Heilpraxis (*f.*), **Heilpraxen** (*pl.*) medical practice

9. **aufsuchen** (*sep.*) to visit, go to
vorfinden° (*sep.*) to find, encounter
12. **Seelenwanderung**(*f.*) transmigration of souls
verkörpert embodied
je nachdem depending on how
13. **Lohn** (*m.*), **-e** reward, pay
Strafe (*f.*), **-n** punishment

Nicht gescheiter geworden?[1]

Seit 40 000 Jahren ist der Mensch praktisch nicht mehr gescheiter geworden. Das stellte Professor Egon Reuer vom Institut für Humanbiologie der Universität Wien kürzlich in einem Vortrag fest: Das Gehirn

gescheit intelligent, clever
1 **praktisch** practical

3 **kürzlich** recently
Gehirn (*n.*), **-e** brain

1. *Deutscher Forschungsdienst*, Nr. 27, 25. Jahrgang.

des Menschen ist seit dem Auftreten des Homo sapiens zu dieser Zeit
bis heute organisch unverändert geblieben. Die Entwicklung sei abge-   5
schlossen und sämtliche hirnphysiologischen Voraussetzungen für die
Intelligenz seien vorhanden gewesen. Dazugekommen sei lediglich ein
„angehäuftes Wissen" der Kulturgesellschaft. Wahrscheinlich werde es
eine Evolution des Gehirns auch in Zukunft nicht mehr geben. Die
Denkprozesse des Gehirns können lediglich durch maschinelle Hilfs-   10
mittel, wie Computer, vergrößert und erweitert werden.

4 **Auftreten**(*n.*) emergence,
     appearance
5 **unverändert** unchanged
   abschließen° (*sep.*) to end, conclude
6 **Hirn** (*n.*), **-e** brain
   Voraussetzung (*f.*), **-en** prerequisite

7 **dazukommen**° (*sep.*) to add to this
   lediglich merely
8 **angehäuft** accumulated
10 **maschinell** mechanical
   Hilfsmittel (*n.*). **-** aid, means
11 **vergrößern** to enlarge

Chapter 28

1. Subjunctive in Suppositions or Conditions Contrary to Fact

Observe the similarity between the German and English constructions in expressing unreal conditions in **wenn**-clauses:

1. **Wenn ich das wüßte ...**   *If I knew that ...*
2. **Wenn ich das gewußt**   *If I had known that ...*
   hätte ...
3. **Wäre er gekommen, so ...**   *If he had come, (then) ...*
   Had he come, (then) ...
4. **Hätte er das gewußt,**   *If he had known that, (then) ...*
   so ...   *Had he known that, (then) ...*
5. **Käme er, so ...**   *If he were coming, (then) ...*

Note that subjunctives without auxiliaries express present conditions (1, 5), while past participles with a subjunctive of **haben** or **sein** express past conditions (2, 3, 4).

Observe the conclusion clauses for the above examples:

1. **Wenn ich das wüßte, würde ich es Ihnen sagen.**
   I would tell it to you.
2. **Wenn ich das gewußt hätte, dann wäre ich gekommen.**
   (then) I would have come.
3. **Wäre er gekommen, so hätten wir unseren Freund besucht.**
   we would have visited our friend.
4. **Hätte er das gewußt, so wäre er gekommen.**
   he would have come.
5. **Käme er, so gingen wir ins Theater.**
   we would be going to the theater.

In translating a conclusion clause with or without **würde,** use *would* with the present or past infinitive.

Examples:

Wenn Kolumbus Amerika nicht entdeckt hätte, so hätte es jemand anders getan.
If Columbus had not discovered America, someone else would have done it.
Hätte ich mehr Geld gehabt, wäre ich nach Deutschland gefahren.
If I had had more money, I would have gone to Germany.
Wenn ich nicht gekommen wäre, wäre mein Vater beleidigt gewesen.
If I had not come, my father would have been offended.

2. Wenn-Clauses or Conclusion Clauses Standing Alone

Wenn ich das nur wüßte!	*If I only knew that!*
Wenn nur ein Arzt hier wäre!	*If only a doctor were here!*
Hätte ich nur Zeit gehabt!	*Had I only had time!*
Das hätte ich nicht geglaubt.	*That I would not have believed!*

Wenn-clauses and conclusion clauses standing alone are translated like those given in paragraph 1.

3. Als ob, als wenn *(as if, as though)*

Er tat, als ob (wenn) er nichts gehört hätte.
He acted as though he had not heard anything.
Er tat, als ob (wenn) er mein Bruder wäre.
He acted as though he were my brother.

Als ob, als wenn are followed by the subjunctive.

4. Ob, wenn Omitted

Er tat, als bliebe er den ganzen Tag.
He acted as though he were staying the whole day.
Es schien, als hätte der Jäger den Fasan getroffen.
It seemed as though the hunter had hit the pheasant.

Note the position of the finite verb when **wenn** or **ob** is omitted. It does not stand at the end of the clause, but directly follows **als.**

BASIC VOCABULARY

anders	different, otherwise	**noch immer**	still
ausbrechen° (*sep.*)	to break out	**richtig**	right, correct
äußern	to express	**Teilnahme** (*f.*)	participation
Bewohner (*m.*), -	inhabitant	**überlegen (sich)**	to think about, ponder
Erfahrung (*f.*), **-en**	experience	**voraussagen** (*sep.*)	to predict
erreichen	to reach, attain	**Werkzeug** (*n.*), **-e**	tool
folgendermaßen	as follows	**Wirkung** (*f.*), **-en**	effect, consequence
Größe (*f.*), **-n**	size, magnitude		
Insel (*f.*), **-n**	island	**wohl**	probably, indeed, no doubt
Jahrestag (*m.*), **-e**	anniversary		
Kenntnis (*f.*), **-se**	knowledge		
Naturforscher (*m.*), -	scientist		

IRREGULAR VERBS

INFINITIVE	PAST	PAST PARTICIPLE	PRESENT
bleiben	blieb	geblieben	bleibt
brechen	brach	gebrochen	bricht
fallen	fiel	gefallen	fällt
heißen	hieß	geheißen	heißt
nehmen	nahm	genommen	nimmt
steigen	stieg	gestiegen	steigt
wenden	wandte (wendete)	gewandt (gewendet)	wendet
werfen	warf	geworfen	wirft
wissen	wußte	gewußt	weiß

EXERCISES

1. Der Naturforscher Weisman fragte sich, was wohl aus Mozart geworden wäre, wenn er auf den Somoa-Inseln geboren wäre.
2. Wäre ich eine Frau, so würde ich rebellieren gegen jeden Anspruch des Mannes, aus der Frau sein Spielzeug zu machen. (Mahatma Gandhi)
3. Sie: „Wenn Sie mein Mann wären, würde ich Ihnen Gift geben." Er: „Wenn Sie meine Frau wären, würde ich es nehmen."
4. Hätten wir gewußt, wie groß die Gefahr war, so wären wir vorsichtiger gewesen.
5. Das Resultat eines Kernwaffenkrieges wäre wohl ein Krieg ohne Sieger.

1. **was wohl** just what
2. **Anspruch** (*m.*), **-e** claim, demand
   Spielzeug (*n.*), **-e** plaything, toy
4. **vorsichtig** cautious, careful
5. **Kernwaffenkrieg** (*m.*), **-e** nuclear war
   Sieger (*m.*), - victor

6. Die verhältnismäßig schnelle Erschließung des Westens der USA wäre ohne die Einwanderer aus allen Ländern Europas nicht möglich gewesen.
7. Wäre uns dieses Verfahren bekannt gewesen, so hätten wir eine ganz andere Versuchsmethode angewandt.
8. Wenn Sie die nötigen mathematischen Kenntnisse gehabt hätten, hätten Sie diese Aufgabe ausführen können.
9. Die Bevölkerung dieses Landes ist schneller gestiegen, als man vor zehn Jahren hätte voraussagen können.
10. Wir wären viel glücklicher gewesen, hätten wir damals mehr Erfahrung gehabt.
11. Gewiße Menschen hätten Tugend, wenn sie Geld hätten. (Jean Paul)
12. Nehmen wir an, auf eine Stadt von der Größe und der geographischen Lage Chicagos würde eine H-Bombe abgeworfen werden. Was wären wohl die unmittelbaren Wirkungen?
13. Die Bewohner dieser Gegend arbeiten noch immer mit ihren alten Werkzeugen, als hätten sie niemals von modernen Arbeitsmethoden gehört.
14. Was ist ein Name? Was uns Rose heißt,
Wie es auch hieße, würde lieblich duften. (Shakespeare)
15. Wie oft hört man heute aus dem Munde eines älteren Studenten den Satz: „Wenn ich noch einmal anzufangen hätte, würde ich es anders machen."

6. **Erschließung** (*f.*) opening, development
Einwanderer (*m.*), - immigrant
12. **abwerfen°** (*sep.*) to drop
unmittelbar immediate, direct
14. **wie es auch** no matter how (what) it
lieblich lovely
duften smell (sweet)
15. **Mund** (*m.*), -e, ⸚er mouth
noch einmal once more, again

Das Attentat zu Sarajewo

Am 28. Juni 1914 fielen zwei Schüsse in Sarajewo, die eine Weltkatastrophe auslösten. Der österreichische Thronfolger, Erzherzog Franz Ferdinand, und seine Gemahlin wurden von einem jungen serbischen Studenten durch diese zwei Schüsse getötet. Einer der Verschworenen, Vaso Cubrilovic, der an dem Attentat teilnahm, war bis vor einigen 5

Attentat (*n.*), -e assassination attempt
1 **Schuß** (*m.*), ⸚sse shot
Schüsse fielen shots were fired
2 **auslösen** (*sep.*) to precipitate
Thronfolger (*m.*), - heir to the throne
3 **Erzherzog** (*m.*), -e archduke
Gemahlin (*f.*), -nen wife
serbisch Serbian
4 **Verschworene** (*m.*), -n conspirator

Jahren Geschichtsprofessor an der Belgrader Universität. Der siebzehn-
jährige Student wurde wegen Teilnahme an der Verschwörung zu sech-
zehn Jahren schweren Kerkers verurteilt. Wäre er damals älter gewesen,
so wäre er gehängt worden.

10   In einem Interview für United Press am 40. Jahrestag des Attentates
äußerte er sich folgendermaßen: „Wenn ich gewußt hätte, welche tra-
gische Entwicklung die Weltgeschichte durch diesen Mord nehmen
würde, hätte ich es mir bestimmt überlegt. Ich will nicht sagen, daß ich
heute für Österreich eintreten würde, aber heute weiß ich, daß Meu-
15 chelmord nicht der richtige Weg ist, um politische Ziele, auch wenn sie
richtig sind, zu erreichen." Auch wenn der Mord unterblieben wäre,
wäre der Krieg zwischen den Großmächten wahrscheinlich ausge-
brochen, denn er war wegen der Spannungen zwischen den Großmächten
fast unvermeidlich.

7	**Verschwörung** (*f.*), **-en** conspiracy	14	**eintreten°** **für** (*sep.*) to side with
8	**Kerker** (*m.*), **-** prison		**Meuchelmord** (*m.*), **-e** assassination
	schwerer Kerker penitentiary	16	**unterbleiben°** not to take place
	verurteilen to condemn	17	**Großmacht** (*f.*), **-̈e** great power
9	**hängen** to hang	19	**unvermeidlich** unavoidable
12	**Mord** (*m.*), **-e** murder		

Chapter 29

1. Special Uses of Subjunctives with Infinitive Stem

The type of subjunctive illustrated in (**a**) to (**c**) below occurs mainly in relatively short independent clauses. The verb endings are **e** or **en** (exception: **sei**). *May, let,* or *should* used with the verb will usually convey the meaning of these constructions.

(a) Wishes and Exhortations

Gott sei gelobt!   *(May) God be praised!*
Er ruhe in Frieden!   *May he rest in peace!*

(b) Assumptions in Scientific Writing

A sei ein Punkt auf der Linie X Y.
Let A be a point on line X Y.
Die Linien A B und C D seien den Linien E F und G H parallel.
Let lines A B and C D be parallel to lines E F and G H.

(c) Common Phrases

Es sei erwähnt, daß . . .
Let it be mentioned that . . .
It should be mentioned that . . .
Es sei darauf hingewiesen, daß . . .
It should be pointed out that . . .
Es seien nur einige Beispiele erwähnt.
Let us (me) mention only a few examples.

(d) Formulas and Directions

Man nehme ein Pfund Butter, zwölf Eier, . . .
Take a pound of butter, twelve eggs, . . .
Man denke an die Schwierigkeiten . . .
Think of the difficulties . . .

Man at the beginning of a sentence and followed by an infinitive stem subjunctive verb ending in **e** is best translated by an English imperative.

2. Lassen

Study the various meanings of this frequently used verb. Its past tense is **ließ**, the past participle **gelassen**.

(a) **Lassen** *to let, allow, leave, to have (something done)*

Man läßt die Flüssigkeit stehen.
One lets the liquid stand.
Lassen Sie den Studenten hinein!
Let the student enter (go in).
Ich habe den Wagen vor dem Haus stehen lassen.
I left the car standing in front of the house.
Der Bürgermeister ließ das Rathaus reparieren.
The mayor had the city hall repaired.

(b) **Sich lassen** (Without Object) *can be, may be, is possible to*

Das läßt sich machen.
That can be done.
Das ließ sich machen.
That could be done.
Diese Stoffe lassen sich leicht auflösen.
These substances can be dissolved easily.
Diese Verbindung ließ sich nicht in ihre Elemente zerlegen.
This compound could not be split up into its elements.
Das Verfahren hat sich wiederholen lassen.
The process could be repeated.

Note that a double infinitive is used with the perfect tenses of **lassen** (Last example, above).

(c) sich lassen (With Object) *to cause, have (something done by someone for oneself)*

Er läßt sich die Haare schneiden.
He is getting a haircut. (He is having his hair cut.)
Ich ließ mir ein Haus bauen.
I had a house built.

BASIC VOCABULARY

einzelne	a few	**loben**	to praise
ergänzen	to supplement	**nämlich**	namely, that is
Fachmann (*m.*),	expert, specialist	**sowie**	as well as, just as
Fachleute (*pl.*)		**ständig**	constant
Flut (*f.*), **-en**	flood	**Stunde** (*f.*), **-n**	hour
Gesichtspunkt	point of view,	**Thema** (*n.*), **The-**	theme, study, topic
(*m.*), **-e**	aspect	**men** (*pl.*)	
Gruppe (*f.*), **-n**	group, team	**Verfügung** (*f.*),	disposal, order
Haupt (*n.*), **-̈er**	head, chief	**-en**	
hinweisen° (*sep.*)	to refer, point	**zur Verfügung**	to be available
hrsg.	edited, published	**stehen°**	
(**herausgegeben**)		**Verlag** (*m.*), **-e**	publisher
Interesse (*n.*), **-n**	interest	**voraussagen** (*sep.*)	to predict
klar	clear, distinct	**wünschen**	to wish
Laie (*m.*), **-n**	layman, novice	**Zeichen** (*n.*), **-**	sign, symbol
Ln. (**Leinen**)	linen, hard cover	**Zeitalter** (*n.*), **-**	age, era

IRREGULAR VERBS

INFINITIVE	PAST	PAST PARTICIPLE	PRESENT
lassen	**ließ**	**gelassen**	**läßt**
nehmen	**nahm**	**genommen**	**nimmt**
nennen	**nannte**	**genannt**	**nennt**
schreiben	**schrieb**	**geschrieben**	**schreibt**
weisen	**wies**	**gewiesen**	**weist**

EXERCISES

1. Nur einzelne von diesen Versuchen seien hier genannt.
2. Man vergleiche Abb. 421.
3. Die Fläche des Materials sei der XZ-Ebene parallel und der positiven Y-Achse zugekehrt.
4. Der Herr hat's gegeben, der Herr hat's genommen, der Name des Herrn sei gelobt. (Hiob 1, 21)
5. Der Mensch lebt heute in einer Welt, die voller Wunder ist. Man denke nur an die Raketen im Weltraum, die moderne Medizin, die Automation in der Industrie usw.

3.	**Fläche** (*f.*), **-n** surface		
	Ebene (*f.*), **-n** plane	5.	**Weltraum** (*m.*) space
			zukehren (*sep.*) to turn to

6. Der Leser mache sich Folgendes klar: Wozu wir im Westen viele Jahrhunderte Zeit hatten, nämlich zur Entwicklung vom Frühzeit- zum Atomzeitaltermenschen, mußten und müssen andere Länder in einem Menschenleben durchstehen.

7. Es sei darauf hingewiesen, daß dieses Buch für den Fachmann geschrieben ist.

8. Schließlich sei noch auf die Schwierigkeiten dieser Arbeit hingewiesen.

9. Die Lichtgeschwindigkeit sei mit x bezeichnet.

10. Es sei noch erwähnt, daß ein Krieg zwischen den Großmächten fast nicht zu vermeiden war.

11. Dionysius von Syrakus ließ während der Mahlzeiten ein Schwert über dem Haupt des Damokles an einem Pferdehaar aufhängen. Wenn sich heute jemand in ständig drohender Gefahr befindet, so sagt man, daß über ihm das Damoklesschwert hänge.

12. Nach chemischen Gesichtspunkten lassen sich die Desinfektions- mittel in Oxydationsmittel, Halogene usw. einteilen.

13. Perikles hat die Akropolis bauen lassen.

14. Dieses Gesetz ließ sich folgendermaßen beweisen.

15. Nachdem das Gemisch zehn Minuten lang gekocht hat, läßt man es vierundzwanzig Stunden im Dunkeln stehen.

16. Diese Theorie hat sich experimentell testen lassen.

---

6. **durchstehen°** to experience, undergo
11. **Mahlzeit** (*f.*), **-en** meal, repast
   Schwert (*n.*), **-er** sword
   Pferdehaar (*n.*), **-e** horsehair

aufhängen (*sep.*) to hang up, suspend
drohen to threaten
12. **Mittel** (*n.*), **-** agent, means
15. **Gemisch** (*n.*), **-e** mixture

Buchbesprechung

Bernard Lewis: *Welt des Islam. Geschichte und Kultur im Zeichen der Pro- pheten.* Aus dem Amerikanischen. Braunschweig: Westermann 76. 360 S., 490 Abb., davon 160 farbig. Ln.

5 Die wachsende Bedeutung des Nahen Ostens als Wirtschaftspartner läßt das Interesse an dieser Region, ihrer Kultur und ihren Problemen schneller wachsen, als man es vor einigen Jahren hätte voraussagen können. Die Verlage haben sich schnell auf diese Situation eingestellt,

---

1 **Prophet** (*m.*), **-en** prophet
4 **Wirtschaftspartner** (*m.*), **-** economic partner

7 **einstellen (sich)** (*sep.*) to adjust, to adapt oneself to

die Flut der Bücher zum Thema „Naher Osten" ist kaum noch zu über-
blicken. Bernard Lewis, einer der hervorragenden englischen Islamo-
logen, hat mit einer Gruppe von Fachleuten 1975 ein „over-all-picture" 10
vorgelegt, das jetzt in seiner deutschen Fassung dem hiesigen Leser zur
Verfügung steht. Angesprochen ist dabei nicht der Spezialist der Islam-
wissenschaft, sondern der Laie auf diesem Gebiet, der sich entweder
weiterbilden will oder einen ersten Einstieg sucht. Behandelte Gebiete:
. . . Als abschließender Beitrag steht ein Kapitel über die Probleme des 15
modernen Islam (E. Kedourie). Eine Zeittafel sowie eine ausgewählte
Bibliographie zu den jeweiligen Kapiteln ergänzen das überaus reich
bebilderte (490 Abb.) Werk. Als Ganzes ein Buch, dem man weite Ver-
breitung wünscht, um die Vorurteile und Ressentiments gegenüber der
islamischen Welt abzubauen.   20

Dr. J. Martin (Univ. Hohenheim): *Wissenschaftlicher Literaturanzeiger*,
Nr. 4, 1977.

8	**überblicken** to survey, view, look over	15	**abschließen°** (*sep.*) to close, conclude
11	**vorlegen** (*sep.*) to present	16	**Zeittafel** (*f.*), **-n** chronological table
	Fassung (*f.*), **-en** version, edition	17	**jeweilig** respective
	hiesig in this country, local		**überaus reich** profusely
12	**angesprochen** addressed	18	**bebildert** illustrated
14	**weiterbilden (sich)** continue one's studies, increase one's knowledge		**als Ganzes** as a whole, on the whole
	Einstieg (*m.*) entry		**Verbreitung** (*f.*) distribution, dissemination
	einen ersten Einstieg suchen to want to become acquainted with the subject	19	**Vorurteil** (*n.*), **-e** prejudice, bias
			gegenüber toward
		20	**abbauen** (*sep.*) to reduce

Chapter 30

1. Idiomatic Meanings of Subjunctive Modals

In addition to the idiomatic meanings of modals given in Chapter 17, keep in mind a number of special meanings of subjunctive modals. These forms usually are used in short clauses and are quite common.

Learn the following meanings:

dürfte	*might (be), probably (is, was)*
könnte	*could*
möchte	*would like to*
möchte gern	*would like to*
müßte	*would have to*
sollte	*should*
wollte	*wished*

Das dürfte möglich sein.
That might be possible.
Das dürfte mein Bruder gewesen sein.
That might have been my brother.
That probably was my brother.
Es könnte vorkommen, daß . . .
It could happen that . . .
Wir möchten feststellen . . .
We would like to determine . . .
Ich möchte gern ins Theater gehen.
I would like to go to the theater.
Ich sollte arbeiten, anstatt ins Kino zu gehen.
I should be working instead of going to the movies.

Ich wollte, diese Aufgabe wäre leichter.
I wished this lesson were easier.

2. es in Idioms

(a) **gelingen (gelang, gelungen)** *to succeed, to be successful*

Do not confuse this verb with the weak verb **gelangen** (*to arrive, reach*).

es gelingt mir	*I succeed, I am successful*
es gelingt ihm	*he succeeds*
es gelingt uns	*we succeed*
es ist ihnen gelungen	*they succeeded*
es gelang Edison	*Edison succeeded*

Some verbs form idioms with **es** as impersonal subject. In English, however, the equivalent construction has a personal subject.

(b) **Es gibt**

es gibt	*there is, there are*
es gab	*there was, there were*
es wird geben	*there will be*
es hat gegeben	*there has (have) been, there was (were)*

Es gibt viele Studenten, die nicht genug Geld haben.
There are many students who do not have enough money.
In Amerika gab es einen Indianerstamm, der ...
In America there was an Indian tribe that ...
Ein Pessimist glaubt, daß es immer Kriege geben wird, denn Kriege hat es schon immer gegeben.
A pessimist believes that there always will be wars, for there always have been wars.

(c) **Es kommt auf ... an** *it depends on, it is a question of*

Es kommt auf die Umstände an.
It depends on the circumstances.
Es kommt darauf an, wie groß die Gefahr ist.
It is a question of how great the danger is.

(d) **Es handelt sich um** *we are dealing with, it is a question of*

In diesem Buch handelt es sich um quantitative Ergebnisse.
In this book we are dealing with quantitative results.
This book deals with quantitative results.

Nun handelt es sich darum, den Eiweißgehalt zu bestimmen.
Now it is a question of determining the protein content.
Wir erkannten, daß es sich hier um radioaktive Strahlung handelte.
We recognized that here we were dealing with radioactive radiation.

Whenever you see the verb **handeln,** watch for the presence of **es, sich,** and **um** in the same clause.

There are many other idioms of this type. Whenever one of the common meanings of a verb does not make sense, check the various idiomatic uses of the verb given in a dictionary.

BASIC VOCABULARY

anwenden° (*sep.*)	to use, employ	sicher	safe, definite, sure
Band (*m.*), ⸚e	volume	Stand (*m.*), ⸚e	state, position, stand
Bazillus (*m.*), Bazillen (*pl.*)	bacillus	tödlich	fatal, lethal, deadly
bekämpfen	to combat	Überblick (*m.*), -e	general view, survey
besiegen	to conquer		
Forschung (*f.*), -en	research, investigation	unmittelbar	direct, immediate
gegenwärtig	present	unternehmen°	to carry out, undertake
geheimnisvoll	mysterious	verbinden°	to combine, connect
gelangen°	to arrive at, reach		
gelingen°	to succeed	Verfasser (*m.*), -	author
Gleichung (*f.*), -en	equation	vermitteln	to convey, give
Herz (*n.*), -en	heart	vermuten	to suspect
klären	to clarify, establish	zusammenhängen° mit (*sep.*)	to be connected with
Phänomen (*n.*), -e	phenomenon		

IRREGULAR VERBS

INFINITIVE	PAST	PAST PARTICIPLE	PRESENT
geben	gab	gegeben	gibt
gehen	ging	gegangen	geht
gelingen	gelang	gelungen	gelingt
gewinnen	gewann	gewonnen	gewinnt
nehmen	nahm	genommen	nimmt
sehen	sah	gesehen	sieht
treten	trat	getreten	tritt
wenden	wendete (wandte)	gewendet (gewandt)	wendet
wissen	wußte	gewußt	weiß

EXERCISES

1. Der erste Aufstieg mit einem Ballon gelang den Brüdern Montgolfier in Frankreich im Juni 1783.

1. **Aufstieg** (*m.*), **-e**   ascent

2. Wenn ein Gott diese Welt gemacht hat, so möchte ich nicht dieser Gott sein; ihr Jammer würde mir das Herz zerreißen. (Schopenhauer)

3. Ob der Versuch unternommen werden wird, hängt davon ab, wieviel Geld zur Verfügung stehen wird.

4. Die in diesem Buch angewandte Terminologie dürfte nur einem exklusiven Kreis soziologischer Fachleute verständlich sein.

5. Hier handelt es sich um eine der Fragen, auf die es weder deduktiv noch empirisch eine absolut sichere Antwort gibt.

6. Ich möchte noch kurz darauf hinweisen, daß es noch andere Möglichkeiten gibt.

7. Würde es sich hier um eine Mischinfektion mit Typhus- und Paratyphusbazillen handeln, so müßte eine andere Methode angewendet werden.

8. Herr Prof. Dr. Nernst gelangte zur Gleichung (379) mit Hilfe der in Band I auf S. 327 angeführten Gleichung (275).

9. Wir wissen, daß es sich hier um Fragen handelt, die dem Laien nicht absolut klar und verständlich sind.

10. Dem Verfasser gelang es, einen guten Überblick über den gegenwärtigen Stand der Atomforschung zu vermitteln.

11. Mir ist es nicht gelungen, meine mathematischen Kenntnisse zu erweitern.

12. Dieses Experiment zu finanzieren, dürfte für die Industrie zu kostspielig sein.

13. Als Alexander der Große auf einem seiner Eroberungzüge den Diogenes sah, der trotz des Krieges seinen philosophischen Betrachtungen nachging, soll er gesagt haben: „Wenn ich nicht Alexander wäre, möchte ich wohl Diogenes sein."

14. Es sollte möglich sein, das Angenehme mit dem Nützlichen zu verbinden.

15. Zwar weiß ich viel, doch möcht' ich alles wissen. (Faust)

---

2. **Jammer (m.)** misery
   zerreißen° to break, tear up
7. **Mischinfektion** (*f.*), **-en** mixed (compound) infection
12. **finanzieren** to finance
   kostspielig expensive
13. **Eroberungszug** (*m.*), **⸚e** war of conquest

trotz inspite of
Betrachtung (*f.*), **-en** reflection, observation
nachgehen° (*sep.*) to pursue
14. **angenehm** pleasant
   nützlich useful

Schimmel besiegen Hautkrebs ohne ärztliche Hilfe[1]

Die Lipizzaner, Österreichs Nationalstolz, sind nicht nur ihrer Schönheit und Gelehrigkeit wegen ein erstaunliches Phänomen. Sie geben auch der Medizin Rätsel auf. Wie neuere Untersuchungen zeigen, besitzen diese Pferde offensichtlich einen noch ungeklärten Mechanismus, mit
5 dem sie einen bösartigen Hautkrebs (melanom), der bei etwa 80 Prozent der Lipizzaner auftritt, ohne medizinische Hilfe besiegen können.

Wie Professor Gustav Niebauer (Wien) darlegte, soll jetzt von Medizinern dieser geheimnisvolle Mechanismus näher untersucht werden. Die dabei an den weißen Pferden gewonnenen Erkenntnisse dürften,
10 so der Wiener Kliniker, auch für die Humanmedizin von Bedeutung sein. Wegen ihrer raschen Metastasenbildung zählen Melanome beim Menschen zu den besonders bösartigen, meist tödlichen Krebserkrankungen. In neuerer Zeit treten sie überdies, wie Niebauer weiter feststellte, immer häufiger auf.
15 Die Wiener Mediziner wollen jetzt insbesondere klären, welche Kräfte die Lipizzaner in ihrem Körper entwickeln oder schon von Geburt an zur Verfügung haben, mit denen sie die krebsartigen Pigmentstellen ihrer Haut so erfolgreich bekämpfen. Man vermutet in Wien, daß dieser geheimnisvolle Mechanismus auch unmittelbar mit dem Weißwerden
20 des Fells innerhalb der ersten Lebensjahre—Lipizzaner werden schwarz geboren—zusammenhängt.

Schimmel (*m.*), - white horse			
Haut (*f.*), ̈e skin	5	**ungeklärt** unexplained	
Krebs (*m.*) cancer		**bösartig** malignant, virulent	
ärztlich medical	7	**darlegen** (*sep.*) to disclose	
1 **Lipizzaner** (*m.*), - Lippiza stallion	10	**Kliniker** (*m.*), - clinician	
(ridden in the famous Spanish Riding School in Vienna)	11	**Metastasenbildung** (*f.*) metastasis formation	
Stolz (*m.*) pride		**zählen zu** to be classed among	
2 **Gelehrigkeit** (*f.*) teachability, docility	12	**Krebserkrankung** (*f.*), -en cancerous disease	
erstaunlich° surprising	13	**überdies** moreover	
Rätsel aufgeben° (*sep.*) to pose a riddle, to puzzle	17	**krebsartig** cancerous	
4 **Pferd** (*n.*), -e horse		**Pigmentstelle** (*f.*), -n pigment spot	
offensichtlich obvious	20	**Fell** (*n.*), -e coat, fur	

1. *Die Welt*, 3. Juni 1978.

Review **6**

Das Kästchen des Lien-Fu

Lange, lange vor unseren Zeiten regierte in China Kaiser Lien-Fu. Das Volk nannte ihn den gütigen Weisen, weil er für jedermanns Sorgen ein williges Ohr hatte und die Gerechtigkeit über alles liebte. Eines Tages rief Lien-Fu seine beiden Söhne Cho-Lin und Tai-Kung zu sich und sagte: ,,Es ist nun an der Zeit, daß ich mich nach einem Nachfolger 5 umsehe. Nur einer von euch beiden kann Kaiser werden. Ihr sollt selbst zeigen, wer von euch zu diesem Amt berufen ist. Nehmt diese Kästchen aus Jade. Du, mein Sohn Cho-Lin reite an die Ufer des Hoan-Ho. Suche die einsamste Stelle und dort möge dich ein guter Geist erleuchten, was es mit dem Inhalt deines Kästchens auf sich habe. Für dich, mein Sohn 10 Tai-Kung gilt dasgleiche, nur sollst du eine einsame Uferstelle am Jangtse-Kiang aufsuchen. Jeder möge für sich die Lösung der Aufgabe finden. Eines noch sollt ihr wissen: Das Glück und die Zukunft Chinas ruhen in diesen Kästchen. Wenn der Mond dreimal sein volles Gesicht gezeigt hat, kommt ihr wieder und berichtet mir.'' 15
Die Söhne des Kaisers nahmen die Kästchen. ,,Ihr dürft sie ruhig

Kästchen (*n.*), - small box, casket	8 **reiten°** to ride (on horseback)
2 **gütig** kind	9 **einsam** solitary, lonely
weise wise	**Stelle** (*f.*), **-n** place, location
Sorge (*f.*), **-n** trouble, worry	**erleuchten** to enlighten
3 **Ohr** (*n.*), **-en** ear	**was es mit ... auf sich habe** what
Gerechtigkeit (*f.*) justice	the significance of ... is
4 **zu sich rufen°** to summon	12 **aufsuchen** (*sep.*) to go to
5 **Nachfolger** (*m.*), - successor	14 **ruhen** to lie, rest
6 **umsehen°** (**sich**) (**nach**) (*sep.*) to look	**Gesicht** (*n.*), **-er** face
about (for)	16 **ruhig** quiet (*omit the word here*)
7 **Amt** (*n.*), **-̈er** office	**Ihr ... öffnen.** Just go ahead and
berufen qualified	open them.

191

öffnen", sprach Lien-Fu. „Da ist ein Goldkorn und ein weißes Korn, das ich nicht kenne", sagte Cho-Lin. „Auch in meinem Kästchen sind nur diese zwei Körner", meinte Tai-Kung, „wenn ich nur wüßte, was das
20 weiße Korn sein soll?"

„Hoher Gebieter", sprach Cho-Lin und verneigte sich vor dem Vater: „Deine Aufgabe ist schwer, aber als der gütige Weise wirst du sie uns nicht unlösbar gemacht haben."

Wenige Stunden später ritten Cho-Lin und Tai-Kung auf ihren klei-
25 nen langmähnigen Pferden durch das Südtor des Kaiserpalastes hinaus.

Drei Monate hörte man nichts von den Kaisersöhnen. Als erster kam dann Tai-Kung zurück und ließ sich, staubbedeckt wie er war, sofort zu Lien-Fu führen. „Hoher Gebieter", begann Tai-Kung seinen Bericht, „lange streifte ich an den Ufern des Jangtse-Kiang und dachte über
30 deine Körnchen nach. Das Goldkörnchen wies mir den Weg. Wer das Gold hat, hat auch den Reichtum und damit Macht. Gold regiert die Welt. Wir müssen Gold im Sand unserer Flüsse suchen, wir müssen Gold in unseren sandigen Wüsten schürfen, dann wird das Land reich sein. Das ist die Lösung, die ich dir bringe."
35 „Und was sagte dir das weiße Körnchen?" fragte der Kaiser und lächelte.

„Nichts, hoher Gebieter, ich hielt es erst für eine Perle, aber es ist keine, da warf ich es weg."

„Gut, mein Sohn, nun müssen wir warten, was dein Bruder zu be-
40 richten haben wird", beschloß Lien-Fu das Gespräch.

In der Nacht darauf kam auch Cho-Lin zurück, schlief sich erst einmal gründlich aus und ließ sich am nächsten Morgen zu seinem Vater führen. Lien-Fu empfing ihn gleich mit einer Frage: „Für welches der Körnchen hast du dich entschieden?" „Für das weiße, Hoher Gebieter. Erst wußte
45 ich nichts damit anzufangen, bis ich hoch oben an einer Furt auf eine Karawane aus Indien stieß. Der Karawanenführer erzählte mir Wunderdinge von diesem Körnchen, das er Reis nannte. Ich mußte sehen, ob das alles Wahrheit war, ritt mit nach Indien und sah selbst, wo diese Körnchen wachsen. Wir werden unsere Wüsten bewässern und viel, viel
50 Reis anbauen, dann wird es keine Hungersnot mehr geben."

17	**Korn** (*n*.), **-̈er** grain, kernel	39	**warten** to wait
21	**Gebieter** (*m*.), **-** lord, master	40	**Gespräch** (*n*.), **-e** conversation, talk
	verneigen (sich) to bow	41	**sich gründlich ausschlafen°** (*sep*.) to
25	**langmähnig** long-maned		have a good night's sleep
	Tor (*n*.), **-e** gate	43	**empfangen°** to receive
27	**staubbedeckt** covered with dust	44	**entscheiden° (sich)** to decide
29	**streifen** to wander about	45	**Furt** (*f*.), **-en** ford
30	**nachdenken°** (*sep*.) to reflect, think	46	**stoßen° auf** to encounter, meet
	weisen° to show	49	**Wüste** (*f*.), **-n** desert
33	**schürfen** to dig, search for		**bewässern** to irrigate
36	**lächeln** to smile	50	**anbauen** (*sep*.) to plant
38	**wegwerfen°** (*sep*.) to throw away		**Hungersnot** (*f*.), **-̈e** famine

„Du hast weise gehandelt und wahr gesprochen", lobte Lien-Fu, „ich wußte es, daß einer von euch die Aufgabe richtig lösen würde. Dein Reiskorn wird China Segen bringen."

-ldk- Pressekorrespondenz Lothar und Li Dehner, Konstanz.

53   **Segen** (*m.*)   blessing, prosperity

IRREGULAR VERBS

INFINITIVE	PAST	PAST PARTICIPLE	PRESENT
denken	dachte	gedacht	denkt
fangen	fing	gefangen	fängt
gelten	galt	gegolten	gilt
kommen	kam	gekommen	kommt
lassen	ließ	gelassen	läßt
nehmen	nahm	genommen	nimmt
nennen	nannte	genannt	nennt
reiten	ritt	geritten	reitet
rufen	rief	gerufen	ruft
scheiden	schied	geschieden	scheidet
schlafen	schlief	geschlafen	schläft
schließen	schloß	geschlossen	schließt
sehen	sah	gesehen	sieht
sprechen	sprach	gesprochen	spricht
stoßen	stieß	gestoßen	stößt
weisen	wies	gewiesen	weist
werfen	warf	geworfen	wirft
wissen	wußte	gewußt	weiß

Part Two

Readings

Grammatical footnotes refer to the chapters in Part 1.
For example, 15, 2 = Chapter 15, Section 2.

Reading 1

Mein Sohn, du hast es geschafft!

Wenn die Frage gestellt wird, wer der glücklichste[1] Mann seines Zeitalters war, antworten viele Leute: Somerset Maugham. Er war nicht nur ein erfolgreicher Schriftsteller, er war der erfolgreichste Schriftsteller seiner Epoche; er war enorm reich und wohnte in einer herrlichen Villa an der französischen Riviera mit elf Dienstboten: er war etwas snobistisch, 5 aber auch dabei war er erfolgreich: Prinzen, Millionäre und sogar Intellektuelle wetteiferten um seine Gunst, und zur Krönung des Ganzen hatte er auch noch eine Kunstsammlung, die eine Reihe berühmter Meisterwerke enthielt und einige Millionen Pfund wert war.

Und doch war Willie Maugham, wie ihn seine Freunde nannten, wohl 10 ohne Übertreibung der unglücklichste Glückliche[2] aller Zeiten. Als ihn sein Neffe Robin Maugham, aus dessen Buch ich meine Informationen beziehe, fragte, was der glücklichste Augenblick in seinem Leben war, dachte er lange nach und sagte: „Ich kann mich an keinen glücklichen Augenblick erinnern." Die einfache Erklärung für diese seltsame Tat- 15

du hast es geschafft you are a success		**Reihe** ($f.$), **-n** a (large) number	
4	**herrlich** beautiful	9	**Pfund** ($n.$) pound (sterling)
5	**Dienstbote** ($m.$), **-n** servant	11	**Übertreibung** ($f.$), **-en** exaggeration
7	**wetteifern um** to vie, compete for	12	**Neffe** ($m.$), **-n** nephew
	Gunst ($f.$), **-̈e** favor	13	**beziehen°** to get, take
	zur Krönung des Ganzen to top it all		**Augenblick** ($m.$), **-e** moment
8	**Kunstsammlung** ($f.$), **-en** art collection	14	**nachdenken°** (*sep.*) to think, reflect
		15	**seltsam** strange, odd

---

1. superlatives: 11, 1b.
2. adjectives used as nouns: 7, 3.

sache ist die, daß das Glücklichsein[3] außer in Extremfällen nicht von den Umständen abhängt, sondern eine persönliche Charaktereigenschaft ist. Man braucht genausoviel Talent fürs Glücklichsein wie fürs Schreiben. Maugham hatte ein enormes Talent fürs Schreiben; fürs Glücklichsein
20 hatte er keins.

Gerade als ich Robin Maughams Buch über seinen Onkel fertig gelesen hatte und über dieses seltsame Leben nachdachte, erhielt ich eine Nachricht von meinem Freund Paul Martinez, daß er nach London zu kommen gedenke. Hier war ein Mann, der das genaue Gegenteil von
25 Somerset Maugham ist. Er ist ein kompletter Versager, aber dabei ist er nicht nur glücklich und zufrieden, er hält sich auch für einen großen Erfolg. Er ist Ungar, aus der kleinen Stadt Nagykanisza, und sein wirklicher Name ist Feldmann.

Nach dem Krieg verschlug es ihn nach Brasilien, dort änderte er seinen
30 Namen in Martinez und wurde der schlechteste Journalist aller Zeiten. Er schrieb unbeirrt seine unlesbaren Artikel und bekam dadurch[4] einen beträchtlichen gesellschaftlichen Einfluß, nicht weil er respektiert, sondern weil er gefürchtet wurde.

Er war der König der Gegenrechnung. Er bezahlte nie und nirgends
35 eine Rechnung, er nannte in seinen Artikeln dauernd Firmen und Menschen bei Namen und konnte dann auf der Basis der Gegenrechnung überall in Hotels wohnen, in Flugzeugen fliegen, essen und Mietautos fahren, ohne[5] einen Pfennig zu zahlen. Er ließ sich einmal auf ein Geschäft ein und machte Bankrott. Aber das veränderte nichts an
40 seinem Lebensstil.

Verglichen mit Somerset Maugham war dieser halbgebildete bank-

17	**Umstand** (*m.*), **-̈e** condition, situation	32	**beträchtlich** considerable
	Charaktereigenschaft (*f.*), **-en** character trait	34	**Gegenrechnung** (*f.*), **-en** countermeasure, countercredit
18	**genausoviel** just as much		**bezahlen** to pay
21	**gerade als** just as		**nirgends** nowhere
	fertig lesen° to finish reading	35	**Rechnung** (*f.*), **-en** bill
22	**Nachricht** (*f.*), **-en** message		**dauernd** constantly
24	**gedenken°** to intend, consider	38	**Mietauto** (*n.*), **-s** rented car
	Gegenteil (*n.*), **-e** opposite		**Pfennig** (*m.*), **-e** penny
25	**Versager** (*m.*), **-** failure		**sich auf ein Geschäft einlassen°** (*sep.*) to become involved in a business deal
26	**zufrieden** content, happy, satisfied **halten° sich für** to consider oneself		
27	**Ungar** (*m.*), **-n** Hungarian	39	**Bankrott machen** to go bankrupt
29	**verschlug es ihn nach** he landed in	41	**halbgebildet** half-educated
31	**unbeirrt** unperturbed, unflustered **unlesbar** unreadable		

3. infinitives used as nouns: 10, 5.
4. **da(r)**-compounds: 26, 2a.
5. **ohne** plus infinitive: 22, 1c.

rotte Schreiberling, der sich für einen Glückspilz hielt und deshalb auch einer war, für mich ein Wunder. Ich nahm mir vor, ihn nach seinem Geheimrezept zu fragen, wenn sich eine günstige Gelegenheit dafür böte.   45

Die Frage beantwortete Martinez so: „Ich liebte meinen Vater, und mein Lebensziel bestand darin, ihm Freude zu machen. Er starb, als ich noch sehr klein war, aber ich frage mich immer, wenn ich im Leben etwas unternehme, was wohl mein Vater dazu sagen würde. Vor einigen Jahren kam der Schah von Persien nach Rio de Janeiro, und ich war mit 50 Hunderten von Journalisten zusammen bei einer Pressekonferenz. Sobald er zu reden aufhörte, stellte ich ihm eine Frage.

Zwei Jahre später war ich in Zürs, in Österreich, Ski laufen und sah eines Tages einen Auflauf, Leibwachen in Zivilkleidung auf Skiern um eine einsame Person, und fragte, was da vor sich ginge.[6] ‚Der Schah von 55 Iran läuft Ski.' Sie wissen, daß ich ein ziemlich guter Sportler bin und auch ganz gut im Skilaufen. Deshalb preschte ich, ehe mich jemand daran hindern konnte, an den Schah heran und begrüßte ihn: ‚Guten Morgen, Majestät.'

Er schaute mich etwas zögernd an. Ich fragte ihn, ob er sich noch an 60 mich erinnerte. Er sagte nein. Ich erinnerte ihn daran, daß wir uns in Rio begegnet waren. Der Schah ist ein höflicher Mann und fragte mich, wie es mir ginge. Ich sagte gut und fragte ihn, wie ihm das Skilaufen gefalle. Er sagte sehr gut, und damit hatten wir eigentlich das Gesprächsthema erschöpft.   65

Aber ich wollte weiterreden, deshalb fragte ich: ‚Wie lange werden Sie noch hier sein, Majestät?' Er antwortete: ‚Ich muß morgen abreisen. Ich muß zurück nach Teheran zu einer Ölkonferenz.' Darauf fragte er mich

42	**Schreiberling** (*m.*), **-e** scribbler	55	**einsam** solitary, single
	Glückspilz (*m.*), **-e** lucky fellow		**vor sich gehen°** to be going on
43	**vornehmen°** (*sep.*) (**sich**) to resolve,	56	**Sportler** (*m.*), **-** sportsman, athlete
	intend	58	**heranpreschen** (*sep.*) **an** to scurry up
44	**Geheimrezept** (*n.*), **-e** secret formula		to
	günstig favorable	60	**anschauen** (*sep.*) to look at
46	**beantworten** to answer		**zögernd** hesitantly
49	**unternehmen°** to undertake	62	**begegnen** (**sich**) to meet
	was wohl (just) what		**höflich** polite
50	**Persien** (*n.*) Persia, Iran	63	**Wie geht es Ihnen?** How are you?
51	**sobald** as soon as	64	**Gesprächsthema** (*n.*), **Gesprächs-**
52	**aufhören** (*sep.*) to stop		**themen** (*pl.*) topic of conversation
53	**Ski laufen°** skiing	65	**erschöpfen** to exhaust
54	**Auflauf** (*m.*) crowd (of people)	66	**weiterreden** (*sep.*) to continue talking
	Leibwache (*f.*), **-n** bodyguard	67	**abreisen** (*sep.*) to leave
	Zivilkleidung (*f.*) civilian clothes		

---

6. subjunctive in indirect discourse: 27, 5 and 6.

höflich: ‚Und wie lange werden Sie noch hier sein?'—‚Oh, noch drei
70 Wochen.' Der Schah schaute mich an: ‚Drei Wochen. Sie Glücklicher.
Ich beneide Sie.' "

Paul Martinez hielt inne und sah zufrieden mit sich aus: „Wissen Sie,
wenn mein Vater, Max Feldmann aus Nagykanizsa, gewußt hätte,[7] daß
der Schah von Persien mich beneidet, dann hätte er gesagt: ‚Mein Sohn,
75 du hast es geschafft.' "

George Mikes

71	**beneiden** to envy	**zufrieden mit sich aussehen°** (*sep.*) to
72	**innehalten°** (*sep.*) to pause	look self-satisfied

---

7. subjunctive in conditions contrary to fact: 28, 1.

Reading 2

Leibniz—Das Universalgenie

Selbst in Hannover, wo er immerhin vierzig Jahre lang gelebt hat, wissen die meisten wenig mit Gottfried Wilhelm Leibniz (1646–1716) anzufangen. Viele halten ihn, wie die Umfrage einer Lokalzeitung ergab, für den „Erfinder der Leibniz-Kekse". Aber auch die Experten kennen sich nicht so richtig aus mit diesem universellen Denker, Gelehrten und 5 Diplomaten. Kant zum Beispiel, der berühmte Philosoph, ist ihnen vertrauter.

Es liegt auch an Leibniz selbst.[1] Denn das Universalgenie, das lieber in Postkutschen als in Studierstuben war, hat viel geschrieben, schätzungsweise fast 16 000 Briefe an fast über tausend Briefpartner ver- 10 schickt und auf über 75 000 Zetteln Sensationelles notiert. Aber er hat wenig veröffentlicht. Selbst Ausgereiftes blieb in der Schublade. Saumselig waren aber auch die Leibniz-Forscher. Erst 1900 begannen sie mit der Edition des Leibnizschen Gesamtwerkes. Bis heute sind sie auf sechzehn Bände gekommen, und insgesamt achtzig dürften[2] es werden: 15 Arbeit noch für Jahre.

1	**immerhin** after all, for all that	8	**es liegt an** it is the fault of
2	**die meisten** most people	9	**Postkutsche** (*f.*), **-n** stage coach
3	**wenig mit ... anzufangen wissen°** to know little about ...		**Studierstube** (*f.*), **-n** study **schätzungsweise** roughly
	Umfrage (*f.*), **-n** poll, inquiry	10	**verschicken** to send
4	**Keks** (*m., n.*), **-e** biscuit, cracker	11	**Zettel** (*m.*), **-** scrap of paper, slip
	auskennen° (sich) (*sep.*) to be acquainted	12	**Ausgereiftes** fully developed ideas **Schublade** (*f.*), **-n** drawer
5	**nicht so richtig** not too well		**saumselig** dilatory, negligent
7	**vertraut** familiar		

---

1. **selbst:** 12, 4.
2. idiomatic meanings of subjunctive modals: 30, 1.

Der Mann, der heute noch ganze Legionen von Forschern, übrigens
auch in den USA und in Frankreich, beschäftigt, ist in Leipzig geboren,
hat als Dreizehnjähriger ein Gedicht in dreihundert lateinischen Hexa-
20 metern geschrieben, war als Fünfzehnjähriger zur Universität gekommen
und hatte im Alter von 21 Jahren zum Doktor der Rechte promoviert.
Er wurde Historiograph und Bibliothekar in kurfürstlichen Diensten in
Hannover.

Leibniz war Mitglied der englischen „Royal Society" und ebenso be-
25 rühmt wie sein Zeitgenosse Newton. Die beiden waren sich freilich nicht
gerade wohlgesonnen, denn Newton erhob ebenso wie Leibniz Anspruch
darauf,[3] den Differential- und Integralkalkül, also die mathematische
Erfassung und Berechnung von unendlich kleinen Größen, erfunden
zu haben. Der Gelehrtenstreit war überflüssig, denn beide hatten die
30 Entdeckung unabhängig von einander gemacht, und beiden ist es zu
verdanken, daß heute effektiv mit den unendlich kleinen Größen ge-
rechnet werden kann. Bis heute bedeutungsvoll ist auch die Leibniz-
Idee von einer künstlichen Wissenschaftssprache: Konsequent wandte
Leibniz die Mathematik für die Logik an—eine Grundlagenforschung,
35 die man heute überall in der modernen Logik findet.

Aber der Baron von Leibniz, dieser Weltreisende in Sachen Wissen-
schaft, Technik und Politik, war kein Theoretiker. „Theoria cum praxi"
lautete der Wahlspruch, und unter diesem Motto sollte auch die auf
seine Initiative gegründete Societät der Wissenschaften in Berlin (die
40 noch heute besteht) Praxis und Theorie vereinen. Leibniz suchte überall
nach dem praktischen Nutzen des Gedachten,[4] Entdeckten, Erforschten.
So konstruierte er zum Beispiel Türschlösser und befaßte sich mit der
Entwicklung von U-Booten, für Zar Peter I. entwarf Leibniz einen Kanal,
der Wolga und Don vereinigen sollte. Leibniz bedeute für Deutschland,

18 **beschäftigen** to keep busy, occupy
19 **Gedicht** (*n.*), **-e** poem
21 **zum Doktor promovieren** to re-
    ceive the doctorate
    Recht (*n.*), **-e** law
22 **Bibliothekar** (*m.*), **-e** librarian
    kurfürstlich electoral
26 **sich wohlgesonnen sein** to be on
    friendly terms
    Anspruch erheben° auf to make a
    claim to
28 **Erfassung** (*f.*), **-en** comprehension,
    grasp
    Berechnung (*f.*), **-en** calculation,
    computation
    unendlich infinite

29 **Gelehrtenstreit** (*m.*), **-e** scholarly
    quarrel
    überflüssig superfluous
30 **beiden ist es zu verdanken** we are
    indebted to both
33 **konsequent** consistent
34 **Grundlagenforschung** (*f.*) basic
    research
36 **in Sachen** in matters of
38 **lautete der Wahlspruch** was his
    motto
41 **Nutzen** (*m.*) application, utilization
42 **Türschloß** (*n.*), **-̈sser** doorlock
43 **entwerfen°** to design, plan
44 **vereinigen** to connect

---

3. infinitive clauses: 22, 1b.
4. participles used as nouns: 10, 4.

so schwärmte der große französische Enzyklopädist Denis Diderot 45
(1713–1784), „soviel wie Platon, Aristoteles und Archimedes zusammen".
Auch in England war man vom Scharfsinn des deutschen Genies, „der
einem eine Gänsehaut zufügt" (Ortega y Gasset), beeindruckt. So staunte
auch die an Wunder der Technik gewohnte Royal Society in London,
als ihr Leibniz seine neue Rechenmaschine vorstellte: sie konnte mehr 50
als andere Maschinen dieser Art, nämlich addieren, subtrahieren, mul-
tiplizieren und potenzieren. Zu seiner Rechenmaschine lieferte Leibniz
gleich noch die Philosophie dazu, eine Analogie Maschine-Bewußtsein,
wobei die Denkprozesse ebenso streng determiniert werden wie bei der
Arbeit eines Automaten—Gedanken, die auch Norbert Wiener 55
(1894–1964), den Begründer der Kybernetik, faszinierten. Er ernannte
Leibniz zum Ahnherren der Kybernetik und damit auch der
Computertechnik.

Es gab nichts, was[5] dieser letzte große Universalgelehrte nicht genau
wissen wollte, und bei jeder Reise, bei jedem Anlaß fand er etwas Neues. 60
Bei einer Reise nach Italien wies er nach, daß das Haus der Welfen und
das italienische Grafengeschlecht der d'Este einen gemeinsamen Ur-
sprung haben. Als er sich im kurfürstlichen Auftrag um die Wasserre-
gulierung im Harz bemühte (und dabei wieder einmal von ihm
erfundene Maschinen ausprobierte), entwickelte er nach mineralo- 65
gischen, geologischen und paläontologischen Erkundungen nebenbei
eine Entstehungsgeschichte der Erde: „Die Erdkugel, einst ein ge-
schmolzenes, aus ihrem Centrum, der Sonne, herausgefallenes Stück
oder auch ein Sonnenfleck, strebend in ihr Centrum zurückzufallen,

45	**schwärmen** to rave, gush		**gemeinsam** common, mutual
47	**Scharfsinn** (*m.*) sagacity, acumen	63	**im kurfürstlichen Auftrag**
48	**eine Gänsehaut zufügen** to give		commissioned by the elector
	goose-pimples	64	**Harz** (*m.*) Harz (mountainous re-
	beeindrucken to impress		gion in Germany)
	staunen to be amazed		**bemühen (sich) um** to be engaged
49	**gewohnt** accustomed		in
50	**Rechenmaschine**(*f.*),**-n** calculating-	65	**ausprobieren** (*sep.*) to test
	machine	66	**Erkundung** (*f.*), **-en** exploration
52	**potenzieren** to raise to a higher		**nebenbei** at the same time
	power	67	**Entstehungsgeschichte** (*f.*) history
53	**dazuliefern** (*sep.*) to add to, supply		of the origin
54	**streng** rigorous, sharp		**Erdkugel** (*f.*) globe
56	**ernennen°zum** to designate		**einst** at one time, once
57	**Ahnherr** (*m.*), **-en** ancestor, father		**schmelzen°** to melt
60	**bei jedem Anlaß** on every induce-	69	**Sonnenfleck** (*m.*) sunspot
	ment, occasion, experience		**streben** to strive
61	**Haus der Welfen** family of the		**stand im Feuer** was afire
	Guelphs		
62	**Grafengeschlecht** (*n.*) noble family		
	(count)		

5. **was** as a relative pronoun: 19, 5.

70 stand im Feuer." Am liebsten war der Junggeselle Leibniz auf Reisen.
Man kannte ihn in Frankreich, Holland und England. Oft reiste er in
politischer Mission—ein Diplomat der Vernunft. Und vernünftige Diplo-
maten hatte diese Zeit besonders nötig. Der Dreißigjährige Krieg, diese
brutale Konfrontation zwischen Katholiken und Protestanten, hatte Eu-
75 ropa verwüstet, und schon drohte wieder Krieg, weil Ludwig XIV. macht-
politische Gelüste auf die benachbarten Niederlande verspürte.

Intensiv, aber ebenso vergebens bemühte sich Leibniz, die zerstrittenen
Kirchen wieder miteinander zu versöhnen. Er träumte von einer ver-
einten Kirche, in der er die Grundlage der abendländischen Kultur sah.
80 Sein Leitsatz auch hier: „Alles aber untersteht der Herrschaft der Ver-
nunft." Solche Bemühungen hatten die Hannoveraner ihrem Baron
Leibniz gar nicht zugetraut. Weil er nicht in die Kirche ging, nannten
sie ihn „Herrn von Glöwenix" (Glaubenichts). Sie hielten ihn für gottlos.

Aber in der Philosophie dieses Optimisten ist viel von Gott oder zu-
85 mindest von göttlicher Harmonie die Rede. Allerdings ist es nicht die
traditionelle Gottesvorstellung, wie sie von den Kirchen vertreten wurde.
Bei Leibniz ist der Mensch ein „Bild der Gottheit". Faszinierend ist in
diesem Zusammenhang auch die Leibnizsche Monadenlehre. Monaden
sind unzählige unkörperliche Kraftzentren im Universum, die nicht be-
90 fähigt sind, untereinander in Beziehung zu treten, die aber durch eine
von Gott vorgegebene Ordnung geregelt werden—auch hier also gött-
liche Harmonie.

Diese Lehre wird immer wieder von der modernen Physik aufgegrif-
fen, wie überhaupt die Leibnizsche Philosophie mit ihren Gegensätzen
95 von Materialismus und Idealismus, christlichem Anspruch und Wirk-
lichkeit auch heute noch oft zur Plattform wird. Wenn sich Materialisten

70	**am liebsten war** ... most of all ... liked to be	85	**göttlich** divine
	Junggeselle (*m.*), **-n** bachelor	86	**Gottesvorstellung** (*f.*), **-en** concept of God
73	**nötig haben** to need		**vertreten°** to represent, hold
75	**verwüsten** to devastate	87	**Gottheit** (*f.*) deity, god, godhead
	drohen to threaten	88	**Monadenlehre** (*f.*) theory of monads
76	**Gelüste** (*pl.*) lust, desires	89	**unzählig** countless
	benachbart neighboring		**unkörperlich** incorporeal
	verspüren to feel, have		**befähigt sein** to be capable
77	**vergebens** in vain, unsuccessful	90	**untereinander in Beziehung treten°** to interact
	bemühen (sich) to try		
	zerstritten alienated	91	**vorgegeben** predestined
78	**versöhnen** to reconcile		**Ordnung** (*f.*), **-en** order
	träumen to dream	93	**aufgreifen°** (*sep.*) to take up
80	**Leitsatz** (*m.*), **-̈e** guiding principle	94	**Gegensatz** (*m.*), **-̈e** antithesis, contrast
	unterstehen° to be subject to		
	Herrschaft (*f.*), **-en** rule, dominance	95	**Anspruch** (*m.*), **-̈e** claim, demand
81	**Bemühung** (*f.*), **-en** effort, endeavor	96	**zur Plattform werden** to become a subject of discussion
82	**zutrauen** (*sep.*) to expect of		

und Christen einmal nichts mehr zu sagen haben—bei Leibniz können sie sich wieder treffen.

Dabei ist die Leibniz-Philosophie noch längst nicht voll erfaßt, und vieles aus der Fülle ruht noch in den Archiven. Dazu der französische 100 Sorbonne-Professor Robinet: „Es[6] lebe der Leibniz der kommenden Jahrhunderte."

Jochen Trüby: *Scala,* Ausgabe Nr. 2, 1979.

98	**treffen°(sich)** to meet	100	**vieles aus der Fülle** much that he has written
99	**erfassen** to comprehend		**ruhen** to rest, to lie untouched

6. introductory **es:** 22, 5; special uses of subjunctives: 29, 1a.

Reading 3

Das Cadmium lauert überall

Gefahr durch Anreicherung in der Umwelt—Wachstumsstörungen und geringere Erträge bei Pflanzen

Ein Schwermetall breitet sich über die ganze Welt aus, reichert sich in der Natur an und wird zu einer latenten Gefahr für die Umwelt: An
5 kleinste Luftpartikelchen gebunden[1], hat das Cadmium, nach Blei das am häufigsten in der Luft festgestellte Schwermetall, auf seiner Reise durch die Atmosphäre längst Gebiete erreicht, die man normalerweise zur unberührten Natur zählt. Haare von Elchen aus dem amerikanischen Nationalpark in Alaska enthalten es ebenso wie Moose in Skandinavien.
10 Wo es herkommt, wozu man es braucht und welche Gefahren es birgt, haben Wissenschaftler und Institute in der Bundesrepublik und Berlin unter Federführung des Umweltbundesamtes, Berlin, nun in der Studie „Luftqualitätskriterien für Cadmium" zusammengefaßt.

	lauern to lurk		**Haar** (*n.*), **-e** hair
1	**Anreicherung** (*f.*) concentration, accumulation		**Elch** (*m.*), **-e** elk
	Störung (*f.*), **-en** disorder, disturbance	9	**Moos** (*m.*), **-e** moss
		10	**herkommen**° (*sep.*) to come from
2	**Ertrag** (*m.*), **-̈e** yield		**bergen**° to hold, contain, harbor
3	**Schwermetall** (*n.*), **-e** heavy metal	12	**Federführung** (*f.*) leadership
	ausbreiten (sich) (*sep.*) to spread		**Umweltbundesamt** (*n.*) Federal Environment Agency
5	**Blei** (*n.*) lead	13	**zusammenfassen** (*sep.*) to summarize, collect
8	**unberührt** untouched, virgin		
	zählen zu to consider as		

---

1. Participial phrases: 25, 3.

Cadmium erhält man vor allem aus Nebenprodukten bei der Gewinnung von Zink, aber auch von Blei und in geringem Maße von Kup- 15
fer. Die Weltproduktion stieg von vierzehn Tonnen zu Anfang des 20.
Jahrhunderts bis zu einem Höchststand von 17 311 Tonnen im Jahre
1969 an. Man braucht es zur Galvanisation, da[2] metallische Überzüge
aus Cadmium ausgezeichnete Korrosionseigenschaften gegenüber Tausalz, See- und Tropenklima haben, ferner für Nickel-Cadmium-Batter- 20
ien und in Stabform als Neutronenabsorber in Atomreaktoren.
Gadmiumhaltige Stabilisatoren werden verwandt, um PVC die nötige
Temperaturbeständigkeit zu verleihen, und Cadmiumpigmente, die sich
durch besondere Leuchtkraft und Hitzeunempfindlichkeit auszeichnen,
benutzt man zum Färben von Kunststoffen, Lacken, Glas sowie für gelbe 25
und rote glasartige Überzüge auf Keramik und Metall.

Da Cadmium in der Natur als „ständiger Begleiter" des Zinks auftritt
und letzteres ein[3] für das Leben auf der Erde wichtiges Metall ist, kann
man davon ausgehen, daß es keine völlig cadmiumfreie Substanz gibt.
Der Cadmiumgehalt der Luft aber geht fast ausschließlich auf das Konto 30
des Menschen. Hauptsächlich durch metallerzeugende und -verarbeitende Industrien und das Erhitzen oder Verbrennen cadmiumhaltiger
Stoffe, zu denen auch Steinkohle und Öl zählen, sowie durch den Abrieb
von Autoreifen werden allein in der Bundesrepublik Deutschland jährlich etwa vier bis fünf Tonnen des Schwermetalls in die Atmosphäre 35
abgegeben.

Einmal in der Luft, werden die winzigen Staubteilchen über weite
Strecken transportiert, bis sie schließlich herabsinken und sich zunächst
in Böden, Gewässern und Pflanzen anreichern. Im Gegensatz zu Blei

14	**Nebenprodukt** (*n.*), **-e** by-product		**Kunststoff** (*m.*), **-e** plastic, synthetic substance
15	**in geringem Maße** to a small extent		**Lack** (*m.*), **-e** laquer
	Kupfer (*n.*) copper	27	**ständiger Begleiter** constant companion
18	**Überzug** (*m.*), **⁻e** coating		
19	**ausgezeichnet** excellent	29	**ausgehen** (*sep.*) **von** to proceed from, assume
	gegenüber against		
	Tausalz (*n.*), **-e** (thawing), road salt	30	**geht auf das Konto** is the doing
21	**Stabform** (*f.*) rods, in the shape of rods	31	**verarbeiten** to process
	-haltig containing	33	**Steinkohle** (*f.*) bituminous coal
22	**Beständigkeit** (*f.*) stability		**Abrieb von Autoreifen** wear (abrasion) of car tires
23	**verleihen°** to give		
24	**Leuchtkraft** (*f.*) luminosity	37	**winzig** tiny
	Hitzeunempfindlichkeit (*f.*) insensitivity toward heat		**Staubteilchen** (*n.*), **-** dust particle
	auszeichnen (sich) (*sep.*) to stand out	39	**Gewässer** (*n.*) water(s)
25	**färben** to dye		**im Gegensatz zu** in contrast to

2. **da**: 18, 3b.
3. extended-adjective construction: 23, 2.

40 wird Cadmium zu einem beachtlichen Teil über die Wurzeln aus dem
Boden und sogar durch das Blattgewebe von außen aufgenommen und
in das Pflanzeninnere geleitet, so daß auf stark verseuchten Böden auch
die Pflanzen besonders befallen sind. Bei sehr hohen Belastungen wur-
den Schäden durch Störung der Photosyntheseleistung und geringere
45 Erträge festgestellt. Das Düngen[4] mit Klärschlamm schadet deshalb mehr
als es nützt, wenn der Schlamm mit Cadmium verunreinigt ist.

Weit schwerer als der wirtschaftliche Verlust wiegt dabei die Gefahr
für Menschen und Tiere, die das Metall—besonders viel reichern Kar-
toffeln, Möhren, Radieschen, Rote Beete, Grünkohl, Salat und Spinat
50 an—mit der Nahrung aufnehmen. Schon Embryos sind nicht, wie früher
angenommen, durch die Gebärmutter vor einer Belastung, wenn auch
nur durch Spuren des Metalls, geschützt. Im Alter von 50 Jahren weist
der Mensch einen Gesamtkörpergehalt von zehn bis 30 Milligramm auf,
davon allein ein Drittel in der Niere. Sie ist, vor Lunge und Leber, das
55 Organ, das das meiste Cadmium speichert und deshalb nach einer über
längere Zeit erfolgten erhöhten Aufnahme des Umweltgiftes am häu-
figsten Spätschäden zeigt. Und das Risiko, zuviel Cadmium aus der Luft
einzuatmen und mit der Nahrung „mitzuessen", ist[5] nicht zu unter-
schätzen: Die tägliche Cadmiumaufnahme des Bundesdeutschen durch
60 die Nahrung beträgt etwa 30 bis 60 Mikrogramm, hinzu kommen einige
Hundert Nanogramm (milliardstel Gramm) aus der Luft. Beim Rauchen
von rund 20 Zigaretten werden weitere zwei bis drei Mikrogramm in-
haliert. Damit liegt die[6] für die Bundesbürger errechnete tägliche Be-
lastung nur wenig unter dem von der Weltgesundheitsorganisation

40	**beachtlich** considerable			**Grünkohl** (*m.*) kale
	Wurzel (*f.*), **-n** root			**Salat** (*m.*) lettuce, salad
41	**Blattgewebe** (*n.*) leaf tissue		50	**Nahrung** (*f.*) food
	von außen from the outside		51	**Gebärmutter** (*f.*) uterus, womb
42	**verseucht** contaminated		52	**Spur** (*f.*), **-en** trace
43	**befallen sein** to be attacked, affected			**schützen** to protect
	Belastung (*f.*), **-en** absorption		53	**aufweisen**° (*sep.*) to have, show
44	**Leistung** (*f.*), **-en** efficiency,		54	**Niere** (*f.*), **-n** kidney
	performance		55	**speichern** to store
45	**düngen** to fertilize		57	**Risiko** (*n.*), **Risiken** (*pl.*) risk
	Klärschlamm (*m.*) sewage sludge		58	**einatmen** (*sep.*) to inhale
	schaden to hurt, do damage			**mitessen**° (*sep.*) to eat (along)
46	**verunreinigt** polluted			**unterschätzen** to underestimate
48	**anreichern** (*sep.*) to absorb		60	**hinzu kommen** added to this are
	Kartoffel (*f.*), **-n** potato		61	**rauchen** to smoke
49	**Möhre** (*f.*), **-n** carrot		63	**errechnen** to calculate

---

4. infinitives used as nouns: 10, 5.
5. **ist** plus **zu** plus infinitive: 25, 4.
6. extended-adjective construction: 24, 2.

(WHO) als maximal tolerierbare Cadmiumaufnahme vorgeschlagenen 65
Wert von 57 bis 71 Mikrogramm pro Person und Tag. Beim Verzehr
von Nahrungsmitteln aus Gebieten, die erhöhten Cadmiummissionen
ausgesetzt sind, beispielsweise aus der Umgebung von Zinkhütten, wird
die WHO-Norm sogar schon erreicht oder erheblich überschritten.

Noch fehlt in der Bundesrepublik eine einheitliche rechtsverbindliche 70
Begrenzung des Cadmiumgehalts in Lebensmitteln und in der Luft. Das
Umweltbundesamt empfiehlt einen Höchstgehalt von 20 Nanogramm
pro Kubikmeter Luft als Mindestanforderung. Um allerdings eine wei-
tere Anreicherung des Schwermetalls in der Nahrungskette zu verhin-
dern, müßte[7] der Grenzwert schon bei 10 Nanogramm pro Kubikmeter 75
Luft liegen.

Anke Hetzer: *Deutscher Forschungsdienst,* Bonn–Bad Godesberg, Nr.
16, 22. Jahrgang.

65 **vorschlagen°** (*sep.*) to propose,
   suggest
66 **Verzehr** (*m.*) consumption
67 **Nahrungsmittel** (*n.*), - food,
   foodstuff
68 **aussetzen** (*sep.*) to expose
   Umgebung (*f.*), **-en** vicinity
   Zinkhütte (*f.*), **-n** zink smeltery
69 **überschreiten°** to surpass

70 **rechtsverbindlich** established,
   binding
71 **Begrenzung** (*f.*), **-en** limit, limitation
   Lebensmittel (*pl.*) foods
73 **Mindestanforderung**(*f.*),**-en** minimum
   standard
74 **Nahrungskette** (*f.*) food cycle
75 **Grenzwert** (*m.*), **-e** limit

---

7. idiomatic meanings of subjunctive modals: 30, 1.

Reading 4

Der Mensch, der als erster am Südpol war

Vor 50 Jahren verunglückte der norwegische Polarforscher Roald Amundsen während der Suche nach Nobiles Luftschiff

Um 16 Uhr ist am 18. Juni 1928 in Tromsö die Latham 47, ein Wasserflugzeug, das die französische Regierung zur Verfügung gestellt hat,
5 startklar. An Bord befinden sich der weltberühmte Polarforscher Roald Amundsen, drei französische Besatzungsmitglieder und der schwedische Leutnant Dietrichsen. Es geht um die Rettung des Ende Mai mit seinem Luftschiff „Italia" auf dem Rückflug vom Nordpol verunglückten italienischen Generals Umberto Nobile.
10 Amundsen hatte mit der Eitelkeit und Ruhmsucht des Italieners keine guten Erfahrungen gemacht. Im Mai 1926 hatten er, der Amerikaner Lincoln Ellsworth und der damalige Oberst Nobile mit einem von diesem konstruierten Luftschiff zum ersten Mal den Nordpol überflogen. Jeder der drei sollte für sein Land eine Flagge in Handtuchgröße über dem
15 Pol abwerfen. Nobile hielt sich nicht an diese Absprache und verzierte

1	**verunglücken** to meet with an accident	
2	**Suche** (*f.*), **-n** search	
4	**zur Verfügung stellen** to provide	
5	**startklar** ready for takeoff	
6	**Besatzungsmitglied** (*n.*), **-er** crew member	
7	**Leutnant** (*m.*), **-s** lieutenant	
	es geht um die Rettung their mission is the rescue	
8	**Rückflug** (*m.*), **¨e** return flight	
10	**Eitelkeit** (*f.*) vanity	

Ruhmsucht (*f.*) thirst for glory, fame
11 **Erfahrung** (*f.*), **-en** experience
12 **Oberst** (*m.*), **-en** colonel
13 **konstruieren** to construct
14 **Flagge** (*f.*), **-n** flag
Handtuchgröße (*f.*) the size of a towel
15 **abwerfen°** (*sep.*) to drop
sich halten° an to adhere to
Absprache (*f.*) agreement
verzieren to decorate

den Pol mit einer teppichförmigen italienischen Trikolore. Er kassierte auch begierig alle Ehrungen, auf Vorschlag Mussolinis wurde er General.

Doch jetzt, wo er in Gefahr ist, erklärt Amundsen in Tromsö einem Vertreter Italiens, der Streit mit Nobile interessiere ihn nicht mehr, der General befände[1] sich in Lebensgefahr, man müsse alles tun, um ihn zu 20 retten.

Die Latham 47 hat eine Reichweite von fast 5000 Kilometern. Amundsen will gegen Abend in Kingsbay auf Spitzbergen landen. Nördlich dieser Insel sitzt Nobile mit einem Teil seiner Leute auf einer Eisscholle fest. Das bedeutet einen Flug über 1000 Kilometer. Es ist windstill an 25 diesen Tag, über Tromsö liegt Dunst. Auf hoher See kann es Nebel geben.[2] Vor 50 Jahren hebt die für Eismeerflüge reichlich leichte Latham 47 nach mehrfachen Versuchen vom Fjord ab und entschwindet am verschleierten Himmel. Seit diesem 18. Juni 1928 bleiben Amundsen und seine Begleiter verschollen. 30

Erst Mitte Oktober 1928 entdeckt ein norwegischer Fischer Wrackteile des Flugzeugs, darunter die Benzintanks. Experten vermuten, die Maschine sei irgendwie aufgeschlagen und zerborsten. Geriet sie in eine Nebelwand, flog sie darum zu tief und zerschellte an den Felsen der Bären-Insel? Wir wissen es nicht. Amundsen hatte sein Leben für seinen 35 Rivalen geopfert.

Von Jugend an hatte ihn, den Sohn eines Schiffsreeders in Südnorwegen, die Nordmeerfahrt interessiert. Er begeisterte sich an den Reisen seines norwegischen Landsmannes Frithjof Nansen. Nach dem Willen

---

16 **teppichförmig** carpet-sized
kassieren to collect, gather
17 **begierig** eager, zealous
Ehrung (f.), **-en** honor
auf Vorschlag upon the
recommendation
19 **Vertreter** (m.), - representative
Streit (m.), **-e** quarrel, squabble
21 **retten** to save, rescue
22 **Reichweite°** (f.) range
24 **festsitzen°** (sep.) to be stranded
Eisscholle (f.), **-n** ice floe
26 **Dunst** (m.) haze, mist
Nebel (m.) fog
27 **abheben°** (sep.) to become airborne
Eismeer (n.) Arctic Ocean
reichlich leicht very light
28 **entschwinden°** to disappear
29 **verschleierter Himmel** hazy sky

30 **Begleiter** (m.), - companion
verschollen missing
31 **Wrackteile** (pl.) parts of wreckage
32 **Benzintank** (m.), **-s** gas tank
33 **irgendwie** somehow
aufschlagen° (sep.) to crash
zerbersten° to burst asunder
geraten° in to get into
34 **Nebelwand** (f.), **-̈e** wall of fog, dense
fog
zerschellen to crash, smash
Felsen (m.), - rock, boulder
36 **opfern** to sacrifice
37 **von Jugend an** from boyhood on
Schiffsreeder (m.), - shipowner
38 **begeistern (sich) (an)** to be thrilled
(by)
39 **Landsmann** (m.), **Landsleute**
(pl.) fellow countryman

---

1. subjunctive in indirect discourse: 27, 5.
2. **es** in idioms: 30, 2b.

40 der Mutter sollte er Medizin studieren. Als diese starb, ging er zur See, absolvierte das Steuermannsexamen und nahm als Steuermann an einer belgischen Südpol-Expedition teil. Mit einer eigenen Jacht bezwang er als erster 1903/06 die Nordwestpassage. 1911 leitete er mit der „Maud" die große norwegische Südpolfahrt und erreichte kurz vor Weihnachten
45 1911 als erster Mensch den Südpol, eine Tat, die ihm Weltruhm verschaffte. Nach dem Ersten Weltkrieg war er einer der ersten Befürworter der Lufterkundung bei der Polarforschung.

Der junge Amundsen hatte sich brennend für das Schicksal des englischen Seefahrers Sir John Franklin interessiert, der 1847 beim Versuch,
50 die Nordwestpassage zu durchqueren, mit seinen Schiffen verschwand. Kurz vor seinem 56. Geburtstag am 16 Juli 1928 traf ihn das gleiche Geschick.

W. G.: *Die Welt*, 16. Juni 1978.

41 **Steuermann** (*m.*), ⁻**er** helmsman
    absolvieren to complete (*studies*);
        pass (*exam*)
42 **einer eigenen** his own
    bezwingen° to conquer
44 **erreichen** to reach
    Weihnachten (*pl.*) Christmas
45 **Tat** (*f.*), **-en** deed, exploit
    Weltruhm (*m.*) world fame
    verschaffen to bring
46 **Befürworter** (*m.*), **-** advocate

47 **Lufterkundung** (*f.*) aerial
    reconnaissance
48 **interessieren sich für** to be interested in
    brennend ardent
    Schicksal(*n.*), **-e** fate
50 **durchqueren** to cross, pass through
51 **verschwinden°** to disappear
    treffen° to strike, to meet
52 **Geschick** (*n.*), **-e** fate

Reading 5

Schwarze Männer im Kommen

Amerika braucht wieder Schornsteinfeger

Aber die haben noch Seltenheitswert

Aufgeregt hüpft der fünfjährige Jimmy mit seiner sechsjährigen
Schwester Elizabeth im Garten seines Hauses auf und ab. Sie lachen und
kreischen so laut, daß die Mutter aus dem Fenster schaut.   5
„Mommy, sieh mal, da ist ein Mann auf dem Dach!" Jimmy zeigt auf
das Nachbarhaus. Jedes deutsche Kind hätte dort sofort den Schorn-
steinfeger erkannt. In Amerika jedoch sind die „schwarzen Männer"
sozusagen erst im Kommen.
Ken Hinkley trägt, wie seine deutschen Kollegen, die traditionelle 10
schwarze „Uniform" mit Zylinder. Um den Hals jedoch hat er auch noch
ein feuerrotes Tuch. „Es macht sich besser auf Farbfotografien", lacht
er. Denn wo Hinkley auftaucht, eilen die Leute mit der Kamera in der

	im Kommen are arriving on the scene	**schauen** to look	
1	**Schornsteinfeger** (*m.*), - chimney sweep	6	**sieh mal** (just) look
			Dach (*n.*), ¨er roof
2	**Seltenheitswert** (*m.*) rarity value	11	**Zylinder** (*m.*),- top hat
3	**aufgeregt** excited		**Hals** (*m.*), ¨e neck
	hüpfen (auf und ab) jump (up and down)	12	**Tuch** (*n.*), ¨er scarf, kerchief
			es macht sich besser it's more striking
5	**kreischen** to shriek, scream	13	**auftauchen** (*sep.*) to appear
	Fenster (*n.*), - window		**eilen** to rush, hurry

213

Hand aus den Häusern, um[1] ihn zu fotografieren, so selten ist sein
15 Erscheinen.

Daß es nach vielen Jahrzehnten in Amerika überhaupt wieder Schorn-
steinfeger gibt, ist der Energiekrise zu verdanken. Immer mehr Ame-
rikaner kaufen Öfen, die Holz oder Kohle brennen. Man nimmt
stillgelegte Kamine wieder in Betrieb und stellt die teure Ölheizung ab.
20 Die amerikanischen Hersteller können die Nachfrage kaum befriedigen.

Aber mit der Wiederentdeckung des Ofens stellten sich neue Probleme
ein. Die Schornsteine amerikanischer Häuser sind auf Ölheizungen aus-
gelegt und der Belastung durch Holz und Kohle nicht gewachsen. Allein
im vergangenen Jahr registrierte die amerikanische Feuerwehr fast
25 50 000 Kaminbrände. Die Ursache in den meisten Fällen: ein total ver-
schmutzter, seit Jahren vernachlässigter Schornstein.

So wurde Ken Hinkley Amerikas Renommier-Schornsteinfeger.

Eigentlich ist er Versicherungskaufmann. Aber den Beruf hängte er
an den Nagel, als er von den vielen Schornsteinbränden erfuhr. Er
30 frischte sein Wissen und Können auf, denn vor zwanzig Jahren, als er
noch Student war, hatte er bei einem alten deutschen Schornsteinfeger
in den Sommerferien die Feinheiten des Kaminsäuberns gelernt.

Und damit begann seine neue Karriere. Er wurde mit Anfragen
überschwemmt und gründete prompt die ,,New England Chimney
35 Sweeping School", wo junge Männer zu perfekten Schornsteinfegern
ausgebildet werden. Mit einem Kollegen zusammen rief er die ameri-
kanische ,,Chimney Sweep Guild" ins Leben. Es ist eine Art Schorn-
steinfeger-Innung, die sich die Ausbildung und Überwachung der
Schornsteinfeger zur Aufgabe gemacht hat.

---

17 **ist . . . zu verdanken** is due to . . .
18 **Ofen** (*m.*), ¨-en stove, oven
19 **stillgelegte Kamine** unused
      chimneys
    in Betrieb nehmen° to put in
      operation
    abstellen (*sep.*) to shut down
20 **befriedigen** to satisfy
21 **einstellen (sich)** (*sep.*) to arise
22 **auslegen** (*sep.*) to design
23 **Belastung** (*f.*), **-en** load, capacity
    gewachsen sein (*with Dat.*) to be able
      to cope with
24 **vergangen** past
    Feuerwehr (*f.*) fire department(s)
25 **Kaminbrand** (*m.*), ¨-e chimney fire
26 **verschmutzt** dirty
    vernachlässigen to neglect

27 **Renommier-** famous, renown
28 **Versicherungskaufmann** (*m.*)
      insurance agent
29 **Nagel** (*m.*), ¨- nail
30 **auffrischen** (*sep.*) to refresh
32 **Ferien** (*pl.*) vacation
    Feinheiten (*pl.*) fine points
    säubern to clean
33 **Anfrage** (*f.*), **-n** inquiry
34 **überschwemmen** to flood
36 **ausbilden** (*sep.*) to train
37 **ins Leben rufen**° to organize
38 **Innung** (*f.*), **-en** guild
    Ausbildung (*f.*) training
    Überwachung (*f.*) supervision,
      control
39 **die sich . . . zur Aufgabe gemacht
    hat** which assumed the task of . . .

---

1. **um** plus **zu** plus infinitive: 22, 1c.

Im Augenblick gibt es in ganz Amerika nur etwa 200 Schornsteinfeger, 40
darunter[2] auch einige Frauen. Sie sind private Unternehmer und kommen nur, wenn der Hausbesitzer sie bestellt. Eine regelmäßige Inspektion und Überwachung der Schornsteine—wie in Deutschland—gibt es in Amerika nicht. Dafür kostet eine Schornsteinreinigung zwischen 40 und 50 Dollar—also etwa soviel wie ein durchschnittlicher Wintermantel.   45
Vielen Amerikanern ist das zu viel. Sie reinigen ihren Schornstein lieber selber. Die Schornsteinfeger haben nichts dagegen einzuwenden, sie haben ohnehin genug zu tun. Sie drängen nur die Do-it-yourself Schornsteinfeger, es sorgfältig und vor allem richtig zu machen. Die Grundausrüstung für Schornsteinreinigung kostet in den einschlägigen 50
Geschäften etwa 20 Dollar. Auch ein Buch mit genauen Anleitungen ist zu haben.

„Manche Leute werfen einen Ziegelstein in den Schornstein oder ziehen ihren alten Weihnachtsbaum hindurch. Das reicht natürlich nicht“, spottet Hinkley. Einmal im Jahr muß ein Schornstein auf jeden Fall 55
gereinigt werden, wenn mit Holz und Kohle geheizt wird. Sonst könnte[3] es eine böse Überraschung durch einen Schornsteinbrand geben.[4] In dieser Frage sind sich Hinkley und die Feuerwehr einig.
(Edelgard Simon: dpa *Deutsche Presse-Agentur, GMBH,* Hamburg.)

40	**im Augenblick** at the present, now		50	**Grundausrüstung** (*f.*), **-en** basic equipment
41	**Unternehmer** (*m.*), **-** entrepreneur, contractor			**einschlägige Geschäfte** (*pl.*) stores handling the products
42	**bestellen** to order, hire		51	**Anleitung** (*f.*), **-en** instruction
	regelmäßig regular		53	**Ziegelstein** (*m.*), **-e** brick
44	**Reinigung** (*f.*) cleaning		54	**Weihnachtsbaum** (*m.*), **¨e** Christmas tree
45	**Mantel** (*m.*), **¨** coat			**reichen** to suffice
47	**haben nichts dagegen einzuwenden** do not object to it		55	**spotten** to scoff
48	**ohnehin** as it is		57	**bös** bad, unpleasant
	drängen to urge		58	**einig sein (sich)** to agree
49	**sorgfältig** careful			

---

2. **da(r)**-compounds: 26, 2a.
3. idiomatic meaning of subjunctive modals: 30, 1.
4. **es gibt**: 30, 2b.

Reading 6

Im Ostblock sieht's nicht soviel anders aus

Leitende Funktionen meist von Männern besetzt

Wann immer die Massenmedien in Osteuropa die soziale Stellung der Frau diskutieren, vergessen sie nicht, die Vorteile hervorzuheben, welche diese unter dem kommunistischen Regime genießt—im Gegensatz zur

5 Situation in den kapitalistischen Ländern, wo ihre Position nur eine untergeordnete ist, wie behauptet wird. Bemerkenswert ist nur, daß eine solche Schwarzmalerei zumeist von den Männern besorgt wird, Frauen jedoch nur selten ihre angeblichen Vorteile preisen, welcher sie in den Volksdemokratien teilhaftig werden. Tatsache ist nämlich, daß die Politik

10 in Osteuropa so gut wie ausschließlich von Männern gemacht wird. Beispielsweise gibt es in der Tschechoslowakei kein einziges weibliches Mitglied im KP-Präsidium, im Bundeskabinett und auch nicht in den beiden Landesregierungen.

Dabei gehört die CSSR zu jenen Ländern in Europa, in denen die

15 Frauen mit 3,5 Millionen einen Rekordanteil an der Arbeitnehmerschaft besitzt. Seit der Machtübernahme durch die KP hat sich der Prozentsatz

1 **besetzen** to occupy, fill	**angeblich** alleged
3 **Vorteil** (*m.*), **-e** advantage	**preisen°** to praise, extol
hervorheben° (*sep.*) to emphasize, point out	9 **teilhaftig werden** to share, enjoy
4 **genießen°** to enjoy	11 **weiblich** female, feminine
im Gegensatz zu as compared to	**Mitglied** (*n.*), **-er** member
6 **untergeordnet** subordinate	13 **Landesregierung** (*f.*), **-en** state government (the Czech and Slovakian)
bemerkenswert noteworthy	15 **Anteil** (*m.*), **-e** share, portion
7 **Schwarzmalerei** (*f.*) dismal picture	**Arbeitnehmerschaft** (*f.*) work force
zumeist mainly	16 **Machtübernahme** (*f.*), **-n** seizure of power
besorgen to carry out	**Prozentsatz** (*m.*), **¨e** percentage
8 **selten** seldom, rarely	

216

der weiblichen „Werkstätigen" von 38 auf 48 gesteigert. Sie beherrschen heute ganze Branchen, so etwa den Gesundheitsdienst (77 Prozent), die pharmazeutischen Berufe (65), die Schulen (90) und Kindergärten, doch wo es um höhere Qualifikationen geht, wie etwa auf den Hochschulen, 20 sinkt ihr Anteil stark ab.

Der tschechische Sozialminister Augustin Kozar hat kürzlich die Behauptung aufgestellt, daß die Löhne der Frauen in der Westlichen Welt um 50 bis 60 Prozent unter denen der Männer liegen. Das mag[1] für manche Staaten tatsächlich zutreffen, für andere aber nicht—doch Tat- 25 sache ist, daß auch in seinem eigenen Land arge Diskrepanzen bei den Gehältern bestehen, wie sich aus den jüngst veröffentlichten Statistiken der CSSR klar ergibt. Seit 1970 sind zwar die Einkommen der Frauen jenen der Männer teilweise angeglichen worden, doch in vielen Berufen besteht immer noch eine Differenz von dreißig Prozent zugunsten der 30 Männer. Am[2] größten ist sie im Transportwesen, am kleinsten bei den Staatsgütern. Doch es gibt auch Bereiche, wo sich die Löhne der weiblichen Angestellten in den letzten Jahren sogar verschlechtert haben, etwa bei den Forsten.

Die ungleiche Bezahlung hat ihren Grund nicht nur in der meist 35 niedrigeren Qualifikation der Frau, sondern auch darin, daß man schwere Arbeiten nur den Männern zumuten kann, auch Überstunden und Nachtschichten. Die meisten Frauen haben für eine Familie zu sorgen, das Einkaufen ist—wegen der schlechten Anlieferung—schwieriger[3] als bei uns im Westen. Doch all das kann sicher noch keine 40 ausreichende Erklärung für die Tatsache sein, daß ein Viertel aller berufstätigen Frauen der CSSR in Hilfsarbeiterberufen in der Industrie

17	**Werkstätigen** (*pl.*) working population	32	**Staatsgüter** (*pl.*) state-owned farms, enterprises
	beherrschen to dominate		
18	**Gesundheitsdienst** (*m.*), -e health service(s)	33	**Angestellte** (*m.*), -n employee
			verschlechtern (sich) to get worse
19	**Beruf** (*m.*), -e occupation, profession	34	**Forsten** (*pl.*) forestry, forests
20	**wo es um ... geht** where ... is (are) involved	35	**Bezahlung** (*f.*) pay
		37	**zumuten** (*sep.*) (*with dat.*) to expect (of)
22	**eine Behauptung aufstellen** to make an assertion		**Überstunden** (*pl.*) overtime
23	**Lohn** (*m.*), ⁻e wage, pay	38	**Nachtschicht** (*f.*), -en night shift
25	**zutreffen**° (*sep.*) to be true, correct		**sorgen für** to take care of
26	**arg** gross, grave	39	**einkaufen** (*sep.*) to shop
27	**Gehalt** (*n.*), ⁻er salary		**Anlieferung** (*f.*) delivery, supply
28	**ergeben° (sich) aus** to be shown in	41	**ausreichend** sufficient
29	**angleichen**° (*sep.*) to adjust		**berufstätig** working
30	**zugunsten** in favor of	42	**Hilfsarbeiter** (*m.*), - unskilled worker, laborer
31	**Transportwesen** (*n.*) transportation		

1. idiomatic meaning of modals: 17, 3.
2. **am**-superlatives: 11, 4b1.
3. comparative followed by **als**: 11, 4a.

tätig ist. Daher auch die unausgesprochene Beschwerde in der Zeitschrift des slowakischen Frauenverbandes, *Funkcionarka*, daß fast 20 Prozent
45 der weiblichen Arbeitskräfte mit Sekundärschulausbildung nicht jene Positionen besitzen, auf die sie ein Anrecht hätten.

Auch eine Untersuchung des Arbeitsforschungsinstituts hat ergeben, daß die Frauen, was die Besetzung leitender Posten betrifft, arg im Hintertreffen sind. In dieser Sparte besitzen die Männer in der Industrie
50 ein doppeltes Übergewicht, im Handel ein dreifaches, in den Gemeindeverwaltungen sogar ein neunfaches, was nun die slowakische Landesregierung veranlaßt hat, eine Überprüfung anzustellen.[4] Ihr Ziel ist es, festzustellen, ,,ob die Prinzipien der sozialistischen Entlohnung der Arbeiterfrauen beachtet wurden und gegebenenfalls entsprechende
55 Maßnahmen zu ergreifen, um Fehler zu korrigieren''.

Solche ,,Fehler'' sind nicht die Ausnahme, eher die Regel, denn das Gewerkschaftsblatt *Svet Prace* berichtet, daß in einem einzigen Jahr 480 000 Übertretungen der Lohnrichtlinien festgestellt wurden, meist in Betrieben, die Frauen beschäftigen. Es zeigte sich beispielsweise auch,
60 daß in der Lokalindustrie 7000 Arbeiterinnen eine Beschäftigung ausüben, die mit hohen Risiken verbunden ist. Und im Handel gab[5] es sogar 40 000 Fälle, wo weibliche Kräfte mit Ladungen zurecht kommen mußten, welche das zulässige Gewicht überstiegen, gar nicht zu reden von jenen 9000 Frauen, die im Bergbau und bei Kraftwerken Nacht-

---

43	**unausgesprochen** tacit		53	**Entlohnung** (*f.*) pay, remuneration
	Beschwerde (*f.*) **-n** complaint		54	**gegebenenfalls** if necessary
44	**Verband** (*m.*), **⁻e** organization		55	**Maßnahmen ergreifen°** to take steps
45	**Ausbildung** (*f.*) education			**Fehler** (*m.*), **-** flaw, error
46	**ein Anrecht haben auf** to be entitled to		57	**Gewerkschaftsblatt** (*n.*), **⁻er** trade-
47	**ergeben°** to show			union publication
48	**was . . . betrifft** as far as . . . is		58	**Übertretung** (*f.*), **-en** violation
	concerned			**Lohnrichtlinie** (*f.*), **-n** wage guideline
	Besetzung (*f.*) filling		59	**beschäftigen** to employ
	im Hintertreffen sein to be at a		60	**eine Beschäftigung ausüben** to work
	disadvantage			at a job
49	**Sparte** (*f.*), **-n** field, area		61	**Risiken** (*pl.*) risks
50	**Übergewicht** (*n.*) preponderance,		62	**mit Ladungen zurecht kommen°** to
	superiority			handle loads
	Gemeindeverwaltung (*f.*), **-en** local		63	**zulässig** permissible
	administration			**übersteigen°** to exceed
52	**veranlassen** to induce			**gar nicht zu reden von** not to
	Überprüfung (*f.*) investigation			mention
	anstellen (*sep.*) to make, instigate		64	**Bergbau** (*m.*) mining, mines

---

4. infinitive clauses: 22, 1b.
5. **es gibt**: 30, 2b.

schichten leisten müssen. So gesehen zeigt sich also, daß die Gleichstel- 65
lung der Geschlechter in der CSSR nur auf dem Papier steht.

W. Oberleitner: *Mannheimer Morgen*, 2. Juli 1977.

65 **leisten** to work
    so gesehen seen in this light
    Gleichstellung (*f.*) equality,
      equalization

66 **Geschlecht** (*n.*), **-er** sex
    auf dem Papier stehen to exist on
      paper

Reading 7

Am Ende kommt der Wasserstoff

Womit wir in der Zukunft fliegen werden

„Wir fliegen im Jahr 2000—mit Kerosin!" Mit dieser optimistisch klin-
genden Aussage—die im übrigen von der Mineralölwirtschaft und der
Forschung mit getragen wird—sehen Deutschlands Luftverkehrsmana-
5 ger in die Zukunft. Angesichts weltweit steigenden Bedarfs und be-
grenzter, wenn auch[1] nicht erschöpfter Erdölvorräte schränkte Klaus
Nittinger aus der Technik-Direktion der Lufthansa freilich ein, daß der
Verkehr trotz steigender Preise versuchen müsse, so lange wie möglich
von Öl zu profitieren. Immerhin werden nur 2 Prozent der deutschen
10 Rohölimporte in Flugkraftstoffe umgewandelt, 16 Prozent verpuffen in
Automotoren, 65 Prozent werden verheizt.
Obwohl also zumindest die nächste Generation von Verkehrsflugzeu-

2 **klingen°** to sound
3 **Aussage** (*f.*), **-n** statement
im übrigen by the way, moreover
Mineralölwirtschaft (*f.*) oil industry
4 **mit getragen werden** to be shared
Luftverkehrsmanager (*m.*). **-** airline
manager
5 **angesichts** in view of
Bedarf (*m.*) demand
begrenzt limited
6 **erschöpft** exhausted, depleted
Erdölvorräte (*pl.*) oil reserves

7 **einschränken** (*sep.*) to qualify (a
statement)
8 **Verkehr** (*m.*) traffic, transportation
9 **immerhin** still, at any rate
10 **Rohöl** (*n.*) crude oil
Flugkraftstoff (*m.*), **-e** aviation fuel
umwandeln (*sep.*) to convert, process
verpuffen to be exhausted, burned
11 **verheizen** to burn up (in furnaces)
12 **zumindest** at least
Verkehrsflugzeug (*n.*), **-** commercial
plane

1. **wenn auch**: 18, 4.

220

gen noch fossile Flüssigkeiten in den Tanks haben wird, machen sich
die Wissenschaftler durchaus Gedanken über die Treibstoffe der Zu-
kunft, die der Luftfahrt-Presse-Club zum Thema eines Symposiums in 15
Hamburg gemacht hatte. Künstliches Kerosin, zum Beispiel über die
Kohlevergasung oder durch Verarbeitung der Ölschiefer und -sände
mit Hilfe der Kernkraft gewonnen,[2] könnte für eine Übergangszeit den
Düsentreibstoff aus dem knapp und spätestens Mitte der 80er Jahre
vermutlich nochmals kräftig teurer werdenden Erdöl ersetzen. 20

Das Flugzeug der Zukunft freilich wird, wenn wohl auch noch nicht
im Jahr 2000, mit Wasserstoff fliegen, wie Professor Walter Peschka von
der Deutschen Forschungs- und Versuchsanstalt für Luft- und Raum-
fahrt deutlich machte. Problemlos allerdings wird diese Umstellung nicht
über die Bühne gehen: 25

Da flüssiger Wasserstoff, und nur flüssig ist es überhaupt sinnvoll, ihn
als Flugtreibstoff zu verwenden, bei minus 253 Grad Celsius und am
besten in Kugeltanks gelagert werden muß, sind Änderungen an den
Flugzeugen unumgänglich: Die Tanks, bisher in den Tragflächen un-
tergebracht, müssen in den Rumpf verlegt werden. Nur dort läßt[3] er 30
sich auch entsprechend kühlen.

Wasserstoff ist leichter, braucht aber auch in flüssiger Form mehr Platz
als Kerosin. So wäre beispielsweise bei einem Jumbo-Jet zwar vom Ge-
wicht her eine hohe Zuladung möglich, etwa eine größere Zahl von

---

14 **sich Gedanken machen über** to be concerned about
durchaus definitely, quite
Treibstoff (*m.*), **-e** fuel
16 **über die Kohlevergasung** by gasification of coal
17 **Verarbeitung** (*f.*) processing
Ölschiefer (*m.*),- oil shale
Sand (*m.*), ⁻e sand
18 **Übergangszeit** (*f.*), **-en** period of transition
19 **Düse** (*f.*), **-n** jet
knapp werdend becoming scarce
spätestens at the latest
20 **vermutlich** presumably
kräftig teurer werdend becoming very expensive
ersetzen to replace
21 **freilich** of course, to be sure
23 **Versuchsanstalt** (*f.*), **-en** experiment station

24 **deutlich** clear
allerdings to be sure
Umstellung (*f.*), **-en** conversion
25 **über die Bühne gehen°** to take place
26 **überhaupt sinnvoll** actually effective
28 **Kugeltank** (*m.*), **-s** spherical tank
lagern to store
29 **unumgänglich** unavoidable
Tragfläche (*f.*), **-n** wing
unterbringen° (*sep.*) to place, install
30 **Rumpf** (*m.*), ⁻e fuselage
verlegen to move
31 **entsprechend** adequately
kühlen to cool
32 **Platz** (*m.*), ⁻e space, room
33 **vom Gewicht her** from the standpoint of weight
34 **Zuladung** (*f.*), **-en** disposable, additional load

---

2. participial phrases: 25, 3.
3. **sich lassen**: 29, 2b.

35 Passagieren. Für sie aber würde es eng: Die—größeren—Tanks, im Rumpf verstaut, belegen einen Teil des heute für Passagierkabinen und Frachträume genutzten Platzes.

Auf den Flughäfen müssen neue Treibstofftanks und -leitungen installiert werden. Die Kosten für einen einzigen Airport schätzen die 40 Fachleute auf etwa sieben Millarden Mark.

Die Herstellung von flüssigem Wasserstoff ist noch viel zu teuer, zumindest mit den heute verfügbaren großtechnischen Anlagen. Hier könnte in Zukunft die Kerntechnik, könnten vor allem die Hochtemperatur-Reaktoren mit der von ihnen erzeugten Prozeßwärme von 900 45 bis 950 Grad Celsius helfen, wie Christian Koch von der Kraftwerk Union berichtete.

Wenig Sorgen haben die Ingenieure dagegen mit der Handhabung des Wasserstoffs, der in entsprechender Mischung mit Luft das hochexplosive Knallgas bildet. Zwar gibt es in der Öffentlichkeit noch so etwas 50 wie das „Hindenburg"-Syndrom—dieses deutsche Luftschiff, mit Wasserstoff gefüllt, war 1937 in Lakehurst in Flammen aufgegangen—, aber beim Raketenbau haben die Techniker gelernt, das Gas zu beherrschen.

Einen entscheidenden Vorteil hat der Wasserstoff den heute verwendeten Treibstoffen voraus. Er verbrennt ohne oder doch fast ohne Rück- 55 stände, verbindet sich mit dem Sauerstoff der Luft zu Wasser. Dampf ist denn auch das einzige, was aus den Düsen der Verkehrsflugzeuge strömen wird. Professor Peschka sieht in diesem Punkt sogar das möglicherweise wichtigste Argument für die künftige Umstellung auf den neuen Treibstoff.

60   Am ehesten werden wohl Überschallflugzeuge mit Wasserstoff fliegen. Entsprechende amerikanische Studien gibt es schon, mit zwei Passagierdecks zwischen den in Heck und Bug untergebrachten Treibstofftanks. Der Rumpfquerschnitt ist größer als beispielsweise bei der

35 **eng** crowded	53 **einen Vorteil den . . . voraushaben** to
36 **verstauen** to stow	have an advantage over the
belegen to take up	54 **Rückstände** (*pl.*) residues
37 **Frachtraum** (*m.*), ⁼e cargo	57 **strömen** to flow
compartment	**möglicherweise** possibly
38 **Flughafen** (*m.*), ⁼ airport	58 **künftige Umstellung auf** future
Leitung (*f.*), **-en** pipeline	conversion to
39 **schätzen** to estimate	60 **am ehesten werden wohl . . . flie-**
42 **verfügbar** available	**gen**° . . . will probably be the first
47 **Sorge** (*f.*), **-n** worry	to fly
Handhabung (*f.*) handling	**Überschall-** supersonic-
48 **entsprechend** appropriate	62 **Heck** (*n.*) tail
corresponding	**Bug** (*m.*) nose
49 **Knallgas** (*n.*) oxyhydrogen, deto-	**unterbringen**° (*sep.*) to install
nating gas	63 **Rumpfquerschnitt** (*m.*), **-e** cross
so etwas wie something like	section of the fuselage
52 **beherrschen** to control	

Concorde; trotzdem könnten bei diesen Flugzeugen (für 238 Passagiere) die höheren Treibstoffkosten in ein wirtschaftlich vernünftiges Ver- 65 hältnis zum ohnehin höheren Flugpreis gebracht werden. Noch günstiger wird die Lage bei Flugzeugen für vier- bis zwölffache Schallgeschwindigkeit.

Bis es soweit ist, werden die Flugzeugbauer versuchen müssen, den steigenden Treibstoffkosten mit geringerem Verbrauch zu begegnen. 70 Immerhin hat die Lufthansa seit 1973 durch Einsatz neuer Geräte, vor allem neuer Triebwerke, ihren Verbrauch je Tonnen-Kilometer um 23 Prozent senken können. Die nächste Generation wird vermutlich eine weitere Reduzierung um zehn Prozent bringen. Wenn es den Ingenieuren gelingt[4], den aerodynamischen Widerstand an den Tragflächen ohne 75 Auftriebsverlust zu verringern—die Fachleute sprechen von einer „Grenzschichtbeeinflussung mit Hilfe der Laminartechnologie"—, könnte der Durst der Jets noch einmal um 20 Prozent gemindert werden.

Billiger freilich wird das Fliegen trotzdem nicht: Spätestens 1985, so erwarten Fluggeselschaften und Politiker, werden die Förderländer an- 80 gesichts der schrumpfenden Lagerstätten einen neuen kräftigen Preisschluck aus der Erdölkanne nehmen.

Klaus Müller: *Die Welt*, 24. Juni 1978.

65	**wirtschaftlich vernünftig** economically reasonable	77	**Grenzschichtbeeinflussung** (*f.*) influence on, control of the boundary layer
66	**zum ohnehin höheren** to the existing greater	78	**Durst** (*m.*) thirst
	Flugpreis (*m.*), **-e** cost of the flight		**mindern** to reduce
	günstig favorable	79	**billig** cheap
70	**begegnen** to meet, counter		**spätestens** at the latest
71	**immerhin** at any rate	80	**Förderland** (*n.*), **-er** industrialized country
	Einsatz (*m.*), **-e** introduction		
	Gerät (*n.*), **-e** equipment	81	**schrumpfen** to shrink
72	**Triebwerk** (*n.*), **-e** motor, power plant		**Lagerstätte** (*f.*), **-n** deposit
73	**senken** to lower		**einen neuen kräftigen Preisschluck aus der Erdölkanne nehmen** to pay another substantial price increase for oil (to take another big price increase swallow from the oil mug)
75	**Widerstand** (*m.*), **-e** resistance		
76	**Auftriebsverlust** (*m.*) loss of lift		
	verringern to reduce		

---

4. **gelingen**: 30, 2a.

Reading 8

Deutschlands Forschung ist ein gutgenährtes Kind

Bundesrepublik gehört zu den forschungsintensivsten Ländern der Welt

Die Bundesrepublik ist innerhalb der letzten 15 Jahre in die Spitzengruppe der forschungsintensivsten Industrieländer der Welt vorge-
5 drungen. Zwischen 1962 und 1977 stiegen die Ausgaben des Bundes, der Länder, der Gemeinden und der privaten Wirtschaft für Forschung und Entwicklung (FUE) von 4,5 auf 27,3 Md. DM. Der Anteil dieser Ausgaben am Bruttosozialprodukt kletterte im gleichen Zeitraum von 1,3 auf 2,3 v.H. und erreichte damit einen Wert, wie ihn nur die USA
10 aufweisen können. Innerhalb der europäischen Gemeinschaft liegt die Bundesrepublik an der Spitze der FUE-Ausgaben pro Kopf der Bevölkerung.

Die[1] 1977 insgesamt für Forschung und Entwicklung vorgesehenen 27,3 Md. DM werden dem Bericht zufolge[2] etwa je zur Hälfte von Staat

	gutgenährt well-nourished		7	**Anteil** (*m*.), **-e** share, portion, part	
3	**Spitzengruppe** (*f*.), **-n** leading group, leaders		8	**klettern** to climb	
4	**vordringen°** (*sep*.) to advance		10	**aufweisen°** (*sep*.) to show	
5	**Ausgabe** (*f*.), **-n** expenditure			**Gemeinschaft** (*f*.), **-en** community	
	Bund (*m*.) (**Bundesrepublik**) Federal Republic		11	**Spitze** (*f*.), **-n** peak, top	
6	**Gemeinde** (*f*.), **-n** local government unit			**pro Kopf** per capita	
			13	**vorgesehen** earmarked	
			14	**zufolge** according to	
				je zur Hälfte one half each	

1. extended-adjective construction: 23, 2.
2. prepositions following nouns: 6, 3.

und Wirtschaft aufgebracht, rund 3 v.H. entfallen auf sonstige Insti-
tutionen. Die größten Zuwachsraten lagen mit über 20 v.H. in den Jahren 15
1969 und 1970, im Jahr 1977 betrug die Steigerungsrate noch 5,3 v.H.
Die Gesamtzahl des in Forschung und Entwicklung beschäftigten wis-
senschaftlichen, technischen und sonstigen Personals stieg von rund
249 000 im Jahre 1969 auf etwa 304 000 im Jahre 1975, wobei sich der
Anstieg in den letzten Jahren deutlich verlangsamte. Der Grund hierfür 20
liegt in der Entwicklung der Wirtschaft, wo das FUE-Personal von 199 000
im Jahre 1971 auf 186 000 im Jahre 1975 abgebaut wurde.
Der Anteil der staatlichen Ausgaben am öffentlichen Gesamthaushalt
stieg von 1962 bis 1976 von 2,1 auf 3,4 v.H., nachdem er 1972 und 1973
mit 4 v.H. seinen Höchstwert erreicht hatte. Die durchschnittliche Zu- 25
wachsrate der FUE-Ausgaben des Staates betrug in den letzten 15 Jahren
12.7 v.H., die[3] der Wirtschaft 13,1 v.H.
Die Ausgaben des Bundes für Forschung und Entwicklung in der
Wirtschaft haben sich zwischen 1969 und 1976 von 1,0 auf 2,7 Md. DM
fast verdreifacht. Innerhalb dieses Rahmens stieg der Anteil der Aus- 30
gaben für zivile Forschung und Entwicklung in der Wirtschaft von 37,5
auf 54 v.H., während die militärische Forschung von 62,5 auf 46 v.H.
sank.
Obwohl erfahrungsgemäß die FUE-Ausgaben des Bundes für zivile
Zwecke überwiegend in Großunternehmen fließen, weil nur sie zur 35
Übernahme des hohen technischen und wirtschaftlichen Risikos lang-
fristiger Projekte in der Lage sind, wurden die Mittel für kleine und
mittlere Unternehmen zwischen 1976 und 1977 von 30,7 auf 168,4 Mill.
DM mehr als verfünffacht, während sich die gesamten zivilen FUE-Aus-
gaben für die Wirtschaft nur knapp verdreifachten. Erfahrungsgemäß 40
erhalten die kleinen und mittleren Unternehmen aber zusätzlich über
Unteraufträge einen erheblichen, statistisch aber nicht genau erfaßbaren

14	**aufbringen°** (*sep.*) to raise, be provided for	35	**überwiegend** mainly
	v.H. (vom Hundert) per cent, per hundred		**Unternehmen** (*n.*), - enterprise, business
	auf . . . entfallen° the share of . . . is		**fließen°** to flow
18	**Personal** (*n.*) personnel		**zur Übernahme des . . . in der Lage sein** to be in the position of undertaking the . . .
20	**Anstieg** (*m.*) increase	36	**langfristig** long-range
	verlangsamen (sich) to slow down	39	**verfünffachen** to quintuple
22	**abbauen** (*sep.*) to decrease	40	**knapp** barely
23	**Gesamthaushalt** (*m.*) total budget	41	**zusätzlich** in addition
30	**verdreifachen (sich)** to triple	42	**Unterauftrag** (*m.*), ¨-e subcontract
34	**erfahrungsgemäß** according to experience		**erfaßbar** determinable

---

3. demonstrative pronouns: 20, 1c.

Anteil an Großprojekten. Dieser Anteil betrug beim Bau des „Schnellen Brüters" in Kalkar und des Hochtemperaturreaktors in Schmehausen
45. bis 1976 rund 12 v.H. Die Ausgaben zur Modernisierung der Volkswirtschaft stiegen zwischen 1972 und 1977 von 2,2 auf 2,8 Md. DM und sollen bis 1980 weiter auf 3,4 Md. DM erhöht werden. Der größte Förderschwerpunkt in diesem Bereich war 1977 mit 21 v.H. die Sicherung der Energie-und Rohstoffversorgung. Die Ausgaben zur Verbesserung
50 der Lebens- und Arbeitsbedingungen stiegen von 0,8 Md. DM im Jahre 1972 auf rund 1,4 Md, DM in diesem Jahr. Sie sollen bis 1980 auf 1,7 Md. DM erhöht werden. Die Ausgaben zur Steigerung der wissenschaftlichen Leistungsfähigkeit, insbesondere der Grundlagenforschung, kletterten von 0,9 Md. DM im Jahre 1972 auf 1,4 Md. DM im Jahre 1977
55 und sollen bis 1980 um weitere 100 Mill. DM erhöht werden.

Mannheimer Morgen, 29./30. Oktober 1977.

44 **Brüter** (*m.*), - breeder
45 **Volkswirtschaft** (*f.*) economy
47 **Förderschwerpunkt**(*m.*),-e emphasis
48 **Sicherung** (*f.*) safeguarding
49 **Versorgung** (*f.*) supply

50 **Bedingung** (*f.*), -en condition
53 **Leistungsfähigkeit** (*f.*) efficiency, productive power
    Grundlagenforschung (*f.*) basic research

Reading 9

Werde¹ ein Narr, um weise zu sein

Elisabeth Bergner erinnert sich an ihre Begegnung mit Albert Einstein in Princeton

*Sie war das Idol der zwanziger Jahre: Verehrer schoben Elisabeth Berg-
ners blumengeschmücktes Automobil vom Theater zu ihrer Villa am Far-
adayweg in Dahlem. Nur sie durfte Shaws erste ,,heilige Johanna" in*   5
*Deutschland sein. Ihre knabenhafte Anmut verwandelte Strindbergs Fräu-
lein Julie, Shakespeares Viola und Rosalinde und Claude Anets Ariane
auf der Bühne und im Film in Bergner-Gestalten mit dem unvergeßlichen
fragenden Bergner-Ton. 1933 emigrierte sie nach London und heiratete
den Filmregisseur Paul Czinner. Doch den Mann, der sie am nachhal-*   10
tigsten beeindruckt hat, traf sie in den USA, in Princeton: Albert Einstein.

Inzwischen war auch mein Mann in New York und steckte bereits tief
in den Vorbereitungen für unsere erste selbständige Broadway-Pro-

	Narr (*m.*), **-en** fool	9	**Ton** (*m.*), ⁻e tone, fashion
1	**Begegnung** (*f.*) **-en** meeting		**heiraten** to marry
3	**Verehrer** (*m.*), **-** admirer	10	**Filmregisseur** (*m.*), **-e** film director
	schieben° to push		**nachhaltig** lasting, strong
4	**blumengeschmückt** decorated with	11	**beeindrucken** to impress
	flowers		**treffen°** to meet
6	**knabenhaft** boyish	12	**stecken** to be involved
	Anmut (*f.*) charm	13	**Vorbereitung** (*f.*), **-en** preparation
8	**Bühne** (*f.*), **-n** stage		**selbstständig** independent, self-
	Gestalt (*f.*), **-en** figure, character		reliant
	unvergeßlich unforgettable		

1. verb-first construction: 22, 2a.

duktion. Wir waren ängstlich geworden[2], was den amerikanischen Ge-
15 schmack betraf, und hatten uns vielfach beraten lassen. „Einen Reißer
müßt ihr haben", sagten alle. „Daß du Talent hast, weiß man schon. Jetzt
mußt du beweisen, daß du auch ein Kassenerfolg bist und daß du die
Häuser füllen kannst in New York."

So entschieden wir uns schließlich für einen sogenannten Krimi; er
20 hieß „The Two Mrs. Carrolls" von Sybil Dane und wurde auch wirklich
ein Riesenerfolg. Er lief zwei Jahre in ausverkauften Häusern, im Schu-
bert-Theater in New York und dann noch auf Tournee, sooft wir wollten.

In diesen zwei Jahren ereignete sich viel. Amerika war ja inzwischen
längst im Krieg. Und wieder war ich abgeschnitten von der Mama, von
25 Europa, von der ganzen Welt. Wir hatten endlich erfahren, daß fast alle
englischen Zeitungen mich sehr angegriffen und verurteilt hatten, weil
ich nach Amerika „ausgewandert war, um den Unbequemlichkeiten des
Krieges zu entgehen". Ich war zuerst tief empört und gekränkt. Paulus
sagte, das sei[3] vorauszusehen gewesen, und im Grunde hätten die Zei-
30 tungen recht, und er sei von Anfang an dieser Meinung gewesen, und
so weiter.

Sehr langsam begriff ich, daß ich mich schauderhaft benommen hatte.
Selfish, egoistisch, selbstherrlich, treulos, undankbar—so hatten mich
die Zeitungen genannt. Wir erfuhren erst jetzt davon, so viel später.
35 Unmöglich zu beschreiben die Scham und die Reue. Die Scham, die
Scham.

Auf einer meiner Tourneen war ich auch nach Princeton gekommen.
Dort besuchte mich Professor Einstein in meiner Garderobe. Diese Be-

14	**ängstlich** nervous, anxious		**verurteilen** to condemn
15	**was . . . betraf** about, concerning the . . .	27	**Unbequemlichkeit**(*f.*),**-en** discomfort
	beraten° to advise	28	**entgehen°** to escape
	Reißer (*m.*), **-** hit, box-office success		**empört** indignant, furious
17	**Kassenerfolg** (*m.*), **-e** box-office success		**gekränkt** hurt
		29	**voraussehen°** (*sep.*) to foresee
19	**Krimi, -s** crime, detective, mystery play or novel	30	**recht haben** to be right
		32	**begreifen°** to understand
21	**Riesenerfolg** (*m.*), **-e** huge success		**schauderhaft** dreadful, awful
	ausverkauft sold out		**benehmen°** (sich) to behave
22	**sooft** as often as	33	**selbstherrlich** highhanded, arbitrary
23	**ereignen (sich)** to happen		**treulos** disloyal
	ja of course		**undankbar** ungrateful
24	**abgeschitten** cut off, separated	35	**Scham** (*f.*) shame
25	**endlich** finally		**Reue** (*f.*) remorse
	erfahren° to learn, find out	38	**besuchen** to visit
26	**angreifen°** (*sep.*) to attack		**Garderobe** (*f.*), **-n** dressing-room

---

2. past perfect tense of **werden** (*to become*).
3. subjunctive in indirect discourse: 27, 5.

gegnung, oder Wiederbegegnung—wir hatten uns schon in Berlin ken-
nengelernt, und er hatte mich dort in allen Rollen gesehen und erinnerte 40
sich an alle—diese Wiederbegegnung in Princeton ist mir heute noch
wie ein Trost für viele scheinbare Irrtümer und Fehler, die ich begangen
hatte. Sie hätte doch nie stattfinden können ohne meine „undankbare
Treulosigkeit" gegen England. Ich glaube heute wirklich, daß dieses Mit-
Ihm-Sprechen-Können, Ihm-Zuhören, mein ganzes Weltkonzept geän- 45
dert hat.

Ich fand mich auf einmal einer kindlichen Reinheit, einer Geistes- und
Herzensgüte gegenüber, vor der, alles, was ich bisher für bewunderns-
oder erstrebenswert gehalten hatte—Genie, Talent, Intelligenz, Erfolg,
Erfolg, bravo, bravo—wie alter Christbaumschmuck vom Baum des Le- 50
bens fiel vor dieser Einfachheit, vor dieser gütig lächelnden Weisheit.

Da ich ihn öfter besuchte und wir auch jede neue Aufführung immer
zuerst nach Princeton brachten, bevor sie nach New York kam, hatte ich
Gelegenheit zu vielen Gesprächen. „Ja, fürchten dürfen⁴ Sie sich nicht",
sagte er einmal. Diese alltäglichen Worte hatten plötzlich eine ganz an- 55
dere Bedeutung, eine viel größere. Sie hatten nichts mehr zu tun mit
irgendeiner persönlichen Angelegenheit. Sie waren auf einmal ein wis-
senschaftliches Universalprinzip, ein elftes Gebot: Du sollst dich nicht
fürchten.

Einmal fragte ich ihn, ob er an Gott glaube. „Einen, der mit wach- 60
sendem Erstaunen die unheimliche gesetzgebende Ordnung im Uni-
versum zu erforschen und zu verstehen sich unterfängt, darf man so
etwas nicht fragen." „Warum nicht?" sagte ich. „Weil er wahrscheinlich
zusammenbrechen müßte⁵ vor so einer Frage", sagte er.

Ich bin bestimmt nicht die einzige, der er die wunderbare Geschichte 65
aus seiner Züricher Zeit erzählt hat, als er sich so verzweifelt lange mit

42	**Trost** (*m.*) consolation	52	**Aufführung** (*f.*), **-en** performance
	scheinbar apparent	54	**Gespräch** (*n.*), **-e** talk, discussion
	Irrtum (*m.*), **-̈er** mistake, oversight	55	**alltäglich** everyday, common
	begehen° to commit	57	**Angelegenheit** (*f.*), **-en** concern,
48	**Güte** (*f.*) kindness		affair
	gegenüber face to face with	58	**Gebot** (*n.*), **-e** commandment
	bewundernswert admirable	61	**Erstaunen** (*n.*) astonishment
49	**erstrebenswert** worth-while		**unheimlich** uncanny, mysterious
50	**Christbaumschmuck**(*m.*) Christmas		**gesetzgebende Ordnung** law-giving
	tree decorations		order
51	**vor der alles . . . fiel** before which	62	**unterfangen°** (**sich**) to venture, dare
	everything . . . fell	64	**zusammenbrechen°** (*sep.*) to col-
	vor dieser Einfachheit confronted		lapse, go to pieces
	by this simplicity	66	**verzweifelt** despairing

4. idiomatic meanings of modals: 17, 3.
5. idiomatic meanings of subjunctive modals: 30, 1.

einem wissenschaftlichen Problem abquälte, für das er keine Lösung finden konnte. Wie er damals am Zürichberg im Wald herumlief, stundenlang, bis er gar nicht mehr wußte, wo er war, und wie auf einmal ein
70 furchtbares Gewitter losbrach und er auf einmal ganz deutlich wußte, daß das Problem, mit dem er sich herumschlug und die Arbeit an dem Problem Frevel waren. Daß er kein Recht hatte, diese Fragen zu stellen. Und sowie ihm das bewußt geworden war, wurde er ganz ruhig und legte ein Gelübde ab. Er schwor sich selbst, dieses Problem und diese
75 Arbeit nicht mehr anzurühren.[6]

Auch der Sturm mußte sich durch dieses Gelübde beruhigt haben. Einstein fand endlich einen Weg, auf dem er nach Hause laufen konnte. Die Wirtin, bei der er damals wohnte, war entsetzt, als sie ihn triefend naß zur Tür hereinkommen sah. „Aber Herr Doktor, Sie müssen sofort
80 ein heißes Bad nehmen!" Und wie er dann glücklich und zufrieden in seinem heißen Bad saß, wußte er auf einmal alle Antworten. Diese Geschichte fand ich wunderschön. Sie war die Antwort auf manche meiner Fragen.

Wieder ein anderes Mal, als ich ihm für irgend etwas dankte, sagte er:
85 „Ihre Fragen sind viel schöner als meine Antworten. Ich habe zu danken. Kommen Sie öfter. Kommen Sie oft."

Einstein hat einmal zu mir gesagt: „Die Wahrheit ist uns nicht gegeben, sie ist uns aufgegeben. Jedem von uns." Und ein anderes Mal: „Sie sind ein gesegnetes Kind: Sie interessieren sich so leidenschaftlich für Dinge,
90 die Sie scheinbar gar nichts angehen sollten. Die Menschen interessieren sich leider nur für Dinge, die sie persönlich angehen. Das persönliche Ich steht der Entwicklung der Menschheit sehr im Weg. Hören Sie nie auf, solche Fragen zu stellen. Erwarten Sie nicht alle Antworten von mir, ich bin auch nur ein Fragensteller."
95   Als ich erfuhr, daß Einstein gestorben war, wußte ich gleichzeitig, daß

67	**abquälen (sich)** (*sep.*) to struggle	76	**beruhigen (sich)** to calm down
68	**herumlaufen**° (*sep.*) to run around	78	**Wirtin** (*f.*), **-nen** hostess,
70	**Gewitter** (*n.*), **-** storm		proprietress
71	**herumschlagen**° **(sich)** (*sep.*) to		**entsetzt** dismayed, shocked
	wrestle		**triefend naß** dripping wet
72	**Frevel** (*m.*), **-** sacrilege	80	**zufrieden** content
73	**sowie ihm das bewußt geworden**	88	**aufgeben**° (*sep.*) to assign, pose
	war as soon as he had realized this	89	**gesegnet** blessed
	ruhig quiet, calm		**leidenschaftlich** passionately
74	**ein Gelübde ablegen** (*sep.*) to make	90	**scheinbar** apparently
	a vow		**angehen**° (*sep.*) to concern
	schwören° to swear	92	**aufhören** (*sep.*) to stop, cease
75	**anrühren** (*sep.*) to touch	95	**gleichzeitig** at the same time

6. infinitive clauses: 22, 1b.

er so lebendig in mir war und bleiben wird, als ob er neben mir im
Zimmer wäre. Was ich bedauerte, war nur, daß ich ihm nichts mehr
erzählen konnte. Er war der erste gewesen, der mir den Satz aus den
Korinthern gezeigt hatte: „Wer sich in dieser Welt weise dünkt, der[7]
werde[8] erst ein Narr, auf daß er weise werde."   100

Elisabeth Bergners unordentliche Erinnerungen, C. Bertelsmann,
München.

97	**bedauern** to regret	100	**auf daß** so that
99	**Korinther** (*m.*), - Corinthian		
	dünken (sich) to think, imagine oneself		

---

7. **der** used as a demonstrative pronoun: 20, 1a. (Antecedent is **wer** (*he, who.*))
8. special uses of infinitive stem subjunctives: 29, 1.

Reading 10

Regenmachen will gelernt sein

Die Meteorologen und ihre Sorgen

Von wenigen Gewitterschauern abgesehen, lag fast drei Wochen lang
Sonnenschein über dem Genfer See. Trotzdem hatten die Direktoren
von 24 Wetterdiensten (unter ihnen der Präsident des Deutschen Wet-
5 terdienstes, Professor Ernst Lingelbach), die im Dienstgebäude der Welt-
organisation für Meteorologie (WMO) tagten, ihre Hand nicht im Spiel.
Zwar war die Wetterbeeinflussung durch den Menschen ein Tagungs-
thema. Aber—die Meteorologen wollen nicht Sonnenschein, sondern
Regen machen.
10   Für Mitteleuropäer sicher ein etwas abseits liegendes Thema: nicht so
in anderen geographischen Bereichen: Etwa 100 Flugzeuge sind in 25
Ländern mehr oder weniger ständig im Einsatz, um[1] Wolken mit
Trockeneis zu impfen, damit[2] auch der letzte Tropfen Regen noch aus-

will gelernt sein must be learned		**10 abseits liegend** unimportant	
1 **Sorge** (*f.*), **-n** worry, trouble		**12 ständig** constantly	
2 **Gewitterschauer**(*m.*), **-** thundershower		**im Einsatz sein** to be in operation	
abgesehen von aside from		**Wolke** (*f.*), **-** cloud	
3 **Genf** (*n.*) Geneva		**13 Trockeneis** (*n.*) dry ice	
4 **Wetterdienst** (*m.*), **-e** weather service		**impfen** to seed, inoculate	
5 **Dienstgebäude** (*n.*), **-** office building		**Tropfen** (*m.*), **-** drop	
6 **tagen** to meet		**ausmelken°** (*sep.*) to milk dry, be	
hatten . . . ihre Hand nicht im		made to fall	
Spiel had nothing to do with it			

---

1. **um** plus **zu** plus infinitive: 22, 1c.
2. **damit**: 18, 3c.

gemolken wird. Der stärkste Einsatz konzentriert sich auf die USA, Australien und den Nahen Osten. Der ehemalige Leiter der Abteilung 15 Wetterbeeinflussung des US-Wetterdienstes versicherte, daß 20 Prozent des gesamten in Israel genutzten Süßwassers künstlich mit Trockeneis aus der geringen Bewölkung über diesem Land geholt wird.

Ein Experte in Genf war der Ansicht, wir könnten[3] auch in Deutschland trotz des im Jahresdurchschnitt 600 bis 800 Liter pro Quadratmeter 20 fallenden Niederschlags „Regenmacher" einsetzen. Er dachte vor allem an das Impfen der an Gebirgshängen entstehenden Bewölkung im Winter, um so die Schneedecken zu erhöhen, die dann bei einsetzender Schmelze die Staubecken der Kraftwerke stärker füllen würden.

In den vergangenen fünf Jahren hat die WMO viele Bitten um Rat 25 und Unterstützung beim „Regenmachen" von Entwicklungsländern erhalten. Beides mußte abgelehnt werden: In Genf fehlen einfach die dafür notwendigen Erfahrungen. Sie sollen in einem großräumigen, mehrjährigen Forschungsprojekt erarbeitet werden. Die WMO will sozusagen „amtlich" wissen: Kann der Mensch den Niederschlag künstlich 30 so stark erhöhen, daß er zum Beispiel der Landwirtschaft wirklichen Nutzen bringt?

Dieses größte Projekt zur Wetterbeeinflussung, das je auf unserem Planeten stattgefunden hat, ist in Spanien geplant. Das eigentliche Impfgebiet wird 10 000 Quadratkilometer, eine „Kontroll- und Überwa- 35 chungszone" in der Nachbarschaft fünfmal so groß sein. Von 1982 bis 1986, fünf Jahre lang, werden die Wolken am spanischen Himmel in erster Linie von Flugzeugen aus[4] mit Trockeneis geimpft.

Für das Experiment sollen alle modernen technischen Hilfsmittel wie

15 **ehemalig** former
Abteilung (*f.*), **-en** department
16 **Wetterbeeinflussung** (*f.*) weather modification
versichern to assert, aver
17 **genutzt** used
Süßwasser (*n.*) fresh water
18 **Bewölkung** (*f.*) cloudiness, cloud cover
holen aus to be obtained from
19 **Ansicht** (*f.*), **-en** opinion
21 **Niederschlag** (*m.*), ¨e precipitation
einsetzen (*sep.*) to employ
22 **Gebirgshang** (*m.*), ¨e mountain slope
23 **Schneedecke** (*f.*), **-n** snowcover

bei einsetzender Schmelze upon melting
24 **Staubecken** (*n.*), - reservoir
25 **vergangen** past
Bitte (*f.*), **-n** request
26 **Unterstützung** (*f.*) support, help
27 **ablehnen** (*sep.*) to decline
28 **großräumig** extending over large areas
29 **erarbeiten** to obtain by work
30 **amtlich** officially
32 **Nutzen** (*m.*) benefit
35 **Überwachung** (*f.*) monitoring
36 **in der Nachbarschaft** in the surrounding area

3. **könnte**: 30, 1.
4. adverbs of direction: 26, 4.

40 Satelliten, Radargeräte und automatisch registrierende Niederschlags-
messer eingesetzt werden. Auch wenn sich Ende der 80er Jahre her-
ausstellen sollte, daß der künstliche Regen zum Beispiel für die
Landwirtschaft bedeutungslos ist, wird das Experiment als „Erfolg" zu
werten sein: Künftig werden dann keine falschen Hoffnungen in die
45 Regenmacher gesetzt.

Ein anderes in Genf diskutiertes Thema wurde den Meteorologen
praktisch von der Öffentlichkeit und von den Regierungen aufgezwun-
gen: Stehen einschneidende Klimaänderungen oder gar -katastrophen
bevor?

50 Hintergrund dieser Diskussionen ist eine nicht ganz unbegründete
Angst: in den gemäßigten Breiten haben wir, von wenigen Ausnahmen
abgesehen, zwar gelernt, uns gegen Launen und Unbilden des Klimas
zu schützen. Der Bevölkerungsdruck in Südamerika, Afrika und Asien
sowie die hochtechnisierte Wohlstandsgesellschaft in den Industriestaa-
55 ten hat jedoch gleichzeitig die Menschheit viel anfälliger gegen Klima-
launen oder kleine Ausschläge des Klimapendels gemacht.

So ist die Zahl der⁵ tropischen Wirbelstürmen zum Opfer fallenden
Menschen zwar auf Grund besserer Vorhersagen und Warnsysteme zu-
rückgegangen. Aber die materiellen Schäden werden nicht nur in der
60 Karibik, sondern auch in den fernöstlichen Entwicklungsländern immer
höher, weil Hurrikane hier, Taifune dort auf mehr Gebäude, Fabrikan-
lagen, Verkehrs- und Kommunikationsnetze in den vor allem gefähr-
deten Küstenbereichen treffen.

Die Dürrekatastrope in der Sahel-Zone Afrikas zu Beginn der 70er
65 Jahre ist ein weiteres Beispiel. Hier ist nicht das Klima, sondern sind die

40	**Messer** (*m.*), - gauge		54	**Wohlstandsgesellschaft** (*f.*) prosper-ous population
41	**herausstellen (sich)** (*sep.*) to appear, turn out		55	**gleichzeitig** at the same time
43	**bedeutungslos** of no importance			**anfällig** susceptible
44	**werten** to evaluate		56	**Ausschläge des Klimapendels** variations of the climatic cycle
	künftig in the future			
47	**aufzwingen°** (*sep.*) to force upon		57	**Wirbelsturm** (*m.*), ⁻e hurricane, tornado
48	**bevorstehen°** (*sep.*) to be imminent, approach		58	**zurückgehen°** (*sep.*) to decline
	einschneidend drastic		60	**Karibik** (*f.*) Caribbean (Sea)
50	**Hintergrund** (*m.*), ⁻e background		62	**Netz** (*n.*), -e network
	unbegründet unfounded			**gefährdet** endangered
51	**Angst** (*f.*), ⁻e fear		63	**Küstenbereich** (*n.*), -e coastal area
	gemäßigte Breiten moderate latitudes			**treffen°** to strike, hit
52	**Launen und Unbilden** whims and inclemencies		64	**Dürre** (*f.*) drought
			65	**schuld sein** to be blamed

5. extended adjective: **der . . . Menschen.**

veränderten politischen und soziologischen Verhältnisse schuld. Im Savannengürtel Afrikas hat es[6] immer wieder Perioden mit regenarmen Jahren gegeben. Nur—früher wanderten die Nomaden mit ihren Herden in Gebiete ab, in denen mehr Regen gefallen war. Das geht jetzt nicht mehr. Zudem ist das Land „überweidet", die Grasnarben sind 70 restlos abgefressen, Tür und Tor sind für eine noch stärkere Wind-Erosion geöffnet.

Ändern kann auch die WMO[7] das Klima nicht. Aber man kann Vorsorge treffen—das ist das Hauptziel des Welt-Klima-Programms, über das jetzt in Genf beraten wurde. Am Beginn wird eine Welt-Klima- 75 Konferenz im Februar 1979 in Genf stehen.

Die Konferenz soll nicht—das wurde in Genf immer wieder betont—eine unter vielen anderen wissenschaftlichen Symposien sein. Man will sich vielmehr vor allem mit dem Einfluß des Klimas auf die menschliche Gesellschaft befassen. Um das zu erreichen, wird angestrebt, zunächst 80 das „diagnostische Verständnis" der natürlichen Klimaschwankungen vorherzusagen.[8] Schließlich ist eine Bestandsaufnahme der möglichen Einflüsse des Menschen auf das Klima vorgesehen.

Heinz Panzram: *Die Welt*, 1. Juli 1978.

66	**Savannengürtel** (*m.*) savanna belt	75	**beraten**° to discuss
70	**zudem** in addition to this	77	**betonen** to emphasize
	überweidet overgrazed	79	**vielmehr** rather
	Grasnarbe (*f.*), **-n** clump of grass	80	**wird angestrebt** the aspiration is
71	**restlos abgefressen** grazed to the ground	81	**Schwankung** (*f.*), **-en** variation
	Tür und Tor the doors	82	**Bestandsaufnahme** (*f.*) stocktaking
73	**Vorsorge treffen**° to take precautions	83	**vorsehen**° (*sep.*) to plan

6. **es gibt**: 30, 2b.
7. begin with the subject: **die WMO**.
8. infinitive clauses: 22, 1b.

Reading 11

Zur Emanzipation: Ärztin¹ vor 100 Jahren

Franziska Tiburtius (1848—1927)

Den Forderungen von Frauenrechtlerinnen nach mehr Emanzipation und den Behauptungen, die Frauen würden im Arbeitsleben diskriminiert, begegnen die meisten Männer und auch viele Damen mit einem
5 nachsichtigen Lächeln, mit gutmütiger Ungläubigkeit. Es hätte nicht des Jahrs der Frau bedurft, um die Öffentlichkeit davon zu überzeugen, daß die Frau von heute emanzipiert ist, daß sie im Beruf ihren „Mann" steht, daß ihr so gut wie jeder Beruf offensteht. Man braucht sich doch nur einmal umzusehen. Wen wundert es noch, daß aus dem Richter eine
10 Richterin geworden ist, aus dem Inspektor eine Inspektorin, aus dem Schaffner eine Schaffnerin, aus dem Chef eine Chefin. Doch das war nicht immer so. Wer denkt heute, wenn er eine Arztpraxis aufsucht und dort eine Ärztin statt eines Arztes vorfindet, daß das etwas Ungewöhn-

---

2 **Forderung** (*f.*), **-en** demand
Frauenrechtlerin(*f.*),**-nen** feminist, suffragette
3 **Behauptung** (*f.*), **-en** assertion
4 **begegnen** to react (to)
Dame (*f.*), **-n** lady
5 **nachsichtig** indulgent
Lächeln (*n.*) smile
gutmütig good-natured
Ungläubigkeit (*f.*) incredibility
6 **bedürfen°** (*with gen.*) to require

überzeugen to convince
7 **ihren „Mann" stehen** to hold her own
9 **umsehen° (sich)** (*sep.*) to look around
Richter (*m.*), **-** judge
11 **Schaffner** (*m.*), **-** conductor (street car)
Chef (*m.*), **-e** boss, chief
12 **eine Arztpraxis aufsuchen** to go to a doctor's office

---

1. **-in** suffix: 14, 6.

liches sei,[2] etwas, was unsere Großeltern noch für geradezu unmöglich hielten oder halten mußten. Ärztinnen gibt es in Deutschland nämlich 15 gerade erst seit 100 Jahren. Und sie hatten es nicht leicht, sich als Frau gegen weitverbreitete Vorurteile und behördliche Schikanen durchzusetzen.

Es geschah im Herbst des Jahres 1876, daß zwei Handwerker an dem Eckhaus Friedrichstraße, Ecke Schützenstraße, in der Berliner Innen- 20 stadt ein Schild aus weißer Emaille befestigten. Ein läppischer Vorgang, wie er in einer Großstadt ein paar dutzendmal am Tage vorkommen mag. In diesem Falle war es ein historischer Vorgang. Was sich nach einer halben Stunde herausstellen sollte.

Nach einer halben Stunde—die Handwerker hatten inzwischen ihr 25 Werkzeug eingepackt und waren gegangen—standen vor dem Schild ein Dutzend Berliner. Einige von ihnen lachten, andere schüttelten den Kopf. Zwei ältere Damen mit gewaltigen Blumenhüten gaben sich Mühe, ihren Unwillen zu verbergen. Ein Junge schlug mit einem Stock auf das Schild. Die Erwachsenen verboten es ihm nicht. 30

Was stand auf dem Schild? War seine Aufschrift eine unsittliche Aufschrift?

Auf dem Schild stand:

Dr. med. Franziska Tiburtius

Das für diesen ungewöhnlichen Fall zuständige Königliche Preußische 35 Kultusministerium war ungefähr der gleichen Meinung wie die kopf-

14	**Großeltern** (*pl.*) grandparents		**den Kopf schütteln** to shake one's
	geradezu next to		head
16	**gerade erst seit** for (since) exactly	28	**gewaltig** big, huge
17	**weitverbreitet** widespread		**Blumenhut** (*m.*), ⁓e hat with flow-
	behördliche Schikanen official		ers on it
	chicanery		**Mühe geben°** (**sich**) to try
18	**durchsetzen (sich)** (*sep.*) to be	29	**Unwillen** (*m.*) indignation
	successful		**verbergen°** to hide
19	**Handwerker** (*m.*), - workman		**schlagen° auf°** to strike
20	**Ecke** (*f.*), **-n** corner		**Stock** (*m.*), ⁓e stick
21	**Schild** (*n.*), **-er** sign	30	**Erwachsene** (*m.*), **-n** adult
	Emaille (*f.*) enamel		**verbieten°** to forbid
	befestigen to put up, mount	31	**Aufschrift** (*f.*), **-en** inscription
	läppischer Vorgang insignificant		**unsittlich** indecent
	event	35	**zuständig für** having jurisdiction
24	**herausstellen (sich)** (*sep.*) to be-		over
	come apparent	36	**Kultusministerium** (*n.*) Ministry of
27	**lachen** to laugh		Education

---

2. subjunctive in indirect discourse: 27, 5.

schüttelnden Passanten. Zumindest sah es den Tatbestand für gegeben
an: „Erschütterung der Grundfesten von Thron und Altar."
Der Herr Geheimrat hatte das nicht so direkt gesagt, als das Fräulein
40 Tiburtius in seinem Amt vorsprach. . .
„Approbation, Zulassung als Ärztin, schön, schön", hatte der Geheim-
rat gesagt und das an einem goldenen Kettchen hängende Monokol
durch die Luft gewirbelt, „ich sehe aus Ihren Zeugnissen, daß Sie Ihren
medizinischen Doktor an der Universität Zürich nach absolviertem Stu-
45 dium gemacht haben, mit ‚Sehr gut' sogar. Sie haben uns hier glänzende
Empfehlungen eingereicht zur Begründung Ihres Antrages, von Ihren
Schweizer akademischen Lehrern und aus Dresden. . .
Sehen Sie, gnädiges Fräulein, ich gehöre zu den wenigen Leuten im
Ministerium, die das, was man heute Frauenemanzipation nennt, wenn
50 auch nicht gerade unbedingt billigen, aber auch nicht a priori verab-
scheuen. Ich bin sogar der revolutionären Meinung, daß die geistigen
Kräfte einer Frau für manche Berufe vielleicht sogar ausreichen, um
nicht zu sagen. . ."
Er lachte meckernd, Franziska lachte nicht. Sie erhob sich. Der Ge-
55 heimrat begleitete sie zur Tür. Bevor er ihr die Hand zum Abschied
reichte, sagte er: „So außerordentlich gern wir Ihnen helfen würden,
wir können Sie nicht zulassen, als Ärztin nicht und auch nicht nach-
träglich zum Staatsexamen. Die Gesetze verwehren es uns, und Gesetze
soll man nicht ohne Grund ändern."
60 Franziska wandte sich an das Reichskanzleramt. Das Reichskanzleramt
lehnte das Gesuch ab und gab sich nicht einmal die Mühe, die Ablehnung
zu begründen. . .

Da gab Franziska Tiburtius es auf. Sie ging in ihre Wohnung, Schützenstraße, Ecke Friedrichstraße, und ließ durch jenes Emailleschild verkünden, daß es in Berlin von nun an ein Ärztin mit eigener Heilpraxis 65 gebe.

Es war idiotisch: Eine Praxis eröffnen durfte sie, auch ohne[3] als Ärztin zuggelassen zu sein. Es herrschte in Preußen die im selben Jahr ver- kündete neue Gewerbeordnung. Sie gestattete es allen „Heilkundigen", Kranke zu behandeln. Das Fräulein Tiburtius, ausgerüstet mit dem 70 medizinischen Doktor einer angesehenen europäischen Universität nach Absolvierung eines zehnsemestrigen Studiums, wurde von den Behör- den unter der Rubrik geführt: „Naturheilkünstler, Kurpfuscher, Wunderheiler."

Franziska saß in ihrem Zimmer und tat das, was die Patienten dort 75 eigentlich tun sollten: sie wartete . . .

Franziskas Praxis bevölkerte sich nur zögernd. Das Mißtrauen gegen den weiblichen Arzt bröckelte nur langsam ab. Sie hatte in den ersten Jahren viel freie Zeit. Zuviel für ihren Tatendrang.

Franziska Tiburtius wanderte durch die Straßen des Elends. Sie stellte 80 fest, daß es nur wenige Ärzte oben im Norden von Berlin gab. Die Proletarier hätten sich auch keinen leisten können. Krankenkassen hatte man gerade erst „erfunden". Eine Poliklinik müßte man hier aufmachen! Eine Poliklinik für Arbeiterfrauen! Dazu gehörte Geld und als erste Voraussetzung: einige Räume, eine Wohnung . . .   85

Eine Hofwohnung richtete sich Franziska Tiburtius schließlich mit Hilfe ihrer Studienfreundin Emilie Lehmus, die mit ihr zusammen in Zürich den Doktor gemacht hatte, als „Klinik" ein. Ängstlich saßen die

---

63 **Wohnung** (*f.*), **-en** home, dwelling
65 **verkünden** to announce
     Heilpraxis (*f.*), **Heilpraxen** (*pl.*) non-medical practice
67 **eröffnen** to open
69 **Gewerbeordung** (*f.*), **-en** occupa- tional code
     Heilkundige (*m.*), **-n** (health) practitioner
70 **ausrüsten** (*sep.*) to equip
71 **angesehen** distinguished
72 **Behörde** (*f.*), **-n** (public) authority
73 **unter der Rubrik führen** to list under the classification
     Naturheilkünstler (*m.*), **-** nature healer
     Kurpfuscher (*m.*), **-** quack
74 **Wunderheiler** (*m.*), **-** faith healer
75 **Zimmer** (*n.*), **-** room

76 **warten** to wait
77 **bevölkern (sich)** to grow
     zögernd very slowly
     Mißtrauen (*n.*) distrust
78 **abbröckeln** (*sep.*) to crumble away
79 **Tatendrang** (*m.*) ambition
80 **Straßen des Elends** streets where the very poor lived ("streets of misery")
82 **sich keinen leisten können** not to be able to afford one
     Krankenkasse (*f.*), **-n** health insurance
84 **dazu gehörte Geld** this took money
86 **Hofwohnung** (*f.*), **-en** flat over- looking a courtyard
     einrichten (sich) (*sep.*) to set up, furnish
88 **ängstlich** anxious

---

3. **ohne . . . zu**: 22, 1c.

beiden jungen Ärztinnen zu Beginn der ersten Sprechstunde im Or-
90 dinationszimmer. Als sie die Tür zum Wartezimmer öffneten, sahen sie
zwölf verhärmte Frauen auf den Bänken sitzen. Einige Tage später
waren es doppelt so viele. Auf vierzig Patienten pro Sprechstunde mußte
schließlich die Zahl begrenzt werden. Trotz angestrengter Arbeit bis in
die Nacht hinein—mehr Kranke konnten nicht behandelt werden.
95   Von dem einen Groschen, den jede Patientin zu zahlen hatte, wurden
Beleuchtung und Heizung bestritten. Die übrigen Kosten wurden aus
der eigenen Tasche beglichen. Franziska stellte später drei Betten in eine
Mansardenwohnung. ,,Pflegeanstalt für erholungsbedürftige Patientin-
nen" stand auf einem Pappschild an der Tür. Niemand ahnte, daß daraus
100 einmal die später so bekannte ,,Klinik weiblicher Ärzte" werden sollte.
Allmählich wuchs das Vertrauen zum Fräulein Dr. Tiburtius. Die Ber-
liner und besonders die Berlinerinnen begriffen, daß hier jemand mit
einem heiligen Eifer arbeitete und von dieser Arbeit eine Menge ver-
stand. Auch die Praxis in der Friedrichsstraße blühte auf. Es kamen jetzt
105 nicht nur die sogenannten einfachen Leute, es kamen auch die Vertreter
der ,,besseren Kreise".
Der Fortschritt war, wie auf vielen anderen Gebieten, auch hier nicht
aufzuhalten.[4] Achtzehn Jahre nach Eröffnung ihrer Praxis in der
Friedrichstraße las Dr. Tiburtius in der Zeitung, daß die ersten deutschen
110 Universitäten Frauen als Gasthörer aufnahmen. 1889 ließ man die
Frauen zum Staatsexamen zu. 1912 gab es in Deutschland 175 appro-
bierte Ärztinnen. Heute sind es Zigtausende.

Langenscheidts Sprach-Illustrierte, Heft 3, 1977, Langenscheidt-Verlag
Berlin–München.

89	**Sprechstunde** (*f.*), **-n** office hour
	Ordinationszimmer (*n.*) doctors' office
91	**verhärmt** care-worn
	Bank (*f.*), **⁼e** bench
93	**angestrengt** exhausting
95	**Groschen** (*m.*), **-** (equivalent to 10 German pennies) "dime"
96	**bestreiten** to pay for
	aus der eigenen Tasche begleichen to pay from one's own pocket
98	**Mansardenwohnung**(*f.*),**-en** garret apartment

	Pflegeanstalt (*f.*), **-en** nursing home
	erholungsbedürftig recuperating
99	**Pappschild** (*n.*), **-er** cardboard sign
	ahnen to surmise, imagine
101	**allmählich** gradually
	Vertrauen (*n.*) confidence
102	**begreifen°** to understand
103	**heiliger Eifer** saintly fervor
105	**Vertreter** (*m.*), **-** representative
108	**aufhalten°** (*sep.*) to stop
110	**Gasthörer** (*m.*), **-** auditor
111	**zulassen°** (*sep.*) to admit
112	**Zigtausende** (*pl.*) umpteen thousands

---

4. **ist (war)** plus **zu** plus infinitive: 25, 4.

Reading 12

Buchbesprechung

Kurt Rein: Religiöse Minderheiten als Sprachgemeinschaftsmodelle. Wiesbaden: Franz Steiner-Verlag, 1977. 347S.

Auf den ersten Blick werden[1] sich für solch einen Titel höchstens ein paar Theologen oder Germanisten interessieren; doch das umfangreiche Beiheft der *Zeitschrift für Dialektologie und Linguistik* liefert neben zahl- 5 reichen sprachwissenschaftlichen Anmerkungen zu drei gegenwärtig noch deutschsprechenden Sekten in den USA Informationen über das gesellschaftliche und politische Verhalten dieser gewaltlosen Wiedertäu-fer. In unseren Geschichtsbüchern werden ja nur die bilderstürmenden Täufer zu Münster (1534/35) erwähnt, nicht aber die hier vorgestellten 10 Pazifisten: Schweizermennoniten, Amaniten und Hutterer. Diese radi-kalreformatorischen Christen, die Eidleistung und Waffendienst ableh-nen, wanderten im letzten Jahrhundert nach Nordamerika aus und bildeten dort beständige deutsche Sprachinseln. Rein beschreibt und

1	**Minderheit** (*f.*), **-en** minority	**gewaltlos** nonviolent
	Sprachgemeinschaftsmodell (*n.*), **-e**	**Wiedertäufer** (*m.*), **-** anabaptist
	model of a linguistic community	9 **bilderstürmend** iconoclastic
3	**Blick** (*m.*), **-e** glance	10 **Täufer** (*m.*), **-** Baptist
4	**umfangreich** voluminous	**vorgestellt** presented, depicted
5	**Beiheft** (*n.*), **-e** supplement	11 **Hutterer** (*m.*), **-** Hutterite
6	**sprachwissenschaftlich** linguistic	12 **Eidleistung** (*f.*) taking of an oath
	Anmerkung (*f.*), **-en** annotation	**Waffendienst** (*m.*) military service
	gegenwärtig presently	**ablehnen** (*sep.*) to reject
8	**Verhalten** (*n.*) behavior, attitude	14 **beständig** permanent, stable

---

1. three uses of **werden**: 13, 3.

15 erklärt—leider meistens im schwerverständlichen Fachjargon—die je-
weiligen Mundarten, die bis heute im Mittleren Westen der Vereinigten
Staaten erhalten blieben, wobei er besonders auf die Eigenheiten der
Hutterer eingeht. Sie arbeiten in der Landwirtschaft und leben auf so-
genannten Bruderhöfen, die Gemeinbesitz sind. Ihr religiöser Kom-
20 munismus verbietet es, selbst[2] die persönliche Habe den eigenen Kindern
zu vererben. Vom dritten Lebensjahr an wächst der Hutterer-Nach-
wuchs, getrennt nach Geschlecht und die meiste Zeit ohne Mutter, in
Gruppen heran. Nachteilig wirkte sich diese Erziehung bislang kaum
aus: Die Hutterischen Brüder haben wohl die höchste Geburten- und
25 die niedrigste Verbrecherrate auf der Welt. Dem Verfasser ist[3] deshalb
zuzustimmen: „Die Parallelen zwischen einem Kibbuz und einem Bru-
derhof sind zahlreich und sollten eine eigene soziologische Untersu-
chung wert sein."

Werner Hornung: *Die Zeit,* 26. Mai 1978.

15 **Fachjargon** (*m.*) professional jargon
16 **Mundart** (*f.*), **-en** dialect
17 **Eigenheit** (*f.*), **-en** peculiarity
19 **Bruderhof** (*m.*), **-̈e** communal farm, Bruderhof
Gemeinbesitz (*m.*) common property
20 **verbieten°** to forbid
Habe (*f.*) possessions
21 **vererben** to bequeath

heranwachsen (*sep.*) to grow up
Nachwuchs (*m.*) young generation
22 **getrennt** separated
Geschlecht (*n.*), **-er** sex
23 **sich nachteilig auswirken** (*sep.*) to have a detrimental effect
25 **Verbrecher** (*m.*), **-** criminal
zustimmen (*sep.*) to agree with

2. **selbst:** 12, 4.
3. **ist (war)** plus **zu** plus infinitive: 25, 4.

Reading 13

Zweites Gehirn steuerte den Trab der Giganten

Amerikanische Wissenschaftler haben in einem ausgetrockneten Flußbett an der Grenze Bundesstaaten Colorado und Utah ein hervorragend erhaltenes Skelett eines jungen Dinosauriers entdeckt, das nach Ansicht der Forscher vermutlich 140 Millionen Jahre alt ist. Das[1] zur Gattung der Stegosaurier gehörende urweltliche Tier hatte etwa die 5 Größe eines Hundes. Es ist der zweite bekannte Fund eines jungen Stegosauriers. Das erste Exemplar war[2] vor 100 Jahren in Wyoming geborgen worden.

In Europa sind bislang keine Stegosaurier entdeckt worden. Der Wirbeltierpaläontologe Rupert Wild von der Zweigstelle Ludwigsburg des 10 Staatlichen Museums für Naturkunde in Stuttgart, einer der bekanntesten Saurierexperten Deutschlands, teilte mit, bisher seien Überreste von Stegosauriern oder artverwandten Formen außer in Nordamerika nur noch in China und Ostafrika gefunden worden.

	Gehirn, Hirn (*n.*) brain			**Fund** (*m.*), **-e** find, discovery
	steuern to control		7	**Exemplar** (*n.*), **-e** specimen
	Trab (*m.*) trot		8	**bergen°** to uncover, find
	Gigant (*m.*), **-en** giant		9	**bislang** until now
1	**ausgetrocknet** dried up			**Wirbeltier** (*n.*), **-e** vertebrate
2	**hervorragend** excellently		10	**Zweigstelle** (*f.*), **-n** branch
4	**nach Ansicht** in the opinion of		11	**Naturkunde** (*f.*) natural science
5	**Gattung** (*f.*), **-en** genus		12	**mitteilen** (*sep.*) to report
	urweltlich primveval, antediluvian			**Überreste** (*pl.*) remains
6	**Hund** (*m.*), **-e** dog		13	**artverwandt** related

---

1. extended-adjective construction: 23, 2a.
2. perfect tenses of the passive voice: 14, 1.

15   Ein ausgewachsener Stegosaurier erreichte die Größe eines Elefanten—bis zu sechs Meter lang—und war Pflanzenfresser. Der feste Panzer und die mächtigen Stacheln auf dem Schwanz boten Schutz vor Angriffen räuberischer Zeitgenossen. Mit dem einem mittelalterlichen Morgenstern ähnelnden Schwanz konnte[3] ein erwachsener Stegosaurier
20   selbst einem fleischfressenden Tyrannosaurus, der[4] neben dem Tarbosaurus bataar als das größte Raubtier aller Zeiten gilt, empfindliche Wunden zufügen.

     Der Rücken war durch eine doppelte Reihe vertikaler, dreieckiger dicker Knochenplatten geschützt, deren Bedeutung unter den Forschern
25   noch umstritten ist. Nach Ansicht von Wild waren sie kaum zur Verteidigung geeignet; womöglich konnte aber ein Stegosaurier damit warnende Klappergeräusche erzeugen. Eine andere Theorie geht davon aus, daß die Knochenplatten den Wärmehaushalt des Tieres regulierten.

     Der Kopf des Riesen war auffallend klein. Da im Schädel nur ein
30   kleines Hirn saß, hat sich beim Stegosaurier wie bei allen Riesensauriern in der Becken-Sakralregion durch Erweiterung des Rückenmarks ein zweites Nervenzentrum mit zehnmal mehr Volumen als das eigentliche Gehirn herausgebildet, das den Bewegungsablauf steuerte.

Monika Ploch: *Die Welt*, 3. Juni 1978.

15	**ausgewachsen** full-grown	25	**umstritten** disputed
16	**feste Panzer** solid armor		**Verteidigung** (*f.*) defense
17	**Stachel** (*m.*), **-n** spine, spike	26	**womöglich** possibly
	Schwanz (*m.*), **⁼e** tail	27	**Klappergeräusch** (*n.*), **-e** rattling sound
	Schutz (*m.*) protection		**geht davon aus, daß** is based on the theory that
	Angriff (*m.*), **-e** attack		
18	**räuberisch** predatory	28	**Wärmehaushalt** (*m.*) body temperature
	Morgenstern (*m.*) mace (club with a heavy spiked ball attached to end)	29	**Kopf** (*m.*), **⁼e** head
19	**ähneln** to resemble		**Riese** (*m.*), **-n** giant
	erwachsen adult		**auffallend** striking
21	**Raubtier** (*n.*), **-e** beast of prey		**Schädel** (*m.*), **-** skull
	empfindlich severe	31	**Becken** (*n.*), pelvis
22	**zufügen** (*sep.*) to inflict		**Rückenmark** (*n.*) spinal cord
23	**Rücken** (*m.*), **-** back	33	**herausbilden (sich)** (*sep.*) to be formed
	Reihe (*f.*), **-n** row		**Bewegungsablauf** (*m.*) locomotion
	dreieckig triangular		
24	**Knochenplatte** (*f.*), **-n** bony plate		
	schützen to protect		

---

3. modals and the dependent infinitive: 16, 3.
4. recognizing relative clauses: 19, 2.

Reading 14

Eisbärjagd nur noch ein Hobby

Kanadas Eskimos „ergeben" sich den Verlockungen der Zivilisation

Möglichst[1] reibungslos, so haben es sich die Kanadier vorgenommen, sollen die „Inuit" in die neue Zeit mit ihren technischen und sozialen Segnungen hereinwachsen. „Inuit" ist der Eigenname der Eskimos. Er bedeutet ganz einfach „Menschen". Rund 17 000 Eingeborene, verstreut 5 über ein riesiges Gebiet, leben heute im nördlichsten Nordamerika. Ihre Zahl macht nicht einmal ein Prozent der rund 22,5 Millionen Kanadier aus.

Die „Integration" der Eskimos dürfte also von der Zahl her kaum Probleme aufwerfen. Und tatsächlich dem Sog des immer rascher tech- 10 nisierten, unablässig lockenden Südens Kanadas setzten die sonst so stolzen, auf Wahrung ihrer Identität bedachten Inuit kaum Widerstand entgegen. Nach wie vor zwar jagen und fangen die Eskimos Polartiere—

	Eisbärjagd (*f.*) polar bear hunting	9	**von der Zahl her** in respect to numbers
1	**ergeben°** **(sich)** to give way to		
	Verlockung (*f.*), **-en** enticement, allurement	10	**aufwerfen°** (*sep.*) to cause
2	**reibungslos** smooth, frictionless		**tatsächlich** actually
	vornehmen° **(sich)** (*sep.*) to decide, intend		**dem Sog Widerstand entgegensetzen** to resist the pressure
4	**Segnung** (*f.*), **-en** blessing	11	**unablässig** constantly
	hereinwachsen° (*sep.*) **in** to grow into, pass into		**locken** to entice, attract
	Eigenname (*m.*), **-n** proper name	12	**stolz** proud
5	**verstreut** scattered		**auf Wahrung ... bedacht** intent (bent) on the preservation
		13	**nach wie vor** now as before

---

1. superlatives: 11, 4b2.

Robben, Wale, Eisbären, See- und Süßwasserfische—, aber nicht mehr
15 zum Lebensunterhalt. Den[2] bestreiten sie vom Lohn ihrer Arbeit für
„Kabloona", den Weißen Mann, die Jagd wird zum Hobby. Offenbar
nicht ungern haben die Eingeborenen Hundeschlitten, Paddel und Har-
pune gegen raupengetriebene Schlitten, Motorboote und Gewehre mit
Zielfernrohr eingetauscht.

20   Der feste, gutbezahlte Job, zunehmend staatlich garantiert, vorbild-
liche Schulen, Aufstiegsmöglichkeiten, auch in akademische Berufe, stär-
ken das Selbstbewußtsein. Die Eskimos spüren, welchen Wert das an
Bodenschätzen so reiche Land ihrer Väter hat. Und mit dem, was man
hat—diese „Weisheit" haben sich auch die Inuit schon zu eigen ge-
25 macht—steigt das Selbstwertgefühl. Doch vorerst verfügt nur „Ka-
bloona" über die Technik und das Kapital, um[3] die Bodenschätze zu
erschließen und zu heben.

Typisches Beispiel für das moderne Leben der Eskimo ist die staatlich
geförderte Blei- und Zinkbergwerkssiedlung, zur Zeit die nördlichste
30 der Welt, an der Nordküste des Baffin-Landes. Nanisivik nennen die
Eskimos diesen Arbeitsplatz, „ein Ort, an dem[4] man Dinge findet". Ge-
naugenommen werden diese „Dinge", nämlich Blei- und Zinkerze,
30 Kilometer landeinwärts und 720 Kilometer nördlich des Polarkreises
abgebaut. Roherz, unter Tage gefördert, wird auf einer Allwetterstraße
35 zur Aufbereitungsanlage an die Küste transportiert, hier konzentriert
und in Überseeschiffe verladen. Sie bringen Blei und Zink ins roh-
stoffarme Westeuropa.

Die ersten Schiffe übernahmen ihre Ladungen im letzten Spätsommer,
bevor die See zufror. In der langen Zwischenzeit wird auf Vorrat gear-

14	**Robbe** (f.), **-n** seal	22	**Selbsbewußtsein** (n.) self-confidence
15	**Lebensunterhalt** (m.) living, livelihood		**spüren** to feel, sense
	bestreiten° to make, defray	24	**sich zu eigen machen** to acquire
	Lohn (m.), **-̈e** wage, pay	25	**vorerst** for the time being
17	**ungern** unwillingly, reluctantly		**verfügen über** to have, control
18	**raupengetriebene**	27	**erschließen°** to develop, tap, explore
	Schlitten snowmobiles		**heben** to mine, raise
	Gewehr (n.), **-e** gun, rifle	29	**Blei** (n.) lead
19	**Zielfernrohr** (n.), **-e** telescopic sight	31	**genaugenommen** strictly speaking
	eintauschen (sep.) to exchange	32	**Erz** (n.), **-e** ore
20	**gutbezahlt** well-paid	34	**abbauen** (sep.) to mine
	vorbildlich excellent		**unter Tage fördern** to mine underground
21	**Aufstiegsmöglichkeit** (f.), **-en** opportunity for promotion	35	**Aufbereitungsanlage** (f.), **-n** processing plant
	stärken to strengthen	38	**übernehmen°** to take on
		39	**zufrieren°** (sep.) to freeze over
			auf Vorrat arbeiten to stockpile

2. demonstrative pronouns: 20, 1a.
3. **um** plus infinitive: 22, 1c.
4. relative clauses: 19, 2.

beitet. Die Regierung in Ottawa bestimmte für diese Mustereinrichtung, 40
daß mindestens 60 Prozent der Belegschaft angelernte Einheimische sein
müssen, selbstverständlich genauso entlohnt und betreut wie weiße Facharbeiter. Für die Eskimofamilien entstanden komfortable, winterfeste
Fertighäuser, für ihre Kinder eine gute Schule. Mitten in der Siedlung
wuchs ein „Dome" in den arktischen Himmel, ein Rundkegelhaus in 45
Gestalt eines überdimensionalen Iglus. Groß genug für Cafeteria, Krankenrevier, Rekreations- und Trainingseinrichtungen. Die Kontakte zum
fernen Süden werden durch Fernsehsatelliten aufrechterhalten oder
durch Flugzeuge.

Kanada betrachtet sein hocharktisches Blei- und Zinkbergwerk als 50
„Pilotprojekt" zur Eingewöhnung der Inuit in den modernen hochsozialen Industriestaat. Die Eingeborenen lassen es sich gefallen, aber
schon beginnen sie unerwartet Ansprüche zu stellen: Neuerdings verlangen die Eskimos angemessene Anteile an der Nutzung der zweifellos
bedeutenden Bodenschätze in ihrer arktischen Heimat.   55

Vitalis Pantenburg: *Die Welt,* 15. Juli 1978.

40	**Mustereinrichtung** (*f.*), **-en** model operation	51	**Eingewöhnung** (*f.*) adjustment, familiarization
41	**Belegschaft** (*f.*) personnel, workers **angelernt** trained, semi-skilled	52	**lassen es sich gefallen** approve of what is going on
42	**entlohnen** to pay **betreuen** to care for	53	**unerwartet** unexpectedly **Ansprüche stellen** to make demands **neuerdings** of late
44	**Fertighaus** (*n.*), ¨-er prefab	54	**angemessen** reasonable, fair
45	**Rundkegelhaus** (*n.*) dome		**Anteil** (*m.*), **-e** share, portion
46	**Krankenrevier** (*n.*), **-e** infirmary, dispensary		**Nutzung** (*f.*) exploitation, revenue
48	**aufrechterhalten°** (*sep.*) to keep up, maintain		

Reading 15

Der Schatz des Montezuma

Wenn wir heute in Mexiko Indianer vom Stamm der Azteken sehen, dann können wir es kaum begreifen, daß diese armseligen Menschen von einem der bedeutendsten Indianerstämme Mexikos abstammen. Nichts deutet mehr darauf[1] hin, daß die Vorfahren dieser rothäutigen
5 Menschen eine bewundernswerte Kultur besaßen und daß ihre Könige von märchenhaftem Reichtum umgeben waren.

Die erste Kunde von den wundersamen Schätzen im neuentdeckten Land Amerika brachten die Spanier nach Europa. Sie waren auf ihren Eroberungszügen auch in das Aztekenreich gekommen, das damals von
10 Montezuma II. regiert wurde.

Der spanische Eroberer Ferdinand Cortez hatte beschlossen, mit einer kleinen Schar von Abenteurern zur Hauptstadt Mexikos zu ziehen, die damals noch den Namen Tenochtitlan trug. Zu diesem kühnen Wagnis war er verlockt worden[2] durch die Schilderungen der dort aufgespei-
15 cherten Reichtümer.

2	**begreifen**° to understand, realize	
	armselig poor, wretched	
3	**abstammen** (*sep.*) **(von)** to descend (from)	
4	**hindeuten** (*sep.*) **(auf)** to point (to), indicate	
	Vorfahre (*m.*), **-n** ancestor	
	rothäutig red-skinned	
5	**bewundernswert** admirable, wonderful	
6	**märchenhaft** fabulous	

	umgeben surrounded
7	**Kunde** (*f.*) news
9	**Eroberungszug** (*m.*), ⸚e war of conquest, expedition
11	**Eroberer** (*m.*), **-** conqueror
12	**Schar** (*f.*), **-en** group, band
	Abenteurer (*m.*), **-** adventurer
13	**kühn** daring
	Wagnis (*n.*), **-se** venture
14	**verlocken** to entice
	aufgespeichert accumulated, stored

1. **da(r)**-compounds: 26, 2.
2. **worden**: 14, 1.

Die Habgier trieb die Spanier durch die wilden Gebirgspässe und ließ sie die zahllosen Entbehrungen und die blutigen Kämpfe bestehen. Als sie dann schließlich von der Höhe des Gebirgskamms in der Ebene die Stadt sahen mit ihren schimmernden Türmen und spitzsäuligen Tempeln inmitten dichter Wälder und unermeßlicher Gärten, da[3] hielten sie 20 sich im Ausblick auf die sie erwartende Beute für alle Mühe reich belohnt. Und wahrhaftig, der Palast Montezumas hoch oben auf dem „königlichen" Berg Chapoltepec barg mehr Kostbarkeiten, als die spanischen Abenteurer in ihren kühnsten Träumen erhofft hatten.

Der Brief, den damals Cortez an Kaiser Karl V. schrieb, ist erhalten 25 geblieben. Von Montezumas Schatz berichtet er:

„Ich weiß nicht, wo ich anfangen soll, um nur etwas befriedigend zu vollenden: denn dieser Barbarenfürst besitzt Nachbildungen in Gold, Silber, Edelsteinen und Federn von allen Dingen, die unter dem Himmel seines Landes zu finden sind. Und zwar alles so natürlich in Gold und 30 Silber, daß es keinen Goldschmied in der Welt gibt,[4] der sie besser machen könnte. Die in Edelsteinen sind von der Art, daß die Vernunft nicht ausreicht, zu begreifen, mit welchen Instrumenten eine so vollkommene Arbeit gemacht sei; die in Federn endlich dergestalt, daß weder in Wachs, noch in irgend einer Art von Stickerei so bewunderungswürdig gear- 35 beitet werden könnte."

Unter diesen Köstlichkeiten der aztekischen Goldschmiede waren beispielsweise Fische, deren Schuppen abwechselnd aus Gold und Silber

16	**Habgier** (*f.*) greed		**Kostbarkeiten** (*pl.*) treasures
	ließ sie . . . bestehen caused them	24	**in ihren kühnsten Träumen** in their
	to endure . . .		wildest dreams
17	**Entbehrung** (*f.*) **-en** hardship,	25	**erhalten bleiben°** to be preserved
	privation	27	**befriedigend** satisfactorily
18	**Gebirgskamm** (*m.*), ⸚e ridge of the	28	**vollenden** to finish, complete
	mountain		**Nachbildung** (*f.*), **-en** reproduction
	Ebene (*f.*), **-n** plain	29	**Edelstein** (*m.*), **-e** precious stone
19	**schimmern** to glitter		**Feder** (*f.*), **-n** feather
	Turm (*m.*), ⸚e tower	31	**Schmied** (*m.*), **-e** smith
	spitzsäulig obelisk-like	33	**ausreichen** (*sep.*) to be adequate,
20	**dicht** dense		suffice
	unermeßlich vast, immense	34	**endlich dergestalt** lastly (are made)
	Garten (*m.*), ⸚ garden		in such a manner
21	**im Ausblick auf** in view of	35	**Stickerei** (*f.*), **-en** embroidery
	Beute (*f.*) loot, plunder		**bewunderungswürdig** admirable,
	Mühe (*f.*) effort, pains		wonderful
	sich belohnt halten° to feel oneself	37	**Köstlichkeit** (*f.*), **-en** exquisite ob-
	rewarded		ject (work)
22	**wahrhaftig** truly, really	38	**Schuppe** (*f.*), **-n** scale
23	**bergen°** to contain		**abwechselnd** alternately

---

3. **da**: 18,3b.
4. **es gibt**: 30, 2.

gebildet waren. Papageien, die Kopf, Zunge und Federn bewegen konn-
40 ten, Affen mit beweglichen Gliedern, die eine Spindel in der Hand
hielten, Ähren mit ihren Grannen aus Gold.

Von besonderer Schönheit war ein Schild, der Kaiser Karl übersandt
wurde. Er bestand aus Holz und Leder mit daran hängenden[5] kleinen
Glocken. Die Mitte deckte eine Goldplatte, worauf das Bild des mexi-
45 kanischen Kriegsgottes geschnitten war, umgeben von den Bildern eines
Pumas, Jaguars, Adlers und einer Eule; diese Bilder waren in natürlichen
Farben ausgeführt. Andere Schilde waren von Gold und Perlen mit
Federn geschmückt.

Doch Montezuma besaß nicht nur Kostbarkeiten in Gold und Silber,
50 sondern auch viele seltene Tiere, die in einem wunderschönen Garten
lebten. Auch hierüber berichtete Cortez:

„Es gab dort zehn große Teiche, darin alle im Lande vorkommenden
Wasservögel gehalten wurden, alle zahm wie Hausgeflügel. Dreihundert
Wärter führten die Aufsicht über diese Vögel. An jedem der Becken
55 befanden sich Aussichtspunkte, wohin Montezuma kam, sich am Anblick
der Tiere zu erfreuen.[6] An einer anderen Stelle waren quadratische
Fliesen schachbrettartig angeordnet. Alle Felder des Schachbrettes waren
Käfige, anderthalb Manneslängen hoch und sechs Quadratschritte groß,
unten aus Steinquadern, oben mit einem sehr sauber geflochtenen Rohr-
60 netz überzogen. In jedem Käfig aber wurde ein Raubvogel gehalten. In
einem Haus wurden auch in großen, vergitterten Käfigen von sehr star-

39 **Papagei** (*m.*), **-en** parrot
   Zunge (*f.*), **-n** tongue
40 **Affe** (*m.*), **-n** monkey
   Glied (*n.*), **-er** limb
41 **Ähre** (*f.*), **-n** ear (of grain)
   Granne (*f.*), **-n** awn, beard, arista
42 **Schild** (*m.*),**-e** shield
   übersenden° to send
43 **Leder** (*n.*) leather
44 **Glocke** (*f.*), **-n** bell
45 **schneiden**° to engrave, cut, carve
   umgeben surrounded
46 **Adler** (*m.*), **-** eagle
   Eule (*f.*), **-n** owl
48 **schmücken** to decorate
52 **Teich** (*m.*), **-e** pond, pool
53 **Vogel** (*m.*), **-** bird
   zahm tame
   Hausgeflügel (*n.*) poultry
54 **Wärter** (*m.*), **-** attendant

   die Aufsicht führen über to care
   for
   Becken (*n.*), **-** basin
55 **Aussichtspunkt** (*m.*), **-e** observation
   point
   Anblick (*m.*) sight, spectacle
56 **erfreuen sich am** to enjoy
57 **Fliese** (*f.*), **-n** tile
   schachbrettartig angeordnet arranged
   like a chessboard
58 **Käfig** (*m.*), **-e** cage
   anderthalb one and one half
   Schritt (*m.*), **-e** step, pace
59 **Steinquader** (*m.*), **-** squared stone,
   stone square
   sauber geflochten neatly woven
   Rohrnetz (*n.*), **-e** reed netting
60 **überzogen** covered
   Raubvogel (*m.*), **-** bird of prey
61 **vergittert** barred

---

5. present participle: 10, 4.
6. infinitive clauses: 22, 1b.

kem Bauholz alle Raubtiere Mexikos gezeigt. Auch für diese Vögel und Raubtiere waren dreihundert Leute zur Pflege bestellt."

Doch nach dem Tod Montezumas und der Eroberung Mexikos durch die Schar des Cortez und seiner indianischen Bundesgenossen wurde 65 dieser Tiergarten vernichtet. Und die kostbaren Kunstwerke aus edlen Metallen und wertvollen Steinen verschwanden unter den habgierigen Händen der Eroberer. Der Schatz des Montezumas verwandelte sich in spanischen Schmelztiegeln in viele Barren Edelmetall.

Kurt Beck: *Mannheimer Morgen*, 20. August 1977. 70
(Pressedienst „Das kleine Feuilleton", Hemmingen)

63 **zur Pflege bestellt** employed for their care
65 **Bundesgenosse** (*m.*), **-n** confederate
66 **vernichten** to destroy
67 **verschwinden°** to disappear
habgierig greedy
68 **verwandeln (sich)** to be transformed
70 **Schmelztiegel** (*m.*), **-** crucible
Barren (*m.*), **-** bar, ingot

Reading 16

Die falschen Heiligen

Die Bundesregierung sagt den Jugendsekten den Kampf an

„Satan hat eine Schlappe erlitten. Ich habe eine Absage meines Studiums nach Essen geschickt. Es wäre[1] nur unnützer und hemmender Ballast", schrieb der 19jährige Manfred an seine erstaunten Eltern. Er
5 hatte gerade ein glänzendes Abitur gemacht und die Zulassung zum Studium der Wirtschaftswissenschaften in der Tasche.

Rätselhaft erschien auch Frau N. jene Postkarte, die sie von ihrem Sohn, 24 Jahre alt und Student, erhielt: „Mammi, mir geht es gut. Wie geht es Dir? Wir haben es hier alle sehr nett, und jeden Tag hören wir
10 einen sehr anregenden Vortrag. Ich wäre noch viel glücklicher, wenn ihr auch diese Vorträge hören könntet. Entschuldigt die Schrift und die Fehler. Viele liebe Grüße, Euer . . ." - Merkwürdig, dachte die Mutter,

Heilige (*m., f., n.*), **-n** saint	5 **glänzend** excellent
1 **Jugendsekte** (*f.*), **-n** youth sect	**ein Abitur machen** to pass a final high school examination
den Kampf ansagen (*sep.*) to challenge	**Zulassung** (*f.*) admission
2 **eine Schlappe erleiden°** to suffer a set-back	6 **Wirtschaftswissenschaft** (*f.*) economics
Absage (*f.*), **-n** cancellation	**Tasche** (*f.*), **-n** pocket
3 **Essen** (*n.*) Essen (city in Germany)	7 **rätselhaft** puzzling
schicken to send	9 **nett** nice
unnütz useless	10 **anregend** stimulating
hemmend impeding, obstructive	11 **entschuldigen** to excuse
4 **erstaunt** surprised	12 **merkwürdig** odd, strange

---

1. subjunctive in suppositions or contrary to fact: 28, 1.

ihr Junge mit der Abiturnote zwei in Deutsch hatte doch gar keine
Fehler gemacht. . . Offenbar war der Junge irgendwie verwirrt, der
Wirklichkeit entrückt.   15

Pfarrer Friedrich-Wilhelm Haack, Beauftragter für Sekten- und Welt-
anschauungsfragen in der bayerischen Evangelisch-Lutherischen Kirche,
hat die Formel für das gefunden, was mit den beiden jungen Männern
passiert ist: Sie haben eine „Seelenwäsche" hinter sich. Und sein katho-
lischer Kollege, der Theologe Hans Löffelmann, nennt sie Opfer einer   20
neuen Art von Kriminalität, der „Psychokriminalität".

Die Rede ist von jenen zahlreichen Sekten, denen nun auch nach
langem Zögern das Bundesministerium für Jugend, Familie und Ge-
sundheit den Kampf angesagt hat. Seit Jahren schickten Eltern ihre
Hilferufe an Bonner Ministerien, schlossen sich zu einer Selbsthilfeor- 25
ganisation zusammen, zur „Elterninitiative zur Hilfe gegen seelische
Abhängigkeit und religiösen Extremismus", weil sie ihre Kinder verloren
haben an die „Vereinigungskirche", die „Scientology Kirche Deutsch-
lands", „Krishna", „Kinder Gottes", „Transzendentale Meditation",
„Divine Light Mission" usw., usw. . . .   30

Die „Unification Church", die „Vereinigungskirche" befehligt der süd-
koreanische Industrielle und Waffenfabrikant Sun Myung Moon
(deutsche Schreibweise: Mun). Er nennt sich „Reverend", hält sich für
den „Messias", und seine „Kirche" ist letztlich nichts weiter als ein welt-
weites Bettel- und Verkaufsunternehmen, das ihm enormen Reichtum 35
beschert hat. Dank seiner jungen Gefolgsleute, den „Moonies", die ein
asketisches Lagerleben führen, zwölf Stunden täglich für ihn arbeiten—
natürlich umsonst—, mit sanftem Zuspruch neue Gefolgsleute werben
und seine verquasten „Göttlichen Prinzipien" nachbeten. Danach[2] muß

13	**Abiturnote** (f.), **-n** examination grade	31	**befehligen** to head, command
14	**offenbar** apparent	32	**Industrielle** (m.), **-n** industrialist
	verwirrt confused, disturbed	34	**letztlich** in the final analysis
15	**entrückt** detached from	35	**betteln** to beg
16	**Pfarrer** (m.), **-** minister, priest, reverend		**Verkaufsunternehmen** (n.), **-** sales organization
	Beauftragte (m.), **-n** commissioner	36	**bescheren** to bestow upon
	Weltanschauung (f.), **-en** ideology		**dank** thanks to
19	**passieren** to happen		**Gefolgsleute** (pl.) followers
	Seelenwäsche (f.) "soul washing"	37	**Lagerleben** (n.) camp life
20	**Opfer** (n.), **-** victim	38	**umsonst** without pay
23	**zögern** to hesitate		**mit sanftem Zuspruch** with gentle exhortation
25	**Hilferuf** (m.), **-e** call for help		**werben°** to recruit
26	**zusammenschließen°** (sich) (sep.) (zu) to unite, to form	39	**verquast** obscure
27	**Abhängigkeit** (f.) dependence		**nachbeten** (sep.) to repeat mechanically

2. **da (r)**-compounds: 26, 2a.

40 ein dritter Weltkrieg angezettelt werden, um den Kommunismus zu besiegen.

Moon ist bei seinen Kritikern als Faschist verschrieen, doch sein militanter Antikommunismus macht ihn, so scheint es, zum willkommenen Verbündeten rechtsgerichteter Kreise. So gab es noch bis vor kurzem

45 gegenseitige Werbung und einen freundlichen Anzeigenaustausch zwischen dem Moonschen *Report*, der *Zeitbühne* des Otto von Habsburg und William S. Schlamm, Kurt Ziesels *Deutschlandmagazin* und *Criticon*. Doch trotz der haarsträubenden Informationen, die man inzwischen über Moon hat—die *New York Times* wies ihm politische Wühlarbeit für

50 den südkoreanischen Geheimdienst nach—, kann der „Reverend" unter dem Deckmantel seiner „Kirche" ungestört seine Ziele verfolgen: Geld und Macht zu erlangen.

Ron Hubbard profitiert ebenfalls nicht schlecht davon, daß er seine Ideen religiös verbrämt und sein Unternehmen „Kirche" nennt—die

55 „Scientology Kirche Deutschland". Sie wirbt für sogenannte Persönlichkeits- und Intelligenztests, bietet Kurse zur „Persönlichkeitsentfaltung" an und die Benutzung eines sogenannten Beichtgeräts. Wer einmal „Kirchenmitglied" geworden ist, kommt nur unter größten Schwierigkeiten wieder frei. Die Preise sind deftig. Zwölfeinhalb Stunden „Beichte"

60 (*Auditing* genannt) am „religiösen Gerät"—eine Art Elektrometer—kosten 800 Mark, ein „Integrity-Kurs" 1950 Mark und die Ausbildung in „Salesmanship" 1150 Mark. Frohlockte „Kirchengründer" Ron Hubbard in einem Brief:

„Es scheint, daß wir jetzt alles hinbekommen werden! Und gute Neuig-

65 keiten! Alle Auditoren werden Geistliche sein, und Geistliche haben an vielen Orten besondere Privilegien, einschließlich Steuer- und Wohnungsvergünstigungen. Natürlich ist alles eine Religion, was den menschlichen Geist behandelt. Und auch Parlamente greifen Religionen nicht

40	**anzetteln** (*sep.*) to plot		**verfolgen** to pursue	
41	**besiegen** to defeat	52	**erlangen** to obtain	
42	**verschrieen** branded	54	**verbrämen** to embellish, trim	
44	**Verbündete** (*m.*), **-n** ally	56	**Entfaltung** (*f.*) development	
	rechtsgerichtet rightist	57	**beichten** to confess	
45	**gegenseitig** reciprocal, mutual	58	**Mitglied** (*n.*), **-er** member	
	Werbung (*f.*) recruiting, propaganda	59	**deftig** not cheap, hefty	
	Anzeigenaustausch(*m.*),**-e** exchange of advertisements	61	**Ausbildung** (*f.*), **-en** training	
		62	**frohlocken** to exult, gloat	
48	**haarsträubend** incredible, shocking	64	**hinbekommen°** (*sep.*) to get, receive	
49	**wies ihm . . . nach** showed that he was involved in . . .		**Neuigkeit** (*f.*), **-en** news	
	Wühlarbeit (*f.*) underground activity	65	**Geistliche** (*m.*), **-n** clergyman, minister	
50	**Geheimdienst** (*m.*), **-e** secret service	66	**Steuer** (*f.*), **-n** tax	
51	**Deckmantel** (*m.*) cloak		**Vergünstigung** (*f.*), **-en** privilege, allowance	
	ungestört undisturbed	68	**angreifen°** (*sep.*) to attack	

an. Aber dies ist nicht unser eigentlicher Grund—es war eine lange, harte Aufgabe, eine gute Gesellschaftsform im Vereinigten Königreich und im Commonwealth zu schaffen, so daß die Gewinne transferiert werden können." 70

Die Scientologen sind nicht dumm, und ihren Tarnorganisationen haben sie seriöse Namen verliehen: Da ist die „Kommission für Verstöße der Psychiatrie gegen Menschenrechte", die „Kommission zum Schutze des Bürgers gegen Datenmißbrauch" oder die Drogenberatungsstelle „Narconon", die sogar in Berlin Subventionen einstrich. 75

Mose David, der sich mit Libyens Staatschef Ghaddafi im Bunde wähnt und strammer Antisemit ist, läßt seine „Kinder Gottes" MO-Briefe verkaufen. Das tägliche Soll liegt bei 80 Mark. Doch wer nur das bringt, ist ein „Schämer" und kein „Scheiner"—der muß pro Monat an die 5000 Mark abliefern. Wenn eine „Kolonie" ein halbes Jahr keine neuen Mitglieder wirbt, wird sie zur „assoziierten Kolonie" hinabgestuft und erhält weniger MO-Briefe. 80

Man sieht, was diese „Kirchen" und Sekten wirklich sind: Rein kommerzielle Unternehmen, „Multinationals" in Sachen Religion, aktiv vor allem dort, wo Wohlstand und Liberalität herrschen; in Amerika und Europa. Ihre begehrte Ware sind Heilslehren und eine fragwürdige Geborgenheit in autoritär geführten Kadergruppen. Junge Menschen, meist aus gutbürgerlichem Hause und offenbar mit einem religiösen Verlangen, das die Kirche nicht befriedigt, oder auch einfach mit dem Wunsch „Gutes zu tun", ein besserer Mensch zu werden—das sind die zunächst einmal aufgeschlossenen, neugierigen Ansprechpartner, dann aber häufig seelisch zerbrochene, durch knallharte psychologische Manipulation willfährig gewordene Opfer. 85

90

95

71	**Gewinn** (*m.*), **-e** gain, profit
73	**Tarn-** camouflage
74	**verleihen°** to give
	Verstoß (*m.*), **-̈e** violation
75	**Schutz** (*m.*) protection
76	**Datenmißbrauch** (*m.*) improper use of computerized data
	Drogenberatungsstelle (*f.*), **-n** drug counselling center
77	**Subventionen einstreichen°** (*sep.*) to pocket subsidies
78	**sich im Bunde wähnen** to claim to be allied
79	**stramm** unwavering
80	**Soll** (*n.*) quota
81	**schämen (sich)** to be ashamed
	scheinen° to shine
82	**abliefern** (*sep.*) to hand over
83	**hinabstufen** (*sep.*) to downgrade
86	**in Sachen** in matters of
87	**Wohlstand** (*m.*) prosperity
88	**begehren** to desire, covet
	Heilslehre (*f.*), **-n** doctrine of salvation
	fragwürdig questionable, shady
89	**Geborgenheit** (*f.*) safety, security
	Kader (*m.*), **-** cadre
90	**aus gutbürgerlichem Hause** from good, middle-class homes
	offenbar apparently
91	**Verlangen** (*n.*) craving, longing
	befriedigen to satisfy
93	**aufgeschlossen** open-minded, alert
	neugierig inquisitive
	Ansprechpartner (*m.*), **-** person (willing to engage in a discussion)
94	**zerbrochen** crushed
	knallhart aggressive, high pressure
95	**willfährig** compliant, docile

Wer Kritik daran übt, mit dem³ springen die falschen Heiligen nicht
zimperlich um. Sie drohen mit Klagen und greifen zu Repressalien. So
hat „Scientology" das Bundeskriminalamt verklagt und auch den Theo-
logen Hans Löffelmann—wegen angeblicher Verleumdung. Doch nicht
100 nur das: Leute, die sich als Journalisten oder Psychologen ausgeben,
rufen Löffelmanns Vater, ehemalige Schulkameraden und Lehrer an,
um ihn anzuschwärzen und Informationen über ihn zusammenzutra-
gen—gemäß Ron Hubbards Anweisung, durch „laute Nachforschun-
gen" Kritiker unter Druck zu setzen. Doch die Bundesregierung ist jetzt
105 aufgewacht, das Familienministerium will aktiv werden:
Die Finanzbehörden sollen aufgefordert werden, die Spendenerlaub-
nis für diese Gruppen und die von ihnen beanspruchte Gemeinnützigkeit
streng zu prüfen.⁴ Die Kommunen sollen das Betteln und Sammeln in
den Fußgängerzonen kontrollieren—Düsseldorf beispielsweise hat dies
110 den „Kindern Gottes" verboten. Neben der schon bestehenden Schwer-
punkt-Staatsanwaltschaft in Düsseldorf, die die „Scientologen" unter die
Lupe nimmt, soll eine weitere sich mit Moon und seinen Jüngern be-
schäftigen. Im Familienministerium wird auch überlegt, ob es nicht an
der Zeit wäre, therapeutische Gruppen für ehemalige Mitglieder der
115 Sekten einzurichten und zu fördern, und schließlich geht ein Forschungs-

96	**Kritik üben** to criticize			
	zimperlich umspringen° (*sep.*) **mit**			
	to treat with kid-gloves			
97	**drohen** to threaten			
	Klage (*f.*), **-n** lawsuit			
	zu Repressalien greifen to resort			
	to reprisals			
98	**verklagen** to bring suit against			
99	**angeblich** alleged			
	Verleumdung (*f.*) slander			
100	**ausgeben°** (**sich**) (*sep.*) **als** to pose			
	as, claim to be			
101	**anrufen°** (*sep.*) to call, telephone			
	ehemalig former			
102	**anschwärzen** (*sep.*) to slander, vilify			
103	**Anweisung** (*f.*), **-en** direction			
	laute Nachforschungen public,			
	open investigations			
104	**unter Druck setzen** to pressure			
105	**aufwachen** (*sep.*) to wake up			
106	**Finanzbehörde** (*f.*), **-n** revenue			
	office			
	auffordern (*sep.*) to ask, direct			

	Spendenerlaubnis(*f.*), **-se** permission
	to collect contributions
107	**beanspruchen** to claim
	Gemeinnützigkeit (*f.*) nonprofit
	status
108	**streng prüfen** to examine closely
	betteln to beg
	sammeln to collect
109	**Fußgängerzone** (*f.*), **-n** pedestrian
	zone
110	**Schwerpunkt-Staatsanwaltschaft**
	(*f.*) investigation by the public
	prosecutor's office
111	**unter die Lupe nehmen°** to scruti-
	nize closely
112	**eine weitere** another (investigation)
	Jünger (*m.*), **-** disciple, follower
113	**überlegen** to consider
114	**an der Zeit sein** to be time
115	**einrichten** (*sep.*) to establish
	Forschungsauftrag (*m.*), **-e** research
	contract

---

3. demonstrative pronouns: 20, 1a.
4. infinitive clauses: 22, 1b.

auftrag an die Universität Tübingen („Namen nennen wir nicht, um die Wissenschaftler nicht Repressalien auszusetzen").

Margrit Gerste: *Die Zeit*, 28. Juli 1978.

117   **aussetzen** (*sep.*)   to expose to

Reading 17

Eingebettet in Magie und Glauben

Fakten statt Vorurteile zur Stellung der afrikanischen Frau

Blandena Lee Kossodo: *Die Frau in Afrika. Zwischen Tradition und Befreiung.* Aus dem Amerikanischen von Helmut Kossodo. München: List Verlag. 288 S., 32 Abb.

5   Für viele Leser wird dieses Buch der amerikanischen Psychologin und Soziologin Blandena Lee Kossodo zu einer faszinierenden und verblüffenden Lektüre werden. Hier wird[1] mit Fakten gegen Vorurteile operiert, gegen die weitverbreitete Meinung von der inferioren Stellung der Frau innerhalb der traditionellen afrikanischen Gesellschaft.

10   „Es gibt keinen Erdteil", schreibt die Autorin, „in dem die Frauen in der Geschichte und den Traditionen der Stammeskulturen eine so wesentliche Rolle gespielt haben wie in Afrika. Erst unter dem Einfluß der Kolonisation, der islamischen und christlichen Religion und der Entwicklung der Technik wurde die Stellung der Frau ernsthaft in Frage

15 gestellt."—Was Afrikanisten lange wußten, wird hier von Lee Kossodo

	eingebettet embedded, steeped in	10	**Erdteil** (*m.*), **-e** continent, part of the world
	Magie (*f.*) magic		
1	**Vorurteil** (*n.*),**-e** prejudice	14	**ernsthaft** serious
6	**verblüffen** to amaze, stun		**in Frage stellen** to question
7	**mit Fakten gegen ... operieren** to use facts against ...	16	**zum Umdenken bereit** disposed to reevaluate the question
8	**weitverbreitet** widespread, prevalent	17	**eindringlich** impressive, striking

---

1. clauses without subject: 26, 6.

einer[2] zum Umdenken bereiten größeren Öffentlichkeit eindringlich
präsentiert.

Diesem Abschnitt des Buches voraus gehen Betrachtungen über die
Frau in der Geschichte des Schwarzen Erdteils, die einiger kritischer
Bemerkungen bedürfen. Man sollte nicht mit den Ansichten des be- 20
kannten senegalesischen Historikers Cheikh Anta Diop liebäugeln, der
Ägypten als Negerkultur und die Ägypter als Neger bezeichnet. Ein-
schränkende „Wenn" und „Aber" nützen nicht viel—so stimmt das nicht.
Niemand weiß, woher die Ägypter stammen, und niemandem ist bis
heute eine eindeutige rassische Bestimmung gelungen. 25

Gewiß gibt es parallele Entwicklungen südlich und nördlich der Sa-
hara, kann man Kulturströme von Norden nach Süden wie von Süden
nach Norden verfolgen. Gewiß muß es für eine Ethnologin nicht abwegig
sein, den Ursprung der mutterrechtlichen Gesellschaft in eine Hoch-
kultur wie die ägyptische zu verlegen. Wer aber weiß, ob es nicht im 30
Busch südlich der Sahara schon Matriarchate gab, als am Nil noch nicht
gesiedelt wurde? Selbstverständlich bieten die großen Ägypterinnen aus
pharaonischer Zeit reizvolle Beispiele für die Fähigkeiten, die Frauen
seit eh und je in der Geschichte entwickelten, aber man braucht nicht
unbedingt von Ägypten auszugehen, wie die Autorin meint, um[3] „von 35
der wesentlichen Rolle der Frau in der afrikanischen Kultur und Ge-
schichte einen Eindruck zu gewinnen".

Sie selber tut das auch gar nicht mehr, nachdem sie den geschichtlichen
Teil abgeschlossen hat und sich der aktuellen Feldforschung zuwendet.
Minutiös schildert sie das Leben der Frau in der traditionellen Gesell- 40
schaft Afrikas von der Geburt bis zum Tod, ihre Einbettung in Magie

18	**diesem ... voraus gehen ...** this ... is preceded by ...	29	**mutterrechtlich** matriarchal
20	**Bemerkung** (*f.*), **-en** remark	30	**verlegen** to place, locate
	bedürfen° to need	31	**als am Nil noch nicht gesiedelt**
	Ansicht (*f.*), **-en** opinion, view		**wurde** before settlements were es-
21	**liebäugeln** to toy, flirt		tablished on the Nile
22	**Neger** (*m.*), **-** Negro	32	**selbstverständlich** of course, to be
	einschränken (*sep.*) to qualify, limit		sure
23	**nützen** to help, be of use	33	**reizvoll** fascinating
	so stimmt das nicht this approach	34	**seit eh und je** always, from time
	leads us nowhere		immemorial
24	**niemandem ist eine ... gelungen** no	35	**unbedingt** absolute
	one has succeeded in making a ...		**ausgehen°** (*sep.*) **von** to begin with,
25	**eindeutig** definite, clear		to take as a starting point
	rassisch racial	37	**Eindruck** (*m.*), **-e** impression
28	**verfolgen** to trace	39	**abschließen°** (*sep.*) to conclude
	abwegig wrong, out of line		**zuwenden°** (*sep.*) to turn to
		40	**minutiös** in detail

2. extended-adjective construction: 24, 2.
3. **um** plus infinitive 22, 1c.

und Glauben, ihren gesunden Menschenverstand bei der Kinderpflege
und Erziehung, ihre große Liebesfähigkeit. Die mit Fakten gefüllte Dar-
stellung wird zu einer dramatischen Erzählung, die man mit zuneh-
45 mender Spannung liest.

Das alte Erbe wird von den meisten Stammesangehörigen, soweit sie
nicht als avancierte Intellektuelle oder entwurzelte Hosenneger in den
Städten leben, hoch geachtet—der Eindruck einer zwar komplizierten,
aber gefestigten Ordnung drängt sich auf. Im Busch ist die Welt noch
50 heil. Was aber geschieht nach dem Sprung in das 20. Jahrhundert, mit
dem die Afrikanerinnen wie ihre Männer und Söhne den Busch ver-
lassen? Wie lange wird es dauern, bis sich die Frauen Afrikas der neuen
Entwicklung angepaßt haben?

Lee Kosodo hat der neuen Situation über 70 Seiten gewidmet, und
55 sie kontert am Ende: Sollte man nicht lieber fragen, wie lange es dauern
wird, bis sich die moderne technische Entwicklung den spezifisch afri-
kanischen Umständen angepaßt hat? Eine gute Frage, die wichtige Pro-
bleme der Entwicklungshilfe und der notwendigen Partnerschaft zwischen
Schwarz und Weiß berührt. Da liegt vieles im argen—und die Autorin
60 verfehlt nicht, darüber zu sprechen: „Die leider noch sehr verbreitete
westliche Überheblichkeit, die Geringschätzigkeit, mit der man fremde
Kulturen als primitiv, rückständig und fortschrittshemmend abtut, zeugt
im Grunde nur von der wachsenden eigenen kulturellen Verarmung
und von materialistischer Engstirnigkeit. Wer[4] einem Volk oder gar allen

42	**gesunder Menschenverstand** common sense	55	**kontern** to adduce in answer, counter reply
	Kinderpflege (*f.*) child (infant) care	57	**Umstand** (*m.*), **-e** condition
43	**Liebesfähigkeit** (*f.*) capacity for love	58	**Entwicklungshilfe** (*f.*) aid to devel- oping nations
44	**Erzählung** (*f.*), **-en** narrative	59	**berühren** to touch on
46	**Erbe** (*n.*) heritage		**im argen liegen°** to be in a deplor- able state
	Stammesangehörige (*m.*), **-n** tribal member	60	**verfehlen** to fail
	soweit in so far as		**verbreitet** widespread, prevalent
47	**entwurzelt** uprooted	61	**Überheblichkeit** (*f.*) arrogance
	Hosenneger (*m.*), **-** Negro wearing trousers, urbanized Negro		**Geringschätzigkeit** (*f.*) contempt
48	**achten** to value, regard	62	**rückständig** backward
49	**gefestigt** secure, established		**fortschrittshemmend** impeding progress
	Ordnung (*f.*), **-en** order, system		**abtun°** (*sep.*) **als** to dismiss as
	aufdrängen (sich) (*sep.*) to suggest itself		**zeugen von** to give evidence of, indicate
50	**heil** safe and sound	63	**Verarmung** (*f.*) impoverishment
	Sprung (*m.*), **-e** jump, leap	64	**Engstirnigkeit** (*f.*) narrow- mindedness
51	**verlassen°** to leave		
54	**widmen** to devote		

---

4. **wer** as relative pronoun: 21, 1b.

Völkern eines Erdteils ihre kulturellen Werte abspricht, zeigt in seiner 65
Verachtung nur schlecht verhehlte Dominationsgelüste."
Wo der letzte Vorwurf nicht trifft, gilt der erste. Der eigenen kultu-
rellen Verarmung entgegenwirken—könnte das nicht durch eine auf-
geschlossene Betrachtung des anderen geschehen, der (wie die
afrikanische Frau) in der Fülle geistiger und humaner Bezüge lebt? Ist 70
es so unsinnig, Vergleiche mit unserer eigenen Entwicklung anzustellen?
Man mache[5] sich nur einmal Folgendes klar: Wozu wir Europäer viele
Jahrtausende Zeit hatten, nämlich zur Entwicklung vom Frühzeit- zum
Atomzeitmenschen, das mußten und müssen Millionen Afrikaner in ei-
nem Menschenleben durchstehen. Afrika wird zum Rendezvous der 75
Jahrtausende und ist im Begriff, daraus eine höchst originelle Eigenart
zu machen. Zu ihr wird nach Meinung der Autorin die afrikanische Frau
Wesentliches beitragen, nämlich die[6] auf ihrer metaphysischen Rück-
verbindung beruhende bewahrende Kraft, ohne die es—übrigens auch
außerhalb von Afrika—keinen wirklichen Fortschritt gibt.   80

Gisela Bonn: *Die Welt*, 24. Juni 1978.

65	**absprechen**° (*sep.*) to deny, question		**Bezug** (*m.*), ⁻e reference, relationship
66	**Verachtung** (*f.*) contempt	71	**unsinnig** unreasonable
	verhehlt disguised		**anstellen** (*sep.*) to make
	Gelüst (*n.*), **-e** desire, lust	75	**durchstehen**° (*sep.*) to undergo,
67	**Vorwurf** (*m.*). ⁻e reproach, blame		experience
	treffen° to apply	76	**im Begriff sein** to be in the process
68	**entgegenwirken** (*sep.*) to counteract		**Eigenart** (*f.*) feature, character
	aufgeschlossen open-minded	78	**Rückverbindung** (*f.*) retrospective
69	**des anderen, der** of the other per-		association
	son who	79	**beruhen auf** to be based on
70	**Fülle** (*f.*) fullness, abundance		**bewahren** to preserve

---

5. infinitive stem subjunctive: 29, 1.
6. extended-adjective construction: 24, 2.

Reading 18

Neue Ernten für die Dritte Welt

Aber die Pflanzenzüchtung kann keine Wunder vollbringen

Die Arbeit ist langwierig und keineswegs immer von Erfolg gekrönt. Auch der amerikanische Biologe Emanuel Epstein, dem jetzt die Züchtung salzwasserresistenter Nutzpflanzen wie Gerste, Weizen und To-
5 maten gelungen zu sein scheint, rechnet noch mit zehn bis 15 Jahren weiterer Arbeit, ehe seine Züchtungen in den Küstenwüsten Nordafrikas, im Nahen und Fernen Osten in großem Maße angebaut werden können. Da[1] Epstein aber „nur" 20 Jahre Forschungsarbeit investiert hat, kann sein Erfolg als großer Sprung nach vorn gelten: Meist sind zur Entwick-
10 lung hochwertiger Kulturpflanzen Jahrhunderte oder sogar Jahrtausende nötig.
Das Ziel früherer Züchter war klar: Es galt, aus den meist ertrags-

	Ernte (*f.*), **-n** harvest		6	**Küstenwüste** (*f.*), **-n** coastal desert
1	**Pflanzenzüchtung** (*f.*) plant breeding		7	**in großem Maße** on a large scale
	vollbringen° perform			**anbauen** (*sep.*) to plant
2	**langwierig** protracted		9	**Erfolg** (*m.*), **-e** success
	keineswegs by no means			**Sprung nach vorn** advance, jump
	von Erfolg gekrönt successful			ahead
3	**Züchtung** (*f.*) breeding, cultivation		10	**hochwertig** high-grade
4	**Nutzpflanze** (*f.*), **-n** useful plant		12	**Züchter** (*m.*), **-** grower, breeder
	Gerste (*f.*) barley			**es galt** the task was
	Weizen (*m.*) wheat			**ertragsschwach** less productive
5	**rechnen mit** to figure on			

---

1. **da**: 18, 3b.

schwachen Wildformen solche Pflanzen herauszusieben, die einen besonders hohen Ertrag lieferten und einen Anbau sinnvoll machten. Diese Auslesezüchtung ist die älteste, einfachste und jahrtausendelang die einzige Art der Pflanzenzüchtung. Erst die Erkenntnisse der Vererbungsforschung haben gezielte Kreuzungen verschiedener Formen einer Art, verschiedener Arten oder auch Gattungen ermöglicht. Die daraus entstehenden Mischformen (Bastarde) und deren Folgegenerationen können die Merkmale beider Ausgangsformen in sich vereinigen. 20

Eine solche Bastardbildung, wie sie schon immer vereinzelt in der Natur vorkommt, wurde in der Kreuzungszüchtung zu der heute am häufigsten angewandten Züchtungsmethode. Sie erlaubt die „Herstellung" von bestimmten Kombinationstypen, die auf Ertrag, Qualität oder Widerstandsfähigkeit ausgelesen werden. Allerdings: Die Kreuzungs- 25 züchtung schafft grundsätzlich keine neuen Erbeigenschaften; sie kann nur bereits vorhandene Erbeigenschaften neu kombinieren.

Völlig neue Erbeigenschaften können nur in der Mutationszüchtung geschaffen werden, die erst in neuerer Zeit mit den biochemischen Erkenntnissen über die Träger der Erbinformation eine breitere Anwen- 30 dung erfährt. Zwar hat es Veränderungen in den Erbeigenschaften, sogenannte Mutationen, immer schon gegeben,[2] auf ihnen beruhen Entwicklung und Vielfalt aller Lebewesen. Sie sind bisher über sehr lange Zeit, jedoch auf natürliche Weise und ohne Eingriff des Menschen, entstanden. 35

Die einfachste Form der Mutationszüchtung ist die Vermehrung des in der Regel zweifachen (diploiden) Chromosomensatzes (= Träger der

13	**heraussieben** (*sep.*) to sift out, eliminate	22	**Kreuzungszüchtung** (*f.*) crossbreeding
14	**Ertrag** (*m.*), ⁻e yield	23	**erlauben** to permit, allow
	sinnvoll worthwhile	25	**Widerstandsfähigkeit** (*f.*) resistance
15	**Auslesezüchtung** (*f.*) selective breeding		**auslesen**° (*sep.*) to select
16	**Vererbungsforschung** (*f.*) genetics	26	**grundsätzlich** basically
17	**gezielt** directed toward specific	27	**Erbeigenschaft** (*f.*), **-en** hereditary quality, property
	Kreuzung (*f.*), **-en** hybrid	30	**Träger** (*m.*), - bearer
18	**Gattung** (*f.*), **-en** genus, species	31	**erfahren**° to experience, find
20	**Merkmal** (*n.*), **-e** characteristic, character	33	**Vielfalt** (*f.*) variety, diversity
	Ausgangsform (*f.*), **-en** original variety	34	**Eingriff** (*m.*), **-e** intervention
	in sich vereinigen to combine, contain	36	**Vermehrung** (*f.*) increase, propagation
21	**vereinzelt** now and then	37	**Chromosomensatz** (*m.*), ⁻e chromosome basis, composition, chromosome number

---

2. **es gibt**: 30, 2b.

Erbinformationen in den Zellkernen). Durch Verletzung, Temperatur-
einwirkung oder Chemikalien können mehrfache Chromosomensätze
40 (Polyploidie) erzeugt werden. Zu den wichtigen polyploiden Kultur-
pflanzen zählen Weizen, Tabak, Raps und Baumwolle.

Wesentlich aufwendiger ist die Mutationszüchtung mit Hilfe von
Strahlung oder mutationauslösenden Chemikalien, die[3] die eigentliche
Erbträgersubstanz verändern. Eine Entwicklung neuer Pflanzen mit ge-
45 zielt veränderten Erbeigenschaften ist jedoch auch damit nicht möglich.
Durch den Einsatz solcher Hilfsmittel wird nur die natürliche Muta-
tionsrate wesentlich erhöht.

Der Löwenanteil der[4] auf diese Weise erhaltenen Mutationen bei Pflan-
zen ist nicht lebensfähig oder nicht nutzbar. Nur ganz selten wird dabei
50 eine neue mutierte Form gefunden, die zur Weiterzüchtung geeignet
ist. Der Züchter beschleunigt künstich die Entwicklung, die über Jahr-
tausende oder Jahrmillionen zur heutigen Pflanzenvielfalt geführt hat.

Zumindest oberflächlich gesehen, steht bei der Züchtungsforschung
die Erhöhung von Erträgen bei Nutzpflanzen im Vordergrund. Kaum
55 weniger wichtig ist indes ein weiteres Zuchtziel, die Qualitätsverbesse-
rung pflanzlicher Produkte. Ein gutes Beispiel dafür ist der heimische
Raps. In und nach dem 2. Weltkrieg als ölliefernde Pflanze angebaut,[5]
ging sein Anbau mit zunehmendem Wohlstand immer weiter zurück.

Ähnliche Versuche wurden oder werden mit einigen möglicherweise
60 wichtigen zukünftigen Futterpflanzen durchgeführt, wie sie in weitge-
hend cumarinfreien Sorten von weißem und gelbem Steinklee oder bit-
terstoffarmen Lupinen bekanntgeworden sind. Kurz: Die Qualitäts-

---

38 **Verletzung** (*f.*), **-en** injury
    Temperatureinwirkung (*f.*) influence
      of temperature
39 **mehrfach** multiple
41 **zu ... zählen** among ... are
    Raps (*m.*) rapeseed
    Baumwolle (*f.*) cotton
42 **aufwendig** costly, time-consuming
43 **auslösen** (*sep.*) to induce, precipitate
44 **gezielt** directed toward specific
46 **Einsatz** (*m.*), **⸚e** employment
    Hilfsmittel (*n.*), **-** aid, means
48 **Löwenanteil** (*m.*) lion's share, most
49 **lebensfähig** viable
    nutzbar useful
50 **Weiterzüchtung** (*f.*) further
      breeding
51 **beschleunigen** to accelerate

53 **oberflächlich** superficial
54 **im Vordergrund stehen°** to be of
      prime importance
55 **indes** however
56 **heimisch** native
57 **ölliefernd** oil-yielding
58 **zurückgehen°** (*sep.*) to decline
    Wohlstand (*m.*) prosperity
59 **möglicherweise** possibly
60 **Futter** (*n.*) fodder, feed
    weitgehend to a large extent
61 **gelb** yellow
    Steinklee (*m.*) melilot, sweet clover
62 **bitterstoffarm** deficient in bitter
      principle
    bekanntwerden° (*sep.*) to be
      discovered
    kurz in brief

---

3. relative clause: 19, 2.
4. extended-adjective construction: 23, 2.
5. participial phrase: 25, 3.

züchtung kann ertragreiche und ernährungsphysiologisch interessante Wildpflanzen für den Anbau nutzbar machen oder Kulturpflanzen veränderten Verbraucherwünschen anpassen. 65

Ein weiteres Ziel in der Pflanzenzüchtung, das auch durch das gesteigerte Umweltbewußtsein wesentlich an Bedeutung gewonnen hat, ist die „Produktion" krankheits-, klima- und schädlingsresistenter Arten, die ohne massiven Einsatz von Pflanzenschutzmitteln auskommen. Dieser Tage erst hat die Biologische Bundesanstalt auf die Gefahr hingewiesen, 70 die der deutschen Landwirtschaft vom Gelbmosaik-Virus droht. Da chemische Waffen gegen diesen Schädling kaum helfen, suchen die Forscher jetzt nach einer Gerstensorte, die gegen das Virus resistent ist. Aber erst in 15 Jahren wird entsprechendes Saatgut in ausreichenden Mengen zur Verfügung stehen. Und während sich die von klimatischen 75 Faktoren abhängigen Probleme noch relativ leicht lösen lassen, kann eine Züchtung auf Krankheits- und Schädlingsresistenz durch die laufende Anpassung der Erreger und Schädlinge unterlaufen werden.

Man darf[6] nicht erwarten, daß allein durch die Züchtung neuer Pflanzen das Welternährungsproblem gelöst werden kann. Hier bietet die 80 Verarbeitung bisher ungenutzter nährstoffreicher Pflanzen größere Chancen. Trotzdem bleibt die Pflanzenzüchtung eine Aufgabe von großer Bedeutung, nur Wunder sollte man von ihr nicht erwarten.

Hubert Poppel: Die Welt, 12. August 1978.

63	**ertragreich** productive, rich (in yield)	71	**drohen** to threaten
65	**Verbraucherwünsche** (*pl.*) consumer demands	72	**Waffe** (*f.*), **-n** weapon, agent
	anpassen (*sep.*) to adapt	73	**Gerste** (*f.*) barley
67	**Umweltbewußtsein** (*n.*) concern for the environment	74	**entsprechend** suitable
			Saatgut (*n.*) seeds, seed supply
68	**Schädling** (*m.*), **-e** parasite, pest		**ausreichend** sufficient
69	**Pflanzenschutzmittel** (*n.*), **-** pesticide	77	**laufend** continuous
	auskommen° (*sep.*) thrive, manage	78	**Erreger** (*m.*), **-** causative agent
	dieser Tage erst only lately		**unterlaufen**° to impair
70	**Bundesanstalt** (*f.*), **-en** Federal Institute	80	**Verarbeitung** (*f.*) processing
			ungenutzt unused

---

6. idiomatic meanings of modals: 17, 2.

Reading 19

Krisen—gibt's die überhaupt?

Das Leben in 100 Jahren wird so schlecht nicht sein

Provozierende Thesen auf der 27. Nobelpreisträgertagung in Lindau

Mit herausforderndem Optimismus konfrontierte Chemie-Nobel-
preisträger Sir Derek Barton aus London während der 27. Tagung der
5 Nobelpreisträger in Lindau im Bodensee seine Zuhörer: Viele Krisen,
von denen heute die Rede ist, seien[1] entweder eingebildet oder künstlich,
kaum eine real zu nennen. Die meisten Probleme, mit denen die Welt
angeblich zu leben habe, seien überdies nicht wissenschaftlich, sondern
wirtschaftlicher und rechtlicher Natur. Das Leben in 100 Jahren werde
10 so schlecht nicht sein.

Sir Barton befaßte sich mit dem ungewöhnlichen Thema der Klassi-
fizierung von Krisen und provozierte dabei mit ebenso ungewöhnlichen
Thesen. Deren erste war, daß das Problem der Umweltverschmutzung
ein eingebildetes sei. Als Beispiel dafür[2] nannte er die geglückte Besei-

Krise (*f.*),**-n** crisis	**eingebildet** imaginary
gibt's die überhaupt are there really any	7 **kaum eine** hardly one
2 **provozieren** to provoke	8 **angeblich** allegedly
3 **herausfordern** (*sep.*) to challenge	**überdies** moreover
4 **Tagung** (*f.*), **-en** meeting, conference	9 **rechtlich** legal
5 **Lindau** Lindau (a city on an island in Lake Constance)	13 **deren erste** the first one of which
Zuhörer (*m.*), **-** listener, audience	**Verschmutzung** (*f.*) pollution
6 **von . . . die Rede ist** which are discussed	14 **geglückt** successful
	Beseitigung (*f.*) elimination

---

1. subjunctive in indirect discourse: 27, 5.
2. **da(r)**-compounds: 26, 2a.

tigung des dicken gelben Londoner Nebels, der, voll Schwefeldioxid und 15
Schwefelsäure, während der Heizperiode die Gesundheit der Großstädter
bis zuletzt im Jahre 1952 gefährdete und bisweilen zu siebenfach zahl-
reicheren Todesfällen als sonst führte. Heute darf in London keine
bitumenreiche Kohle mehr verheizt werden; der Nebel ist verschwun-
den. Der Nachweis des Problems und entsprechende Gesetze haben für 20
diesen Erfolg genügt, der freilich nicht umsonst zu[3] erreichen war.

Umweltprobleme sind deshalb eingebildet, schloß Sir Barton, weil wir
die Technik haben, ihnen zu begegnen, zusätzlich aber dringend die
regulierenden Gesetze brauchen. Daß diese Gesetze mehr oder weniger
international sein sollten, zeigt indessen der Aspekt, daß beispielsweise 25
in England über hohe Schlote abgegebenes Schwefeldioxid erst in Skan-
dinavien in Form übersäuerten Regens niedergeht, mit allen nachteiligen
ökologischen Konsequenzen.

„Künstlich" nannte er die Energiekrise, hervorgerufen durch die will-
kürlichen und abrupten Ölpreiserhöhungen eines Monopols. Wäre[4] 30
diese Preissteigerung langsam erfolgt, während sich die bisherigen
Vorräte allmählich erschöpften, dann wären andere, teuerere Ölfelder
entwickelt oder andere Energiequellen verfügbar gemacht worden.
Achtzig Prozent der Erdölvorräte unseres Planeten, ähnlich wie unter
den Meeren, müßten[5] überdies erst noch gefördert werden, meinte Sir 35
Barton.

Ähnlich optimistisch sieht er die zukünftige Nutzung von Ölschiefern
und Ölsanden, den Einsatz von Kohle mit moderner, zweckmäßiger

---

15 **Nebel** (*m.*) fog
   Schwefeldioxid (*n.*) sulfur dioxide
16 **Schwefelsäure** (*f.*) sulfuric acid
   Heizperiode (*f.*), **-n** heating season
   Großstädter (*m.*), city dweller
17 **bis zuletzt** until as late as
   gefährden to endanger
   bisweilen at times
18 **Todesfall** (*m.*), **-̈e** death
19 **verheizen** to burn
20 **Nachweis** (*m*), **-e** demonstration, evidence
   entsprechend appropriate
21 **genügen** to suffice
   umsonst gratis, for nothing
23 **begegnen** to take steps against
   zusätzlich in addition
   dringend urgently

25 **indessen** meanwhile
26 **Schlot** (*m.*), **-e** smokestack
27 **übersäuert** acid-saturated
   nachteilig injurious
29 **hervorrufen**° (*sep.*) to cause
   willkürlich arbitrary
31 **erfolgen** to take place
   Vorrat (*m*), **-̈e** supply
32 **allmählich** gradually
   erschöpfen (sich) to become exhausted
33 **verfügbar machen** to make available
35 **fördern** to tap
37 **Nutzung** (*f.*) exploitation
   Ölschiefer (*m.*), **-** oil containing shale
38 **Einsatz** (*m.*), **-̈e** use
   zweckmäßig appropriate
39 **Aufarbeitung** (*f.*) processing

---

3. **ist(war)** plus **zu** plus infinitive: 25, 4.
4. subjunctive in suppositions or conditions contrary to fact: 28, 1.
5. idiomatic meanings of subjunctive modals: 30, 1.

Aufarbeitung, die Verwendung von Wind- oder Sonnenenergie, die
40 freilich allesamt teuer sind. „Die Einbildung besteht darin, daß das Öl-
monopol weiterbesteht." Eine aktuelle Gefahr ist allerdings auch, daß
bei wieder sinkenden Ölpreisen die Konkurrenzfähigkeit der neuen und
alternativen Energiequellen verlorengeht. Bei der Kernenergie dürfte
nach Ansicht des Nobelpreisträgers durch staatliche Sicherheitsvorkeh-
45 rungen, also durch das Gesetz, jedem möglichen Unfall wirkungsvoll
vorgebeugt werden können. Sicherlich habe man schon heute die tech-
nischen Mittel der Lösung der Energiekrise in der Hand. Es brauche
freilich Zeit, damit[6] die Situation sich selbst korrigieren könne.

Die Welternährungskrise wiederum sei weit weniger ein Problem der
50 landwirtschaftlichen Produktion, sondern der Verteilung. Würde auf
der ganzen Erde intensiv und mit modernen Methoden Landwirtschaft
betrieben, könnten die gegenwärtigen Erträge wohl noch verdoppelt
werden. Zukünftige Entwicklungen aus der landwirtschaftlichen For-
schung könnten ein übriges tun. Und das Bevölkerungswachstum, teils
55 Folge moderner Medizin, werde wohl allein deshalb exponentiell nicht
so weitergehen, weil es durch den immer stärker werdenden Wunsch
nach annehmbarem Lebensstandard gebremst würde. So „scheußlich"
wie man heute bisweilen glaube, werde das Leben in 100 Jahren „na-
türlich nicht" sein. Trotz aller Unzulänglichkeiten biete die Welt heute
60 einen besseren[7] Platz zum Leben als jemals zuvor.

Ein schlimmer Fehler der Pessimisten sei es anzunehmen, daß alle
bedeutsamen Entdeckungen zum Nutzen der Menschheit bereits ge-
macht worden seien. Die sogennannte „Bevölkerungsexplosion" indes-
sen sei eine Angelegenheit für Recht und Politik, doch nicht der

40	**allesamt** all
	Einbildung (*f.*), **-en** illusion
41	**weiterbestehen**° (*sep.*) to continue to exist
42	**Konkurrenzfähigkeit** (*f.*) competitive position
43	**verlorengehen**° (*sep.*) to be lost
44	**nach Ansicht** in the opinion
	Sicherheitsvorkehrung (*f.*), **-en** safety measure
45	**Unfall** (*m.*), **⁻e** accident
	wirkungsvoll effectively
46	**vorbeugen** (*sep.*) to guard against
	sicherlich certainly, no doubt
49	**wiederum** on the other hand
50	**Verteilung** (*f.*) distribution
52	**betreiben**° to practice

	gegenwärtig present
	Ertrag (*m.*), **⁻e** yield
54	**ein übriges tun**° to do more than is necessary
56	**weitergehen**° (*sep.*) to continue
57	**annehmbar** acceptable
	bremsen to brake, be slowed down
	scheußlich horrible
58	**bisweilen** at times
59	**Unzulänglichkeit** (*f.*), **-en** shortcoming
60	**jemals zuvor** ever before
62	**bedeutsam** significant
	Nutzen (*m.*) benefit
63	**indessen** however
64	**Angelegenheit** (*f.*), **-en** concern
	Recht (*n*), **-e** law, justice

---

6. **damit**: 18, 3c.
7. comparative followed by **als**: 11, 4a 1.

Wissenschaft. Nicht anders, wie die ökologischen Probleme Fragen des 65
nationalen und internationalen Rechts seien. „Die Krise ist—vielleicht—
nicht wirklich", sagte Sir Barton. Wirtschaftlich allerdings habe die Öl-
preissteigerung auch in diesem Zusammenhang eines klar gemacht: Das
Realkapital werde in die produzierenden Länder transferiert. „Wir müs-
sen also ärmer werden". Ich wollte, meinte der Nobelpreisträger 70
sinngemäß, die Politiker wären so ehrlich, das zu sagen.

Die einzige reale Krise bedeutet bei ihm die Gefahr eines Atomkrieges.
Allerdings drohe sie weit weniger aus dem Gleichgewicht der Abschrek-
kung zwischen den Supermächten, sondern aus der Möglichkeit, daß
irgendein Land Atomwaffen zur letzten Verteidigung einsetze—oder 75
ein Diktator „im letzten Ausbruch des Irreseins". Hoffnung sieht Sir
Barton aber darin, daß die Nationen zunehmend lernen könnten, ein
ebenso ausgeprägtes Moralgefühl wie menschliche Individuen zu
entwickeln.

Nicht aus der Rede des Laureaten, sondern aus einer von ihm darüber 80
geschriebenen Kurzfassung sei[8] der letzte Absatz zitiert, der deutlich
macht, weshalb er den Optimismus herausfordern wollte: „Meine Aus-
führungen mögen irgendwie selbstzufrieden erscheinen. Ich bin nicht
zufrieden mit der Welt, doch glaube ich, daß die Energien der inter-
essierten Leute auf die falschen Ziele gerichtet sind. Es ist notwendig, 85
daß wir eine Welt konstruieren, die auf sozialer und wirtschaftlicher
Gerechtigkeit basiert, die durch nationale und internationale Gesetze
zur Durchführung gebracht wird. Dies wird erst dann möglich sein,
wenn jedermann diese Gesetze respektiert. Darin liegen die wirklichen
Probleme dieser Welt." 90

Rolf H. Simen: *Deutscher Forschungsdienst*, Nr. 18, 22. Jahrgang.

68 **eines** one thing
70 **ich wollte** I wish
71 **sinngemäß** accordingly
    ehrlich honest
73 **drohen** to threaten
    Gleichgewicht (*n.*) balance
    Abschreckung (*f.*) deterrents
75 **irgendein** some, any
    Verteidigung (*f.*) defense
    einsetzen (*sep.*) to employ
76 **Ausbruch** (*m*), -e outbreak, eruption
    Irresein (*n.*) insanity
78 **ebenso ... wie** just as ... as
    ausgeprägt pronounced

81 **Kurzfassung** (*f.*), -en abridged version
    zitieren to cite
82 **weshalb** why
    herausfordern (*sep.*) to challenge
    Ausführung (*f.*), -en statement, comment
83 **selbstzufrieden** smug, self-satisfied
84 **zufrieden** satisfied
85 **richten** to direct
87 **Gerechtigkeit** (*f.*) justice
88 **zur Durchführung bringen**° to realize
89 **jedermann** everyone

8. special uses of subjunctives with infinitive stem: 29, 1.

Ratgeber in der letzten Stunde

Baruch (Benedictus) Spinoza—dargestellt von Karl Jaspers und
H. G. Hubbeling

H. G. Hubbeling: **Spinoza**
Freiburg i. Br. u. München: Verlag Karl Alber, 176 S.

Karl Jaspers: **Spinoza**
München: R. Piper Verlag, 154 S.

Als man 1977 der dreihundertsten Wiederkehr von Spinozas Todestag
gedachte, waren auf dem deutschen Büchermarkt keine gewichtigen
Neuerscheinungen über diesen Philosophen zu verzeichnen. Anders als
in den ersten drei Dezennien unseres Jahrhunderts fand in der Zeit nach
dem Zweiten Weltkrieg Spinoza im deutschen Sprach- und Geistesraum
nur wenig Interesse. Der führende Denker der fünfziger Jahre, Martin
Heidegger, setzte sich mit ihm ebensowenig auseinander wie die all-
mählich erstarkenden neopositivistischen und kritisch-rationalistischen
Kreise, für die Namen wie Karl R. Popper, Hans Albert und Ernst
Topitsch stehen mögen. Auch die Frankfurter Schule vernachlässigte
Spinoza; sie litt an Überbeschäftigung mit Hegel- und Marx-Exegese.
Eine große Ausnahme war der deutsche Existenzphilosoph Karl Jaspers
mit seinem monumentalen Werk „Die großen Philosophen", in dem
Spinoza ein umfangreiches Kapitel gewidmet ist. Jaspers' Darstellung
zählt zu den gründlichsten, man darf sagen: kongenialen Monographien
über den aus spanisch- jüdischer Familie stammenden Denker, der von
der Amsterdamer Synagoge exkommuniziert wurde und 1677 im Alter

von nur 45 Jahren in Den Haag starb. Es handelt sich dabei weniger um eine philosophiegeschichtliche Arbeit (obwohl Jaspers durchaus auch die historischen Umstände berücksichtigt und die Frage der Einflüsse und Anregungen untersucht), sondern weit mehr um den Versuch, aus einem grundlegenden existentiellen Betroffensein heraus Spinozas Probleme und Antworten nochmals nachzuvollziehen, in einem philosophischen Dialog mit ihm sein spekulatives System zu rekonstruieren und zu erhellen, sowohl seine Grenzen wie seine übergeschichtliche, unüberholbare Substanz freizulegen.

Es ist deshalb sehr zu begrüßen, daß der den Großteil des Jaspersschen Lebenswerks betreuende Piper Verlag sich entschlossen hat, diese subtile Spinoza-Darstellung erstmalig in einer Einzelausgabe einem größeren Leserkreis zugänglich zu machen. Sie erschien fast gleichzeitig mit dem Briefwechsel Spinozas, der die neue siebenbändige Edition der Werke des Philosophen abschließt (Verlag Felix Meiner, Hamburg). Jaspers gelingt, wozu leider nur wenige philosophische Schriftsteller der neueren Zeit imstande sind: tiefschürfend und zugleich allgemeinverständlich, von tiefer Sympathie für den behandelten Denker erfüllt und dennoch ihm nicht kritiklos ergeben zu sein. Hier äußert sich ein Ergriffener, der jahrzehntelang über Spinoza meditiert hat, doch diese Faszination ist bis zum Schluß gebändigt und gezügelt durch methodische Sorgfalt und Akribie. Jaspers' Schrift ist deshalb mehr als eine philosophiehistorische Interpretation, nämlich: der exemplarische Fall eines über die Jahrhunderte hinweg geführten Geistergesprächs, einer sowohl innerer Leidenschaft als auch zuchtvoller Besonnenheit sich verdankenden philosophischen Aneignung.

H.G. Hubbeling, der Autor der in der Serie „Kolleg Philosophie" erschienenen Spinoza-Darstellung, ist Niederländer und lehrt an der Universität Groningen. So verwundert es nicht, daß er mit den Umständen des Lebens und Schaffens Spinozas besonders gut vertraut ist; hat doch der Verfasser der „Ethik" und des „Theologisch-politischen Traktats" sein ganzes Leben in den Niederlanden verbracht. Die wichtigsten biographischen Quellen sind in niederländischer Sprache verfaßt, die leider nur ganz wenige Spinoza-Forscher beherrschen. Hubbeling deutet an, daß trotz hervorragender Vorarbeiten der historischen Forschung noch sehr viel zu tun übrigbleibt, und er spricht den Wunsch aus, daß der eine oder andere interessierte Leser seines Buches Lust bekommen möge, die Sprache des Landes zu erlernen, in dem der große Philosoph im siebzehnten Jahrhundert gelebt hat.

Das Buch des Groninger Professors ist erfrischend und unprätentiös geschrieben, wobei der Akzent weniger auf dem philosophischen Nachvollzug denn auf grundlegender Information liegt. Ohne letztere würde freilich auch jede Aneignung und Deutung eitel sein. Die Arbeit gliedert sich in drei Teile. Im ersten wird eine Übersicht über Spinozas Leben und Schriften geboten, und in diesem Zusammenhang entlarvt der Autor eine ganze Reihe von jahrhundertelang kolportierten Berichten als Legenden. Der zweite Teil behandelt knapp die Hauptthemen der spinozanischen Philosophie sowie die in sie eingegangenen Einflüsse (Descartes, Hobbes, jüdische Theologie, Stoizismus). Der Lehre Spinozas ist der dritte Abschnitt gewidmet, der am ausführlichsten ist. Es folgen im Anhang ein Bericht über den gegenwärtigen Stand der internationalen Spinoza-Forschung, eine Zeittafel, Personen- und Sachregister sowie ein Literaturverzeichnis, das weit über dreihundert—meist mit knappen Kommentaren versehene—Titel umfaßt.

Hubbeling vermeidet die sonst im Hinblick auf Spinoza meistverwendeten Schlagwörter (Monismus, Pantheismus, Determinismus, Rationalismus usw.) und wiederholt in der klaren Zusammenfassung des Systems den vom Philosophen selbst in seinem Hauptwerk, der „Ethik", vollzogenen Gang vom Gottesbegriff über die Lehre von Körper und Seele, die Erkenntnistheorie und Psychologie der menschlichen Affekte bis zu den abschließenden Gedanken über Glück, Freiheit und Ewigkeit. „Glückseligkeit ist nicht der Lohn der Tugend, sondern die Tugend selbst", lehrt Spinoza. Sie besteht im „Amor intellectualis dei", in der einsichtig-gelassenen Liebe der unendlichen und überpersönlichen Gott-Natur. „Es ging Spinoza um die Befreiung des Menschen aus der Knechtschaft", schreibt Hubbeling, aus der Abhängigkeit von Vorurteilen und Illusionen, von Aberglauben und Dogmatismus, von Furcht und Hoffnung (in welch letzterer der Denker keine Tugend erblickt!). Spinozas „Ethik" ist weit mehr als eine Moralphilosophie; sie ist ein Aufstieg zu jener hellen Höhe, auf der Vernunft und Mystik keine Gegensätze mehr sind.

Spinozas Gott ist nicht der des Alten Testaments. Er ist auch nicht der Gott des Evangeliums. Es ist dies ein Gott, dessen man sich nur im Aufschwung lauteren Denkens zu vergewissern vermag. Ein Gott ohne Kirche, Kult und Offenbarung, der weder Schöpfer der Welt noch Richter der Menschen ist und zu dem man auch nicht beten kann. Ein unpersönlicher Gott, der, die immanente Ursache der Welt, mit dem Grund und Abgrund des Universums identisch ist. Dessen Wesen man vielleicht als eine Art kosmischer Energie charakterisieren kann, die sich in unendlich vielen Attributen äußert, von denen uns Menschen nur zwei zugänglich sind: *extensio* (Ausdehnung) und *cogitatio* (Denken). Spinozas Metaphysik ist anti-dualistisch, und manches spricht für die Vermutung, daß sie starken Bedürfnissen des modernen Bewußtseins entgegenkommt.

Auch Hubbeling meint, daß der scheinbar so kühle Spinozismus gerade heute, angesichts der Krise des kirchlich gebundenen Christentums, jene Menschen religiös zu inspirieren vermag, die von einem für existentielle Fragen blinden Materialismus oder Positivismus ebenso abgestoßen werden wie von einem dogmatischen Offenbarungsglauben. Seine kosmische Perspektive spricht diejenigen an, die eine Überwindung des anthropozentrischen Denkens für notwendig halten. Sein Gottesverständnis bildet den Ausgangspunkt für eine Lehre von der Bruderschaft aller Menschen und auch der anderen Lebewesen, einschließlich der „toten Natur". Man könnte geradezu von einem ökophilosophischen Ansatz sprechen. Nicht von ungefähr fühlten sich Männer wie Goethe, Schelling und Einstein zu Spinoza hingezogen. Lichtenberg hat sogar die Prophezeiung gewagt: „Wenn die Welt noch eine unzählbare Zahl von Jahren steht, so wird die Universalreligion geläuterter Spinozismus sein."

Was immer man von dieser Voraussage halten mag, jedenfalls spricht sie deutlich aus, welche Bewandtnis es mit diesem Denker hat. Seine säkulare Bedeutung liegt darin, daß er, wenn man einmal von dem Ketzer-Mönch Giordano Bruno absieht, zum ersten Male in der Geistesgeschichte des christlichen Abendlandes die große Alternative zum überlieferten Weltbild des Christentums bis in die letzten Konsequenzen aufgezeigt hat. Es gibt, vertrauenswürdigen Berichten zufolge, auch heute noch (oder wieder) Menschen unter uns, die auf die Frage, mit welchem Philosophen man in der Todesstunde zu Rate gehen soll, nicht Hegel, Marx, Adorno, Bloch oder Sartre nennen, sondern nur Spinoza.

Gerd-Klaus Kaltenbrunner: *Die Welt*, 22. Juli 1978.

Appendix 1

Chapter Readings in German Type

THE GERMAN ALPHABET

GERMAN	FORM	GERMAN NAME	ROMAN	FORM
𝔞	𝔄	ah	a	A
𝔟	𝔅	bay (bé)	b	B
𝔠	ℭ	tsay (tsé)	c	C
𝔡	𝔇	day (dé)	d	D
𝔢	𝔈	ay (é)	e	E
𝔣	𝔉	eff	f	F
𝔤	𝔊	gay	g	G
𝔥	ℌ	hah	h	H
𝔦	ℑ	ee	i	I
𝔧	𝔍	yott	j	J
𝔨	𝔎	kah	k	K
𝔩	𝔏	ell	l	L
𝔪	𝔐	emm	m	M
𝔫	𝔑	enn	n	N
𝔬	𝔒	oh	o	O
𝔭	𝔓	pay (pé)	p	P
𝔮	𝔔	koo	q	Q
𝔯	ℜ	err (trilled or uvular *r*)	r	R
ſ, 𝔰	𝔖	ess	s	S
𝔱	𝔗	tay (té)	t	T
𝔲	𝔘	oo	u	U
𝔳	𝔙	fow (*as in* fowl)	v	V
𝔴	𝔚	vay (vé)	w	W

GERMAN FORM		GERMAN NAME	ROMAN FORM	
ẋ	𝔛	icks	x	X
ŋ	𝔜	üpsilon	y	Y
ʒ	ʒ	tset	z	Z
ä	𝔄̈	ah Umlaut	ä	Ä
ö	𝔒̈	oh Umlaut	ö	Ö
ü	𝔘̈	uh Umlaut	ü	Ü
ch		tsay-hah	ch	
ck		tsay-kah	ck	
ß		ess-tset	ß	
tz		tay-tset	tz	

1. Zahlen

Die Zahlen von eins bis zehn sind: eins, zwei, drei, vier, fünf, sechs, sieben, acht, neun, zehn.

Ein Dreieck hat drei Seiten und drei Winkel. Wieviele Seiten hat ein Viereck? Ein Viereck hat natürlich vier Seiten. Wieviele Seiten hat das Pentagon in Washington, D.C.? Ja, es hat fünf Seiten. Kreise haben keine Winkel. Sie sind rund.

Wieviel ist vier plus fünf? Richtig! Die Antwort ist neun. Wieviel ist eins und sechs? Natürlich, sieben. Wieviel ist zehn minus acht? Zehn minus acht ist zwei. Wieviel ist zehn minus zehn? Zehn minus zehn ist null. Drei mal drei ist neun. Wieviel ist −4 mal 2? Die Antwort ist −8.

Wieviele Tage hat eine Woche? Eine Woche hat sieben Tage: Montag, Dienstag, Mittwoch, Donnerstag, Freitag, Sonnabend oder Samstag, und Sonntag.

2. Das metrische System

Die meisten europäischen und viele außereuropäische Staaten gebrauchen das metrische System. Wissenschaftler in der ganzen Welt gebrauchen fast ausschließlich das metrische System.

Die Einheit des Längenmaßes ist das Meter, die Einheit des Gewichtsmaßes ist das Kilogramm. Kilo ... bedeutet in Verbindung mit Maßen und Gewichten „tausend" ..., 1000 Meter entsprechen daher einem Kilometer. Ein Meter gleicht ungefähr dem 40 000 000. Teil des Erdäquators. Ein

Meter hat 10 Dezimeter, 100 Zentimeter und 1000 Millimeter. Eine Seemeile gleicht 1852 Meter.

Das Kilogramm ist das Gewicht eines Liters destillierten Wassers bei —4 Grad Celsius. In Deutschland gleicht ein Kilogramm 2 deutsche Pfund, in den Vereinigten Staaten ungefähr 2,2 (zwei Komma zwei) Pfund. Ein Kilogramm (kg) hat hundert Dekagramm (dkg) und ein Tausend Gramm (g).

3. Zahlen von zehn bis hundert

Die Zahlen von zehn bis hundert sind sehr einfach. Von zehn an zählen wir: elf, zwölf, dreizehn, vierzehn, fünfzehn, sechzehn, siebzehn, achtzehn, neunzehn, zwanzig, einundzwanzig, zweiundzwanzig usw.

Herr Schmidt war gestern in einer Buchhandlung und kaufte einige wissenschaftliche Bücher. Herr Schmidt fragte den Verkäufer: „Wieviel kosten die Bücher?" Der Verkäufer antwortete: „Sie kosten 92 Mark." Herr Schmidt zählte sein Geld. Er hatte 10 Zehnmarkscheine. Er zählte die Scheine: zehn, zwanzig, dreißig, vierzig, fünfzig, sechzig, siebzig, achtzig, neunzig, hundert. Er gab dem Verkäufer die hundert Mark. Der Verkäufer gab Herrn Schmidt drei Markstücke und ein Fünfmarkstück und zählte: „dreiundneunzig, vierundneunzig, fünfundneunzig, hundert." Dann sagte der Verkäufer: „Vielen Dank und auf Wiedersehen." Herr Schmidt steckte die Bücher in seine Aktenmappe und sagte auch: „Auf Wiedersehen."

4. Kurze Geschichte der deutschen Universitäten

Einige deutsche Universitäten sind sehr alt. Kaiser Karl IV. gründete die erste deutsche Universität in Prag im Jahre 1348. Prag ist heute natür-lich nicht in Deutschland, sondern in der Tschechoslowakei. Die zweitälteste deutsche Universität ist in Wien (1365), also auch nicht im heutigen Deutsch-land. Die älteste Universität Deutschlands ist in Heidelberg (1386). Im Jahre 1500 hatte Deutschland sechzehn Universitäten. Die Hauptlehrfächer waren das römische und kanonische Recht, Theologie, Philosophie und Medizin.

Die Bundesrepublik hat heute Universitäten, Technische Hochschulen, Spezialhochschulen und viele andere Bildungsanstalten, wie z.B. Musik-hochschulen und Pädagogische Akademien.

Die DDR (Deutsche Demokratische Republik) hat auch viele Bildungs-anstalten. Die berühmte Humboldt-Universität ist im Ostsektor, die Freie Universität im Westsektor Berlins.

5. Die Völkerwanderung

Vor der Völkerwanderung lebten nur wenige germanische Stämme in Westeuropa. Die Geschichte erzählt von den Cimbern und Teutonen und ihren Kriegen mit den Römern von ungefähr 100 v. Chr. (vor Christi) bis etwa 100 n. Chr. (nach Christi).

Die große Flut der Germanen nach Mittel- und Westeuropa kam nach 375 n. Chr. Die Ursache der Völkerwanderung ist nicht ganz klar. Vielleicht gab es verschiedene wichtige Gründe, wie z. B. Landarmut, Hungersnot und die Hunnen. Die Hunnen, ein kriegslustiges und tapferes Volk, verdrängten die Germanen aus dem Gebiet zwischen dem Rhein und der Elbe, und viele germanische Stämme zogen dann in Gebiete, wo ihre Nachkommen ihre heutigen Wohnsitze haben. Die Angelsachsen wanderten nach England, die Franken nach dem heutigen Westfrankreich, die Bajuwaren und Alemannen nach dem heutigen Bayern und Österreich, die Langobarden nach Norditalien. So schuf die Völkerwanderung die Grundlagen für die staatliche Entwicklung in Mittel- und Westeuropa.

6. Das Erste, Zweite und Dritte Reich

Etwa seit der Mitte des 13. Jahrhunderts entstanden auf dem Boden des Heiligen Römischen Reiches Deutscher Nation ziemlich unabhängige Territorialstaaten. Das Deutsche Reich der folgenden Jahrhunderte war ein loser Staatenbund. Das Oberhaupt dieses Bundes war der habsburgische Kaiser in Wien. Dieses erste Reich kam zu Ende im Jahre 1806, während der Napoleonischen Kriege.

Eine große Anzahl von souveränen Königreichen, Herzogtümern und freien Reichsstädten folgte. Das zweite Deutsche Reich war das Werk Bismarcks nach dem Deutsch-Französischen Krieg (1870-1871). Der König von Preußen wurde der neue deutsche Kaiser. Der letzte deutsche Kaiser war Wilhelm II. Dieses Reich kam zu Ende nach der Revolution von 1918.

Im Jahre 1933 kam das nationalsozialistische Regime an die Macht. Man nannte es das „Dritte Reich" und auch das „Tausendjährige Reich". Es dauerte aber kaum zwölf Jahre.

7. Die Romantik

Die Romantik war eine ästhetisch-literarische Epoche in der Literatur verschiedener europäischer Länder. In Deutschland dauerte sie von ungefähr 1790 bis 1840. Sie ist gekennzeichnet durch einen Abfall vom verstandesmäßigen Denken und von aller Nüchternheit. Gefühl, Phantasie, Stimmung und Sehnsucht bewegten die Romantiker. Ihre Sehnsucht trug sie aus der Wirklichkeit in eine glückliche Vergangenheit und in ferne Länder. Das Geheimnisvolle und Unergründliche, der Traum und die Nacht faszinierte ihr Denken.

Die Romantik hatte einen starken Einfluß auf fast alle Bereiche des kulturellen und geistigen Lebens. Sie beeinflußte die Kunst, Musik, Philosophie und andere Gebiete. Bekannte Namen in der Musik sind Weber, Schubert und Mendelssohn. Im Gesellschaftlichen führte der romantische Subjektivismus zu einer Lockerung der sittlichen Bindungen. Auch geistreiche Frauen spielten eine Rolle in der Entwicklung der deutschen Romantik.

8. Unsere Monatsnamen

Plutarch machte in seiner Lebensbeschreibung des „Numa Pompilius", des zweiten römischen Kaisers, einige Angaben über den Ursprung unserer Monatsnamen.

Die alten Römer vor Numa teilten das Jahr in nur zehn Monate ein. Numa fügte den Januar und den Februar hinzu. Der Januar erhielt seinen Namen von dem Friedensgott Janus. Im Februar feierten die Römer die Trauerfeste, daher der Name Februar. Romulus, der erste König Roms, weihte den Monat März dem Kriegsgott Mars. Eine Erklärung für den Namen April geht auf das lateinische Wort aperire (öffnen, der Frühling öffnet die Saat für ein neues Leben) zurück. Der Mai ist nach der Mutter des Merkur, Maja, benannt. Der Juni war wahrscheinlich der Göttin Juno gewidmet. Juli ehrte den Julius Cäsar, August den Kaiser Augustus. Die Monate September, Oktober, November und Dezember leiten ihre Namen einfach von ihrer Stellung (der 7. bis 10. Monat) im alten römischen Jahr her. Das Jahr begann mit dem Monat März. September war daher der 7. Monat des Jahres, Oktober der 8. usw.

9. Die „Latin Farmers" von Belleville, Illinois

Im Jahre 1815 hatten die Herrscher von Preußen, Österreich und Rußland einen Bund, die Heilige Allianz, geschlossen. Dieser Bund, unter Metternichs Einfluß, führte eine Zeit der Unterdrückung und Reaktion herbei.

In deutschen Ländern, sowie in Italien, Frankreich und Polen haben die radikalen Studenten und viele Intellektuelle dagegen gekämpft. 1833 kam es in Frankfurt am Main zu einem Aufstandsversuch, aber er wurde schnell niedergeschlagen.

Einige Teilnehmer sind nach Amerika geflohen, fanden in Belleville, Illinois eine neue Heimat und wurden Farmer. Sie hatten aber keine Erfahrung in der Landwirtschaft. Als europäische Intellektuelle sprachen aber alle Latein. Deshalb haben ihre amerikanischen Nachbarn sie die „Latin Farmers" genannt. Diese Einwanderer beeinflußten das politische und kulturelle Leben im Staate Illinois. Bis ins späte 19. Jahrhundert sprachen viele Einwohner von Belleville fast nur Deutsch. Auch die schwarzen Dienstboten, so berichtet ein Historiker, sagten „Gesundheit", nachdem jemand geniest hatte.

10. Eine drollige Geschichte

Im Forest Ranger Büro im Yellowstone National Park gab es einen großen Alarm. Ein brauner Bär war uneingeladen in eine Touristenhütte eingedrungen. Einige Rangers eilten aus dem Büro und sahen viele Leute vor der Hütte stehen.

Eine aufgeregte Frau mit zwei kleinen Kindern berichtete folgendes: „Wir waren gerade beim Frühstück. Ein großer, hungriger Bär hat den Speck und die Spiegeleier gerochen und ist ins Haus und in die Küche gekommen. Ich und meine beiden Kinder sind schnell aus dem Haus gelaufen."

Einer der Rangers bemerkte ein großes Loch in der Fliegentür und sagte teilnahmsvoll zu der Frau: „Ja, man sieht, wo der Bär hineinging."

Die Frau antwortete schnell: „Nein, so war das nicht. Da kamen wir heraus."

11. Die Lebenserwartung des Menschen

In den am wenigsten entwickelten Ländern ist die mittlere Lebensdauer am tiefsten. Je mehr ein Land industrialisiert und entwickelt ist, desto höher ist meistens die Lebenserwartung. In den hochentwickelten Ländern liegt sie bei den Neugeborenen zwischen 65 und 74 Jahren. In den meisten Entwicklungsländern dagegen liegt sie viel tiefer, bei 30 bis 50 Jahren. Für einige dieser Länder sind keine Angaben bekannt. Hier liegt die m. L. wahrscheinlich noch tiefer.

Im letzten Jahrhundert ist die m. L. in den Industrieländern äußerst schnell gestiegen. Dazu hat in erster Linie die moderne Medizin beigetragen. Sie hat die Kindersterblichkeit stark reduziert und verschiedene Seuchen, z.B. die Pocken, die Kinderlähmung u.a. erfolgreich bekämpft. Auch eine bessere Ernährungslage, besonders unter der ärmeren Bevölkerung, hat die m. L. erhöht.

Die Steigerung der m. L. ist natürlich mit der Verlängerung der durch=
schnittlichen Lebensdauer verbunden. Doch lebt heute ein Greis von 75
Jahren nicht wesentlich länger als ein Greis vor 50 oder 100 Jahren gelebt
hat.

12. Die Welternährungskrise

Die immer zahlreicher werdende Bevölkerung der Erde wird zu immer
größeren Problemen führen. Eines dieser Probleme wird natürlich die
Ernährung der unglaublich schnell steigenden Weltbevölkerung sein. 1900
betrug sie etwa 1,5 Milliarden. Heute ist sie etwa 4 Milliarden. In 20 bis
30 Jahren wird die Zahl der Menschen mehr als doppelt so hoch sein. Schon
heute wird die Ernährung der vielen Menschen, besonders in den unterent=
wickelten Ländern, immer schwieriger, denn diese Länder weisen den größten
Bevölkerungszuwachs auf.

Die moderne Landwirtschaft hat zwar in der Entwicklung der Bodenbear=
beitung, Bewässerung, krankheitsresistenten Züchtungen usw. Wunder voll=
bracht. Aber wird es möglich werden, die moderne landwirtschaftliche Tech=
nologie, das notwendige Transportsystem usw. in unterentwickelten Ländern
und in Entwicklungsländern in verhältnismäßig kurzer Zeit einzuführen?
Dies wird wohl notwendig werden, denn die Ausfuhr landwirtschaftlicher
Erzeugnisse der entwickelten Länder wird mit der steigenden Weltbevölkerung
kaum Schritt halten können.

13. Sturm und Drang

Der Sturm und Drang ist eine Bewegung in der deutschen Literatur. Die
Bewegung hatte eine verhältnismäßig kurze Dauer, von ungefähr dem Ende
der 60er bis in den Anfang der 80er Jahre des 18. Jahrhunderts. Sie
wurde von vielen einheimischen und ausländischen Einflüssen angeregt.
Von den letzteren werden wir nur Edward Young, einen englischen, und
Jean=Jacques Rousseau, einen französischen Schriftsteller, erwähnen.

Die jungen Sturm und Drang Dichter protestierten gegen die Herrschaft
des abstrakten Verstandes und gegen zeitlos gültige Regeln und Gesetze.
Von ihnen wurden u.a. die schöpferische Kraft der leidenschaftlichen Gefühle,
der Subjektivismus, das Individuelle und Irrationale verherrlicht.

Goethes „Die Leiden des jungen Werthers" und Schillers „Die Räuber"
werden als repräsentative Werke dieser Periode angesehen.

14. Die Heſſen im Amerikaniſchen Freiheitskrieg

In amerikaniſchen Geſchichtsbüchern ſind die heſſiſchen Soldaten ſchon immer als mercenaries bezeichnet worden. Dieſe Bezeichnung iſt ungenau. Durch ſie wird die lang gehegte Voreingenommenheit gegen dieſe Soldaten verewigt.

Im engeren Sinne des Wortes verkauft ein Söldling ſeine eigenen Dienſte und eventuell ſein Leben. Dies war jedoch bei den heſſiſchen Soldaten nicht der Fall. Sie ſind der Tyrannei und Geldſucht ihrer Fürſten zum Opfer gefallen. Ganze Regimenter deutſcher Soldaten ſind von ihren Landesvätern an höchſtbietende fremde Länder, beſonders England, verkauft worden. Dieſer Abſchnitt deutſcher Geſchichte iſt von Friedrich Kapp in ſeinem Buch „Der Soldatenhandel deutſcher Fürſten nach Amerika: ein Beitrag zur Kulturgeſchichte des achtzehnten Jahrhunderts" (Berlin, 1874) eingehend beſchrieben worden. (Fortſetzung folgt)

15. Die Heſſen im Amerikaniſchen Freiheitskrieg (Fortſetzung)

Im Juli 1776 kamen 7000 deutſche Soldaten, aus Heſſen und verſchiede= nen anderen Fürſtentümern, unter dem Befehl des Generalleutnants von Heiſter in Staaten Island an. Sie wurden dem Kommando des Generals Howe unterſtellt. In den nächſten Jahren ſtieg die Zahl bis auf faſt 30 000. Von dieſen kehrten jedoch nur ungefähr 17 000 wieder in ihre Heimat zurück. Tauſende ſind auf dem Schlachtfeld gefallen und andere haben ſich in Amerika angeſiedelt. Von den Deſerteuren und Kriegsgefangenen haben ſich viele in Pennſylvania und Virginia niedergelaſſen und ſind gute amerikaniſche Bürger geworden.

Ein zeitgenöſſiſcher Proteſt gegen dieſes ſchändliche Blatt in der Ge= ſchichte der deutſchen Kleinſtaaten befindet ſich in Schillers Drama „Kabale und Liebe", Akt 2, Szene 2.

16. Der kluge Derwiſch

Ein Araber hatte ſeinen drei Söhnen bei ſeinem Tode ſiebzehn Kamele hinterlaſſen. Der Älteſte ſollte die Hälfte erben, der Zweite ein Drittel und der Jüngſte ein Neuntel. Nach dem Tode des Vaters wollten die Söhne die Erbſchaft teilen, aber wie ſollten ſie den Willen ihres Vaters erfüllen? Sie konnten die ſiebzehn Kamele weder durch zwei noch durch drei oder neun teilen.

Schließlich mußten sie einen Derwisch um Rat bitten. Er war bereit, ihnen zu helfen. Zunächst bot er den Brüdern sein eigenes Kamel als Geschenk an. Die Brüder hatten nun achtzehn Kamele, und der Derwisch konnte die Teilung vornehmen. Der Älteste erhielt die Hälfte, also neun Kamele, der Zweite ein Drittel, sechs Kamele, und der Jüngste ein Neuntel, zwei Kamele. Ein Kamel blieb übrig. Die glücklichen Brüder schenkten es dem Derwisch für seine Hilfe.

17. Ein kurzer Brief aus Kanada

Quebec, den 28. August

Lieber Onkel Heinrich!

Nach unserer Reise durch die Vereinigten Staaten haben wir auch Kanada besuchen können. In Vancouver an der Westküste haben wir sogar nach Lachsen fischen dürfen und haben einige Prachtexemplare (8-10 kg) gefangen. Der Flug nach Montreal über die kanadischen Rocky Mountains war atemberaubend. Vom Flugzeug aus haben wir zuerst die herrlichen Berge und Seen bewundern können. Dann kamen die unglaublich riesigen Weizenfelder.

In der sehr modernen Stadt Montreal haben wir uns leider nur zwei Tage aufhalten können. Von dort sind wir nach Quebec geflogen. Im alten Teil der Stadt glaubt man sich fast in eine alte französische Stadt versetzt. Da ich etwas Französisch und Englisch kann, konnte ich mich mit den Einheimischen unterhalten. Sie waren alle sehr gastfreundlich und hilfsbereit. Heute Abend kehren wir wieder nach New York zurück, und von dort fliegen wir zurück in die Heimat.

Mit herzlichen Grüßen!
Karl

18. Der Zeppelin im Ersten Weltkrieg

Unter der Leitung von Graf Zeppelin startete schon 1900 der erste Zeppelin, das „LZ 1". In den folgenden Jahren wurden die Luftschiffe immer größer und schneller.

Nachdem der 1. Weltkrieg ausgebrochen war, wurden Zeppeline von der Marine und dem Heer übernommen. Sie wurden zuerst für Aufklärungs=

flüge in der Nordsee gegen die englische Flotte und später zum Bomben-
abwurf über England eingesetzt. Als die Zeppeline über England und
London ihre ersten Luftangriffe machten, erregten sie einen großen
Schrecken, denn es gab keine erfolgreiche Abwehr gegen sie, wenn sie in
einer Höhe von 4000 m flogen. Weder die englischen Jagdflugzeuge noch
die Artilleriegranaten konnten so eine Höhe erreichen. Jedoch in einer ver-
hältnismäßig kurzen Zeit verbesserten die Engländer ihre Flugabwehr,
indem sie ihre Jagdflugzeuge und die Flak (Flugzeugabwehrkanone) ver-
besserten. Nun konnten sie die Zeppeline mit Phosphormunition angreifen.
Da die Zeppeline mit brennbarem Wasserstoff gefüllt waren, genügte manch-
mal nur ein Treffer, um das Luftschiff in einen riesigen Feuerball zu
verwandeln. Die angreifenden Luftschiffe erlitten nun schwere Verluste, und
für die Mannschaft wurde eine Fahrt gegen England ein „Himmelfahrts-
kommando".

Obwohl die Zeppeline wenig taktischen Wert hatten, hatten sie jedoch
einen gewissen psychologischen und strategischen Wert in den ersten Kriegs-
jahren. Je tiefer sie ins englische Hinterland eindrangen, je mehr Streit-
kräfte und Artillerie mußten zur Abwehr in England bleiben und konnten
daher nicht in den Entscheidungsschlachten in Frankreich eingesetzt werden.

19. Buchbesprechung

Sautter, Udo: „Geschichte der Vereinigten Staaten von Amerika." Stutt-
gart: Kröner 76. 592 S. (Kröners Taschenbuch, Bd. 443).

Der in Kanada wirkende Historiker deutscher Abstammung verleugnet
seine auch historiographisch deutsche Herkunft nicht. Sein Buch, das er
selbst als „Skizze" bezeichnet, stellt gegenüber dem üblichen amerikanischen
Pragmatismus eine distanziert und überlegen urteilende Übersicht dar, die
neben den sozialen Komponenten auch die geistigen heraushebt. Die innere
und insbesondere wirtschaftliche Entwicklung steht voran, doch vernachläßigt
der Verf. die äußere Machtentfaltung nicht. Die Einteilung in fünf Epochen
bezieht die englische Kolonialzeit ein und reicht bis zur Mitte der 70er Jahre
unseres Jahrhunderts. Man wird nicht immer den Bewertungen des Verf.
folgen können, doch im ganzen gewährt sein Buch eine faktenreiche Einfüh-
rung. Ein Anhang bringt aufschlußreiche Statistiken. Die Literaturauswahl
konzentriert sich bedauerlicherweise, amerikanischer Übung gemäß, auf Werke
in englischer Sprache.

Prof. Dr. E. Hölzle (Konstanz)

20. Gifte

Im allgemeinen bezeichnet man diejenigen Stoffe als Gifte, die zu Gesundheitsschäden bei Mensch und Tier führen. Im engeren Sinne sind Gifte unbelebte Stoffe, aber auch belebte Stoffe, z.B. die, die Krankheitserreger sind, werden als Gifte angesehen. Gifte werden auch in Pflanzen gefunden. Die giftigen Stoffe können in allen Teilen der Pflanzen oder nur in einigen vorhanden sein, z.B. in Wurzeln, Blättern oder Früchten. Die Menge des Giftes und seine Wirksamkeit ist oft von der Tages- und Jahreszeit, vom Klima und vom Boden abhängig.

Auch Arzneimittel, die in zu großer Menge oder in falscher Weise dem Körper zugeführt werden, wirken als Gifte. Dasselbe gilt auch für Stoffe der täglichen Ernährung, z.B. Kochsalz, und für Alkohol.

Maßgebend für jede Giftwirkung sind die Menge des Giftes, die Form und der Ort der Einführung. Neben der Menge ist auch die Konzentration des Giftes von Bedeutung.

21. Schnelltest aus Schweden spürt Allergien auf

Menschen mit einer Allergie brauchen sich nicht mehr in allen Fällen langwierigen Testprozeduren zu unterziehen. Der in Schweden entwickelte „Radio-Allergor-Sorbens-Test" (RAST) kann 55 sogenannte Sofort-Allergien rasch nachweisen. Zu diesen Allergieformen, bei denen der Organismus nach Kontakt mit bestimmten Stoffen schon innerhalb weniger Minuten oder Stunden überempfindlich reagiert, gehören vor allem Asthma, Heuschnupfen und Medikamenten-Allergien, insbesondere die gegen Penicillin.

Die Allergie wird bei „RAST", so berichteten Mediziner auf einem Allergie-Symposium in Köln, mit Hilfe radioaktiv markierter Substanzen und elektronischer Auswertung von Blutanalysen sehr rationell und in relativ kurzer Zeit nachgewiesen. Fällt der Test positiv aus, kann auf andere, sehr viel aufwendigere und risikoreichere Allergie-Tests verzichtet werden.

An der Kölner Universitäts-Hautklinik können bereits bis zu 500 Analysen pro Tag vorgenommen werden. Der herkömmliche, mehrtägige Lymphozyten-Transformationstest beispielsweise kann hingegen nur an acht Patienten pro Tag durchgeführt werden.

22. Anekdote

„Zwei Dinge, meine Herren", sagte Billroth, der große Mediziner, einmal in einer Vorlesung, „sind für jeden Arzt außerordentlich wichtig: Beobach-

tungsgabe und Selbstüberwindung." Er stellte ein Glas mit einer unappetit=
lich aussehenden Flüssigkeit vor sich hin. „Können Sie mir das nicht nach=
machen, so werden Sie nie gute Ärzte werden." Er tunkte einen Finger in
die Flüssigkeit, führte die Hand zum Munde und sog, ohne eine Miene zu
verziehen, am Finger. Dann sagte er: „Nun, meine Herren, machen Sie mir
das nach!" Um ihre Befähigung zum Beruf zu beweisen, tunkten die Hörer
nun die Finger ein und leckten sie dann mit Todesverachtung ab. Als der
letzte Hörer diesem Beispiel gefolgt war, fuhr Billroth fort: „Ihre Selbst=
überwindung haben Sie mir nun bewiesen, aber Ihre Beobachtungsgabe
läßt sehr zu wünschen übrig. Keiner von Ihnen hat bemerkt, daß ich den
Zeigefinger eingetunkt und nur den Mittelfinger abgeleckt habe!"

23. Am Anfang war die Draisine

Wenn wir heute unser Fahrrad besteigen, kommt es uns wohl kaum in
den Sinn, daß auch dieses Fahrzeug einer verhälnismäßig langen Entwick=
lung untergangen ist. Das erste unseren modernen Rädern vorangehende
Fahrzeug war die aus Holz gebaute Laufmaschine. Sie wurde von einem in
Mannheim lebenden Förstermeister, Karl von Drais, 1817 erfunden und
wurde später nach ihm die Draisine benannt.

Diese Laufmaschine ähnelte dem modernen Fahrrad nur insofern als sie
zwei hintereinander angebrachte Räder und einen Sattel hatte und mit den
Händen gesteuert werden konnte. Jedoch der im Sattel Sitzende mußte sich
mit seinen Füßen abwechselnd durch Abstoßen auf der Erde fortbewegen,
fast wie beim Laufen. Natürlich erregte dieser Anblick viel Gelächter unter
den Zuschauenden, besonders wenn das noch nicht mit einer Bremse aus=
gestattete Fahrzeug zu schnell über eine mit Kopfsteinpflaster belegte Straße
bergab sauste.

Etwa vierzig Jahre später kam die erste wichtige Verbesserung. Der
Instrumentenmacher Fischer in Schweinfurt führte das mit einer Tretkurbel
am Vorderrad versehene Fahrrad ein. Erst 1885 wurde das mit einer Kette
am Hinterrad getriebene Fahrrad in England erfunden. Nach vielen anderen
Verbesserungen erreichte das Fahrzeug seine heute bevorzugte Form, die
sogar zehn Gänge aufweist, von denen aber die meisten Radfahrer höchstens
zwei oder drei gebrauchen. Aber zehn Gänge muß unser Fahrrad haben, ob
sie gebraucht werden oder nicht—der Autor spricht aus eigener Erfahrung!

24. Buchbesprechung

Jons, Veronica: „Welt der Mythen". Aus dem Engl. v. M. Gatzemeier.
Freiburg: Herder 77. 352 S., 366 farb. Abb. Geb.

Dieses umfangreiche, hervorragend mit 366 vorzüglichen Farbbildern ausgestattete Werk wird eingeleitet mit einer Abhandlung über „Deutung und Wertung des Mythos" von Prof. M. Gatzemeier, der das Buch aus dem Englischen übersetzte. Unter den erwähnten Mythendeutungen von A. Comte bis C.G. Jung wird die religionswissenschaftliche Deutung der Mythen (R. Otto, M. Eliade) leider nicht berücksichtigt. Die Texte zu den einzelnen mit reichem Bildmaterial versehenen Kultur- und Religions-bereichen der Mythenbildung (Naher Osten, Ägypten, Persien, Indien, Griechenland, Rom, Kelten, Skandinavien und Germanen, China, Japan, nordamerikanische Indianer, Mexiko und Zentralamerika, Südamerika, Südpazifik und Australien, Afrika) verraten gründliche Sachkenntnis. Das Buch bietet nicht nur eine Erklärung der jeweiligen Mythen der betr. Religionen, sondern zugleich eine eindrucksvolle und sachgemäße Darstellung der jeweiligen religionsgeschichtlichen Entwicklung. Bisweilen fällt eine ausschließlich soziologische Motivierung der mythischen Vorstellungen auf, wenn es z.B. S. 74 heißt: „Sie läßt besonders deutlich erkennen, wie Mythologien soziale Strukturen widerspiegeln und zugleich stützen." Hier wie auch sonst vermißt man spezifisch religiöse Motivation.

Prof. Dr. G. Mensching (Bonn)

25. Die „Rosinen-Bomber"

Die über Berlin während des Zweiten Weltkrieges fliegenden alliierten Bomber brachten der Stadt Tod und Verheerung. Weniger als zehn Jahre später wieder nach Berlin fliegend, wurden amerikanische und britische Flugzeuge von der Bevölkerung West-Berlins mit Jubel begrüßt. Vom Juni 1948 bis Mai 1949 brachten sie den West-Berlinern alles, was sie zum Lebensunterhalt brauchten. Durch die von den sowjetischen Truppen durchgeführte Blockade isoliert, mußten die 2,5 Millionen Einwohner voll-ständig durch die „Luftbrücke" versorgt werden. Dies schloß nicht nur Lebensmittel und Medikamente sondern auch Kohle, Rohstoffe, Maschinen-teile und Gebrauchsgüter aller Art ein. Auch von der Stromversorgung abgeschnitten, wurde sogar ein ganzes Kraftwerk eingeflogen, um die Stadt mit elektrischem Strom zu versorgen. Bei schlechtem Wetter landeten alle zwei bis drei Minuten ein Flugzeug, bei gutem sogar mehr. Etwa 500 Groß-flugzeuge flogen über 200 000 Einsätze und beförderten eine Fracht von fast 1 500 000 Tonnen.

Die für ihren Humor und ihre Schlagfertigkeit bekannten Berliner, und besonders die Kinder, zu denen die Piloten kleine aus Bettüchern selbst-gemachte Fallschirme mit daran hängenden Süßigkeiten abwarfen, gaben den Flugzeugen den Spitznamen „Rosinen-Bomber".

26. Ein Sonnen-Kochherd

Beim Lesen in einem im 19. Jahrhundert geschriebenen Handbuch der Physik, worin einige der ersten Versuche, die Sonnenenergie zum Kochen zu gebrauchen, beschrieben werden, wird dem modernen Leser nahegebracht, daß manche unserer heutigen Versuche schon vor vielen Jahren die Wissenschaft beschäftigt hatten. Darunter sind u.a. die Versuche von Sir John Herschel erwähnt, die er am Kap der Guten Hoffnung im Jahre 1837 ausgeführt hatte.

Er schwärzte inwendig eine Holzkiste, worin er ein Thermometer angebracht hatte, und worüber er eine einfache Glasscheibe legte. Er setzte die Kiste nun den Einwirkungen der Sonnenstrahlen aus und sah das Thermometer auf 67°C steigen. Hierauf grub er die Kiste in trockenen Sand ein und das Thermometer ging bis auf 81°C hinauf. Danach legte er über die erste Glasscheibe eine zweite und das Thermometer zeigte, je nach Zeit der Bestrahlung 103°C, 115°C und sogar 120°C. Sir Herschel hatte sich damit einen Sonnen-Kochherd erfunden. Hierin konnte er Eier, Gemüse und Rindfleisch an der Sonne kochen.

27. Nicht gescheiter geworden?

Seit 40 000 Jahren ist der Mensch praktisch nicht mehr gescheiter geworden. Das stellte Professor Egon Neuer vom Institut für Humanbiologie der Universität Wien kürzlich in einem Vortrag fest: Das Gehirn des Menschen ist seit dem Auftreten des Homo sapiens zu dieser Zeit bis heute organisch unverändert geblieben. Die Entwicklung sei abgeschlossen und sämtliche hirnphysiologischen Voraussetzungen für die Intelligenz seien vorhanden gewesen. Dazugekommen sei lediglich ein „angehäuftes Wissen" der Kulturgesellschaft. Wahrscheinlich werde es eine Evolution des Gehirns auch in Zukunft nich mehr geben. Die Denkprozesse des Gehirns können lediglich durch maschinelle Hilfsmittel, wie Computer, vergrößert und erweitert werden.

28. Das Attentat zu Sarajewo

Am 28. Juni 1914 fielen zwei Schüsse in Sarajewo, die eine Weltkatastrophe auslösten. Der österreichische Thronfolger, Erzherzog Franz Ferdinand, und seine Gemahlin wurden von einem jungen serbischen Studenten durch diese zwei Schüsse getötet. Einer der Verschworenen, Vaso Cubrilovic, der an dem Attentat teilnahm, war bis vor einigen Jahren Geschichtsprofessor an der Belgrader Universität. Der siebzehnjährige Student wurde wegen Teilnahme an der Verschwörung zu sechzehn Jahren schweren Kerkers verurteilt. Wäre er damals älter gewesen, so wäre er gehängt worden.

In einem Interview für United Preß am 40. Jahrestag des Attentates äußerte er sich folgendermaßen: „Wenn ich gewußt hätte, welche tragische Entwicklung die Weltgeschichte durch diesen Mord nehmen würde, hätte ich es mir bestimmt überlegt. Ich will nicht sagen, daß ich heute für Österreich eintreten würde, aber heute weiß ich, daß Meuchelmord nicht der richtige Weg ist, um politische Ziele, auch wenn sie richtig sind, zu erreichen." Auch wenn der Mord unterblieben wäre, wäre der Krieg zwischen den Groß= mächten wahrscheinlich ausgebrochen, denn er war wegen der Spannungen zwischen den Großmächten fast unvermeidlich.

29. Buchbesprechung

Bernard Lewis: Welt des Islam. Geschichte und Kultur im Zeichen der Propheten. Aus dem Amerikanischen. Braunschweig: Westermann 76. 360 S., 490 Abb., davon 160 farbig. Ln.

Die wachsende Bedeutung des Nahen Ostens als Wirtschaftspartner läßt das Interesse an dieser Region, ihrer Kultur und ihren Problemen schneller wachsen, als man es vor einigen Jahren hätte voraussagen können. Die Verlage haben sich schnell auf diese Situation eingestellt, die Flut der Bücher zum Thema „Naher Osten" ist kaum noch zu überblicken. Bernard Lewis, einer der hervorragenden englischen Islamologen, hat mit einer Gruppe von Fachleuten 1975 ein „over=all=picture" vorgelegt, das jetzt in seiner deutschen Fassung dem hiesigen Leser zur Verfügung steht. Angesprochen ist dabei nicht der Spezialist der Islamwissenschaft, sondern der Laie auf diesem Gebiet, der sich entweder weiterbilden will oder einen ersten Einstieg sucht. Behan= delte Gebiete: . . . Als abschließender Beitrag steht ein Kapitel über die Probleme des modernen Islam (E. Kedourie). Eine Zeittafel sowie eine ausgewählte Bibliographie zu den jeweiligen Kapiteln ergänzen das überaus reich bebilderte (490 Abb.) Werk. Als Ganzes ein Buch, dem man weite Verbreitung wünscht, um die Vorurteile und Ressentiments gegenüber der islamischen Welt abzubauen.

Dr. J. Martin (Univ. Hohenheim)

30. Schimmel besiegen Hautkrebs ohne ärztliche Hilfe

Die Lipizzaner, Österreichs Nationalstolz, sind nicht nur ihrer Schönheit und Gelehrigkeit wegen ein erstaunliches Phänomen. Sie geben auch der

Medizin Rätsel auf. Wie neuere Untersuchungen zeigen, besitzen diese Pferde offensichtlich einen nach ungeklärten Mechanismus, mit dem sie einen bösar=tigen Hautkrebs (melanom), der bei etwa 80 Prozent der Lipizzaner auftritt, ohne medizinische Hilfe besiegen können.

Wie Professor Gustav Niebauer (Wien) darlegte, soll jetzt von Medi=zinern dieser geheimnisvolle Mechanismus näher untersucht werden. Die dabei an den weißen Pferden gewonnenen Erkenntnisse dürften, so der Wiener Kliniker, auch für die Humanmedizin von Bedeutung sein. Wegen ihrer raschen Metastasenbildung zählen Melanome beim Menschen zu den beson=ders bösartigen, meist tödlichen Krebserkrankungen. In neuerer Zeit treten sie überdies, wie Neubauer weiter feststellte, immer häufiger auf.

Die Wiener Mediziner wollen jetzt insbesondere klären, welche Kräfte die Lipizzaner in ihrem Körper entwickeln oder schon von Geburt an zur Ver=fügung haben, mit denen sie die krebsartigen Pigmentstellen ihrer Haut so erfolgreich bekämpfen. Man vermutet in Wien, daß dieser geheimnisvolle Mechanismus auch unmittelbar mit dem Weißwerden des Fells innerhalb der ersten Lebensjahre—Lipizzaner werden schwarz geboren—zusammen=hängt.

Appendix 2

Irregular Verbs

INFINITIVE	PAST	PAST PARTICIPLE	PRESENT
backen *bake*	buk, backte	gebacken	bäckt
befehlen *command*	befahl	befohlen	befiehlt
beginnen *begin*	begann	begonnen	beginnt
beißen *bite*	biß	gebissen	beißt
bergen *hide*	barg	geborgen	birgt
bersten *burst*	barst	geborsten	birst
bewegen *induce*	bewog	bewogen	bewegt
biegen *bend*	bog	gebogen	biegt
bieten *offer*	bot	geboten	bietet
binden *bind*	band	gebunden	bindet
bitten *beg, ask*	bat	gebeten	bittet
blasen *blow*	blies	geblasen	bläst
bleiben *remain*	blieb	geblieben	bleibt
brechen *break*	brach	gebrochen	bricht
brennen *burn*	brannte	gebrannt	brennt
bringen *bring*	brachte	gebracht	bringt
denken *think*	dachte	gedacht	denkt
dingen *engage*	dang, dingte	gedungen, gedingt	dingt
dringen *press*	drang	gedrungen	dringt
dünken *seem*	dünkte, deuchte	gedünkt, gedeucht	dünkt, deucht
dürfen *be allowed*	durfte	gedurft	darf
empfehlen *recommend*	empfahl	empfohlen	empfiehlt
essen *eat*	aß	gegessen	ißt
fahren *drive*	fuhr	gefahren	fährt
fallen *fall*	fiel	gefallen	fällt
fangen *catch*	fing	gefangen	fängt
fechten *fight*	focht	gefochten	ficht
finden *find*	fand	gefunden	findet
flechten *braid*	flocht	geflochten	flicht
fliegen *fly*	flog	geflogen	fliegt

INFINITIVE	PAST	PAST PARTICIPLE	PRESENT
fliehen *flee*	floh	geflohen	flieht
fließen *flow*	floß	geflossen	fließt
fressen *devour*	fraß	gefressen	frißt
frieren *freeze*	fror	gefroren	friert
gären *ferment*	gor, gärte	gegoren, gegärt	gärt
gebären *bear*	gebar	geboren	gebiert
geben *give*	gab	gegeben	gibt
gedeihen *thrive*	gedieh	gediehen	gedeiht
gehen *go*	ging	gegangen	geht
gelingen *succeed*	gelang	gelungen	gelingt
gelten *be valid*	galt	gegolten	gilt
genesen *recover*	genas	genesen	genest
genießen *enjoy*	genoß	genossen	genießt
geschehen *happen*	geschah	geschehen	geschieht
gewinnen *gain*	gewann	gewonnen	gewinnt
gießen *pour*	goß	gegossen	gießt
gleichen *resemble*	glich	geglichen	gleicht
gleiten *glide*	glitt	geglitten	gleitet
glimmen *gleam*	glomm, glimmte	geglommen, geglimmt	glimmt
graben *dig*	grub	gegraben	gräbt
greifen *seize*	griff	gegriffen	greift
haben *have*	hatte	gehabt	hat
halten *hold*	hielt	gehalten	hält
hängen *hang*	hing	gehangen	hängt
heben *lift*	hob	gehoben	hebt
heißen *be called*	hieß	geheißen	heißt
helfen *help*	half	geholfen	hilft
kennen *know*	kannte	gekannt	kennt
klimmen *climb*	klomm, klimmte	geklommen, geklimmt	klimmt
klingen *sound*	klang	geklungen	klingt
kommen *come*	kam	gekommen	kommt
können *can*	konnte	gekonnt	kann
kriechen *creep*	kroch	gekrochen	kriecht
laden *load*	lud	geladen	lädt (ladet)
lassen *let*	ließ	gelassen	läßt
laufen *run*	lief	gelaufen	läuft
leiden *suffer*	litt	gelitten	leidet
leihen *lend*	lieh	geliehen	leiht
lesen *read*	las	gelesen	liest
liegen *lie*	lag	gelegen	liegt
lügen *tell a lie*	log	gelogen	lügt
meiden *shun*	mied	gemieden	meidet
messen *measure*	maß	gemessen	mißt
mögen *like, may*	mochte	gemocht	mag
müssen *must*	mußte	gemußt	muß
nehmen *take*	nahm	genommen	nimmt
nennen *name*	nannte	genannt	nennt
pfeifen *whistle*	pfiff	gepfiffen	pfeift
preisen *praise*	pries	gepriesen	preist

INFINITIVE	PAST	PAST PARTICIPLE	PRESENT
quellen *gush*	quoll	gequollen	quillt
raten *advise*	riet	geraten	rät
reiben *rub*	rieb	gerieben	reibt
reißen *tear*	riß	gerissen	reißt
reiten *ride*	ritt	geritten	reitet
rennen *run*	rannte	gerannt	rennt
riechen *smell*	roch	gerochen	riecht
ringen *wring; wrestle*	rang	gerungen	ringt
rinnen *flow, run*	rann	geronnen	rinnt
rufen *call*	rief	gerufen	ruft
saufen *drink, guzzle*	soff	gesoffen	säuft
saugen *suck*	sog	gesogen	saugt
schaffen *create*	schuf	geschaffen	schafft
scheiden *part*	schied	geschieden	scheidet
scheinen *appear*	schien	geschienen	scheint
schelten *scold*	schalt	gescholten	schilt
schieben *shove*	schob	geschoben	schiebt
schießen *shoot*	schoß	geschossen	schießt
schlafen *sleep*	schlief	geschlafen	schläft
schlagen *strike*	schlug	geschlagen	schlägt
schleichen *sneak*	schlich	geschlichen	schleicht
schließen *shut*	schloß	geschlossen	schließt
schlingen *sling*	schlang	geschlungen	schlingt
schmeißen *throw*	schmiß	geschmissen	schmeißt
schmelzen *melt*	schmolz	geschmolzen	schmilzt
schneiden *cut*	schnitt	geschnitten	schneidet
schreiben *write*	schrieb	geschrieben	schreibt
schreien *cry*	schrie	geschrie(e)n	schreit
schreiten *stride*	schritt	geschritten	schreitet
schweigen *be silent*	schwieg	geschwiegen	schweigt
schwimmen *swim*	schwamm	geschwommen	schwimmt
schwinden *vanish*	schwand	geschwunden	schwindet
schwingen *swing*	schwang	geschwungen	schwingt
schwören *swear*	schwur, schwor	geschworen	schwört
sehen *see*	sah	gesehen	sieht
sein *be*	war	gewesen	ist
senden *send*	sandte, sendete	gesandt, gesendet	sendet
sieden *boil*	sott, siedete	gesotten, gesiedet	siedet
singen *sing*	sang	gesungen	singt
sinken *sink*	sank	gesunken	sinkt
sinnen *think*	sann	gesonnen	sinnt
sitzen *sit*	saß	gesessen	sitzt
sollen *should*	sollte	gesollt	soll
spinnen *spin*	spann	gesponnen	spinnt
sprechen *speak*	sprach	gesprochen	spricht
sprießen *sprout*	sproß	gesprossen	sprießt
springen *spring*	sprang	gesprungen	springt
stechen *sting, pierce*	stach	gestochen	sticht
stecken *stick, put*	stak, steckte	gesteckt	steckt

INFINITIVE		PAST	PAST PARTICIPLE	PRESENT
stehen	*stand*	stand	gestanden	steht
stehlen	*steal*	stahl	gestohlen	stiehlt
steigen	*climb*	stieg	gestiegen	steigt
sterben	*die*	starb	gestorben	stirbt
stinken	*stink*	stank	gestunken	stinkt
stoßen	*push*	stieß	gestoßen	stößt
streichen	*stroke*	strich	gestrichen	streicht
streiten	*quarrel*	stritt	gestritten	streitet
tragen	*carry*	trug	getragen	trägt
treffen	*hit*	traf	getroffen	trifft
treiben	*drive*	trieb	getrieben	treibt
treten	*step*	trat	getreten	tritt
trinken	*drink*	trank	getrunken	trinkt
trügen	*deceive*	trog	getrogen	trügt
tun	*do*	tat	getan	tut
verderben	*spoil*	verdarb	verdorben	verdirbt
verdrießen	*vex*	verdroß	verdrossen	verdrießt
vergessen	*forget*	vergaß	vergessen	vergißt
verlieren	*lose*	verlor	verloren	verliert
wachsen	*grow*	wuchs	gewachsen	wächst
waschen	*wash*	wusch	gewaschen	wäscht
weben	*weave*	wob, webte	gewoben, gewebt	webt
weichen	*yield*	wich	gewichen	weicht
weisen	*show*	wies	gewiesen	weist
wenden	*turn*	wandte, wendete	gewandt, gewendet	wendet
werben	*woo, solicit*	warb	geworben	wirbt
werden	*become*	wurde, ward	geworden	wird
werfen	*throw*	warf	geworfen	wirft
wiegen	*weigh*	wog	gewogen	wiegt
winden	*wind*	wand	gewunden	windet
wissen	*know*	wußte	gewußt	weiß
wollen	*want (to)*	wollte	gewollt	will
zeihen	*accuse*	zieh	geziehen	zeiht
ziehen	*pull*	zog	gezogen	zieht
zwingen	*force*	zwang	gezwungen	zwingt

Vocabulary

The vowel changes of irregular verbs are indicated as follows: **essen (a, e; i)** = **essen, aß, gegessen; ißt.**

ab off, down, from
Abb. (Abbildung) figure, illustration
abbauen (*sep.*) to reduce, change
Abendland (*n.*) West, Occident
abendländisch western
aber but, however
abgeben (*sep.*) **(a, e; i)** to deliver, give off
abgesehen von aside from
abhängen von (*sep.*) **(i, a)** to depend on
abhängig dependent
abnehmen (*sep.*) **(a, o; i)** to take off, decrease
abschneiden (*sep.*) **(i, i)** to cut off
Abschnitt (*m*), **-e** part, section, chapter
Abstammung (*f.*) descent, origin
Achse (*f.*), **-n** axis
acht eight
achtzehn eighteen
Affe (*m.*), **-n** monkey
AG (Aktiengesellschaft) (*f.*) corporation
agrar- agrarian
Ägypten (*n.*) Egypt
ähnlich similar, like, analogous
Akademie (*f.*), **-n** academy
akademisch academic
alchimistisch alchimistic, alchemical
Alemanne (*m.*), **-n** Alemann(i)
Alkali (*n.*) alkali
Alkohol (*m.*) alcohol
all- all, every, any; **vor allem** above all, especially, mainly
allein alone, only, but
allerdings to be sure, of course
alles all, everything

allgemein general, common, universal; **im allgemeinen** in general
Alpen (*pl.*) Alps
als when, then, as, like; **als ob, als wenn** as if, as though
also thus, therefore, consequently
alt old
Alter (*n.*) (old) age
Altertum (*n.*) antiquity
am (an dem) at the, on the, to the
Amerikaner (*m.*), **-** American
amerikanisch American
Amt (*n.*), **-̈er** office, bureau, position
an at, on, to, by, near to, about
anbringen (*sep.*) **(a, a)** to install, place, mount
ander- other, another, different
ändern (sich) to change, alter
anders different, otherwise
Änderung (*f.*), **-en** change
Anfang (*m.*) beginning, origin
anfangen (*sep.*) **(i, a; ä)** to begin, commence, do
anfangs in the beginning, at first
anführen (*sep.*) to lead, quote, mention, deliver
Angabe (*f.*), **-n** statement, estimate, information
angeben (*sep.*) **(a, e; i)** to state, declare, quote, give, indicate
Angelsachse (*m.*), **-n** Anglo-Saxon
angenehm pleasant
angesichts in view of, in face of
Anhang (*m.*), **-̈e** appendix, addendum

Anhänger (*m.*), **-** follower, adherent, trailer
ankommen (*sep.*) (**a, o**) to arrive; **es kommt auf . . . an** it depends on . . . , . . . is of importance
Anlage (*f.*), **-n** plant, installation
annehmen (*sep.*) (**a, o; i**) to accept, assume, take on, suppose
anorganisch inorganic
anpassen (sich) (*sep.*) to adapt, adjust
Anpassung (*f.*) adjustment, adaptation
anregen (*sep.*) to stimulate, excite
Anregung (*f.*), **-en** stimulation, suggestion
ansehen (*sep.*) (**a, e; ie**) to look at, regard, esteem
Ansicht (*f.*), **-en** view, opinion
ansiedeln (sich) to settle
anstatt instead of
ansteigen (*sep.*) (**ie, ie**) to rise, climb
anstelle instead, in place of
Antike (*f.*) antiquity
Antwort (*f.*), **-en** answer, reply
antworten to answer
anwenden (*sep.*) (**a, a**) to employ, apply, use
Anwendung (*f.*) use, employment, application
Anzahl (*f.*) number, quantity
anzeigen (*sep.*) to indicate, show, announce
anziehen (*sep.*) (**o, o**) to attract
Apparat (*m.*), **-e** apparatus
Äquator (*m.*) equator
Araber (*m.*), **-** Arab
Arbeit (*f.*), **-en** work, employment, investigation, energy
arbeiten to work
Arbeiter (*m.*), **-** worker
Archäologe (*m.*), **-n** archeologist
arm poor, deficient
Art (*f.*), **-en** manner, kind, type, sort, nature, species, variety
-artig resembling, like
Arzneimittel (*n.*), **-** medicine, drug
Arzt (*m.*), **-̈e** physician, doctor
Äther (*m.*) ether
Atom (*n.*), **-e** atom
auch also, too, likewise, even; **auch wenn, wenn auch** even if, even though
auf on, upon, at, in, to, up; **auf daß** so that
Aufbau (*m.*) synthesis, building, development
aufbauen (*sep.*) to build up, synthesize, erect
Aufgabe (*f.*), **-n** task, problem, lesson, assignment, mission
aufhalten (*sep.*) (**ie, a; ä**) to stop, hold up, detain

Auflage (*f.*), **-n** edition
aufmerksam attentive, courteous; **aufmerksam machen auf** to call attention to
Aufnahme (*f.*), **-n** photograph, reception, up-take
aufnehmen (*sep.*) (**a, o; i**) to raise, accept, take up, absorb
aufsteigen (*sep.*) (**ie, ie**) to rise
aufstellen (*sep.*) to set up, prepare, advance, formulate
Auftrag (*m.*), **-̈e** order, commission
auftreten (*sep.*) (**a, e; i**) to appear, occur
Auge (*n.*), **-n** eye, bud; **vor Augen führen** to present, show
aus out of, from, off, away from
ausbrechen (*sep.*) (**a, o; i**) to break out
Ausdruck (*m.*), **-̈e** expression, term; **zum Ausdruck bringen** to express
ausführen (*sep.*) to carry out, execute, export
Ausgabe (*f.*), **-n** edition, expenditure
ausländisch foreign
Ausnahme (*f.*), **-n** exception
ausschließlich exclusive, except
aussehen (*sep.*) (**a, e; ie**) to appear, seem, look
außer outside of, beside, in addition to, .except
außerhalb outside
außergewöhnlich extraordinary, unusual
äußern (sich) to utter, express, manifest, comment
außerordentlich extraordinary, unusual
äußerst extreme, exceeding, outermost, very
aussprechen (*sep.*) (**a, o; i**) to pronounce, express, voice
ausstatten (*sep.*) to equip, supply, endow
ausüben (*sep.*) to practice, exert, exercise, carry out
authentisch authentic
auswandern (*sep.*) to emigrate
Autor (*m.*), **-en** author
Avaren (*pl.*) Avars

Bakterien (*pl.*) bacteria
bald soon
Band (*m.*), **-̈e** volume
Bär (*m.*), **-en** bear
Bau (*m.*), **-ten** structure, building, frame, construction, cultivation
bauen to build, construct, erect, till, cultivate
Bayern (*n.*) Bavaria
bayrisch Bavarian

Bazillus (*m.*), **Bazillen** bacillus
beachten to notice, observe
bedeuten to mean, signify
bedeutend significant, considerable, important
Bedeutung (*f.*) meaning, significance, importance
Bedingung (*f.*), **-en** condition
beeinflussen to influence
befassen (sich) mit to deal with, to concern oneself with
befinden (sich) (a, u) to be, feel, find oneself, be located
beginnen (a, o) to begin
begreifen (i, i) to understand, conceive
Begriff (*m.*), **-e** concept, idea, conception
begründen to found, prove, substantiate
Begründer (*m.*), **-** founder
begrüßen to greet, welcome
behandeln to treat, discuss, deal with
Behandlung (*f.*), **-en** treatment
behaupten to maintain, contend
bei in the case of, near, with, in, on, at
beide both; **die beiden** the two
beim (bei dem) see **bei**
Beispiel (*n.*), **-e** example; **zum Beispiel** for example
beispielsweise for example
Beitrag (*m.*), **-̈e** contribution, article
beitragen (*sep.*) to contribute
bekannt (well) known
bekommen (a, o) to get, receive
belebt animate
bemerken to notice
bemühen (sich) to take trouble, strive, endeavor
benutzen to use, employ
beobachten to observe, examine
Beobachtung (*f.*), **-en** observation
berechnen to calculate, figure
Bereich (*m., n.*), **-e** area, realm, scope
bereichern to enrich
bereits already, previously, as early as
Berg (*m.*), **-e** mountain
Bergwerk (*n.*), **-e** mine
Bericht (*m.*), **-e** report
berichten to report
berücksichtigen to consider, take into consideration
Beruf (*m.*), **-e** occupation, profession
beruhen auf to be based on, rest on, depend on
berühmt famous
Beschaffenheit (*f.*) nature, character, quality
beschäftigen to employ, occupy; **sich . . . mit** to deal with, engage in
beschleunigen to accelerate

beschließen (o, o) to decide, conclude
beschreiben (ie, ie) to describe
besichtigen to view, see, examine
Besitz (*m.*) possession
besitzen (a, e) to possess, own, have
besonder- particular, special, specific
besonders especially
besprechen (a, o; i) to discuss
besser better
best- best; **am besten** (the) best
bestätigen to confirm
bestehen (a, a) to consist, exist, remain; **bestehen aus** to consist of
bestimmen to determine, define
bestimmt definite, fixed, certain(ly)
Bestimmung (*f.*), **-en** determination, provision
besuchen to visit, attend
betonen to emphasize
betrachten to consider, observe
Betrachtung (*f.*), **-en** observation, reflection
Betrag (*m.*), **-̈e** amount
betragen (u, a; ä) to amount to
betr. (betreffs) concerning
Betrieb (*m.*), **-e** operation, plant
Bevölkerung (*f.*) population
bewegen (sich) to move
Bewegung (*f.*), **-en** movement, motion
beweisen (ie, ie) to prove
Bewohner (*m.*), **-** inhabitant, resident
Bewußtsein (*n.*) consciousness
bezeichnen to designate, signify, call
Bezeichnung (*f.*), **-en** designation, term
Beziehung (*f.*), **-en** relation, connection, respect
Bibliothek (*f.*), **-en** library
bieten (o, o) to offer, bid, show
Bild (*n.*), **-er** picture, illustration, image, figure
bilden to form, educate, to be
Bildung (*f.*) education, formation
binden (a, u) to bind, tie
Biologe (*m.*), **-n** biologist
Biologie (*f.*) biology
bis till, until, to; **bis auf** except, to; **bis zu** up to
bisher hitherto, till now
bitte please
Blatt (*n.*), **-̈er** leaf, page, sheet, blade
blau blue
bleiben (ie, ie) to remain, stay; **stehenbleiben** to stop, remain standing
blind blind
Blitz (*m.*), **-e** lightning, flash
Blitzableiter (*m.*), **-** lightning rod
blühen to bloom, flourish, blossom
Blut (*n.*) blood

Boden (*m.*), **-en** soil, ground, bottom, earth
Bombe (*f.*), **-n** bomb
Brand (*m.*), **-e** fire, burning, combustion
brauchen to use, employ, need
brennbar combustible
brennen (a, a) to burn
Brennstoff (*m.*), **-e** fuel
Brief (*m.*), **-e** letter
bringen (a, a) to bring, put; **mit sich bringen** to bring about
Brot (*n.*), **-e** bread
Bruder (*m.*), **-er** brother
Buch (*n.*), **-er** book
Buchbesprechung (*f.*), **-en** book review
Buchhandlung (*f.*), **-en** book store
Bundesregierung (*f.*) federal government
Bundesrepublik (*f.*) federal republic
Bürger (*m.*), **-** citizen, inhabitant
Bürgermeister (*m.*), **-** mayor
Büro (*n.*), **-s** office, bureau
bzw. (beziehungsweise) or, respectively

Chemie (*f.*) chemistry
Chemiker (*m.*), **-** chemist
chemisch chemical
Chlor (*n.*) chlorine
christlich Christian

da there, here, present, then, as, since
dabei thereby, in this case
dadurch thereby, thus, by this, by that
dafür for this, for it, instead of it, therefore
dagegen on the other hand, against it
daher hence, therefore, from this
damalig at that time, of that time, then being
Dame (*f.*), **-n** lady
damit therewith, by it, so that
Dampf (*m.*), **-e** steam, vapor, fume
Dampfmaschine (*f.*), **-n** steam engine
dankbar thankful, grateful
danken to thank
dann then
darstellen (*sep.*) to produce, represent
Darstellung (*f.*), **-en** presentation, production, portrayal
darüber over it, about it; **darüber hinaus** beyond this, above that
darum about it, therefore
das the, that, which
daß that, the fact that; **auf daß** so that
dasgleiche the same
dasselbe the same (thing)
Dauer (*f.*) duration; **auf die Dauer** in the long run, permanently
dauern to last, take
dein your, yours

denken (a, a) to think, imagine
denn for, because
dennoch nevertheless, yet, however
deren whose, their, of those
derjenige, diejenige, dasjenige the one, that one, he who
derselbe, dieselbe, dasselbe the same, the latter, this
deshalb therefore, for this reason
dessen whose, of him, of it
desto . . . je the . . . the
deswegen for this (that) reason, therefore
deutlich clear
deutsch German
Deutschland (*n.*) Germany
d.h. (das heißt) that is, i.e.
d.i. (das ist) that is, i.e.
Dichter (*m.*), **-** writer, poet
dick thick, dense
die the, who, which, this, that, those
dienen to serve, be used for
Dienst (*m.*), **-e** service
dieser, diese, dieses this, this one, the latter
Ding (*n.*), **-e** thing, object
DM (Deutsche Mark) German mark
doch however, yet, surely, indeed nevertheless
doppelt double, twice
dort there
drehen (sich) to turn, rotate, revolve
drei three
Dreieck (*n.*), **-e** triangle
dreierlei three (kinds of)
dreißig thirty
dreizehn thirteen
dritt- third
Droge (*f.*), **-n** drug
Druck (*m.*), **-e** pressure
dunkel dark
durch through, by, by means of
durchaus throughout, completely, absolutely
durchführen (*sep.*) to lead through, carry out, perform
Durchschnitt (*m.*), **-e** average, mean
durchschnittlich average, on the average
dürfen (u, u; a) to be permitted, may, can; (*neg.*) must not
Düsenflugzeug (*n.*), **-e** jet plane
Dutzend (*n.*), **-e** dozen

eben now, just now, even, flat
ebenfalls also
ebenso (wie) just as, likewise
echt genuine, real
ehe before
eher earlier, rather, formerly

ehren to honor, respect
Ei (*n.*), **-er** egg
eigen own, individual, specific
Eigenschaft (*f.*), **-en** quality, property
eigentlich true, real, actual
eignen (sich) to be suitable, be suited
ein a, an, one
Eindruck (*m.*), **-e** impression
einer someone
einfach simple, single, plain
Einfluß (*m.*), **-sse** influence
einführen (*sep.*) to introduce, import
Einführung (*f.*) introduction, importation
eingehen (*sep.*) **(i, a)** to go into, enter
eingehend going into, thoroughly, in detail
einheimisch native
einheitlich uniform, united
einige some, several
einleiten (*sep.*) to introduce, start
Einleitung (*f.*), **-en** introduction
einmal once; **auf einmal** all at once, suddenly; **nicht einmal** not even; **einmal . . . zum andern** on the one hand . . . on the other hand
eins one, one thing
einsetzen (*sep.*) to employ, commit
einteilen (*sep.*) to divide, classify, separate
Einteilung (*f.*), **-en** arrangement, classification
Einwohner (*m.*), **-** inhabitant
Einzelheit (*f.*), **-en** detail
einzeln individual, singly; **einzelne** a few
einzig only, single
Eisen (*n.*) iron
eisern iron
Eisenbahn (*f.*), **-en** railroad
Elbe (*f.*) Elbe (river)
Elefant (*m.*), **-en** elephant
elektrisch electric
Elektrizität (*f.*) electricity
Element (*n.*), **-e** element
elf eleven
Eltern (*pl.*) parents
empfangen (**i, a; ä**) to receive
empfehlen (**a, o; ie**) to recommend
empirisch empiric(al)
Ende (*n.*) end, limit, result
endlich final, finite
Energie (*f.*), **-n** energy
eng narrow, close, tight
Engländer (*m.*), **-** English(man)
entdecken to discover, disclose
Entdeckung (*f.*), **-en** discovery, disclosure
entfernen to remove
entfernt removed, distant
Entfernung (*f.*), **-en** distance, removal

entgegengesetzt opposite
enthalten (**ie, a; ä**) to contain, include
entscheiden (**ie, ie**) to decide
entscheidend decisive, final
Entscheidung (*f.*), **-en** decision
entsprechen (**a, o; i**) to correspond
entstehen (**a, a**) to arise, orginate, develop
entweder either
entwickeln (**sich**) to develop, evolve
Entwicklung (*f.*) development, evolution, generating
Entwicklungsland (*n.*), **-er** developing nation
Epoche (*f.*), **-n** epoch, era
Erde (*f.*) earth, soil
Erdteil (*m.*), **-e** continent
erfahren (**u, a; ä**) to learn, find out, experience
erfinden (**a, u**) to invent
Erfinder (*m.*), **-** inventor
Erfindung (*f.*), **-en** invention
Erfolg (*m.*), **-e** success, result
erfolgen to take place, ensue, result
erfolgreich successful
Erforschung (*f.*) investigation, research, exploration
ergänzen to supplement, replenish
ergeben (sich) (**a, e; i**) to result, be shown
Ergebnis (*n.*), **-se** result, yield
erhalten (**ie, a; ä**) to keep, preserve, maintain, obtain, receive
erheblich considerable, important
erhitzen to heat
erhöhen to elevate, raise, increase
Erhöhung (*f.*), **-en** elevation, increase
erinnern to remind
erinnern (sich) to remember
erkennen (**a, a**) to recognize, perceive, understand
Erkenntnis (*f.*), **-se** perception, knowledge, recognized fact
erklären to explain, clear up
Erklärung (*f.*), **-en** explanation
erleben to experience
Erlebnis (*n.*), **-se** experience
erleichtern to facilitate, ease
ermöglichen to make possible
Ernährung (*f.*) feeding, food, nourishment
Ernte (*f.*), **-n** harvest, crop, yield
ernten to harvest
erreichen to reach, attain
erscheinen (**ie, ie**) to appear, be published
Erscheinung (*f.*), **-en** phenomenon, manifestation, appearance, symptom
erst first, not until, only
erwähnen to mention

erwarten to expect

erweisen (ie, ie) to prove, show, render; sich erweisen to show, prove to be, to be found to be

erweitern to enlarge, widen, extend

erzählen to tell, relate, report

erzeugen to produce, generate, beget

Erzeugnis (n.), -se product

Erzeugung (f.) production, procreation, generation

erzielen to obtain, attain, make

essen (a, e; i) to eat

etwa perhaps, about

etwas some, somewhat, something; so etwas something like that

europäisch European

eventuell possible, perhaps

experimentell experimental

Fabrik (f.), -en factory, plant

-fach times, fold

Fach (n.), -er profession, specialty, trade

Fachmann (m.), Fachleute expert, specialist

fähig capable, able

-fähig capable of, -able, -ible

Fähigkeit (f.), -en capability, ability, capacity

fahren (u, a; ä) to ride, travel, go, drive

Fahrt (f.), -en ride, trip, transportation

Faktor (m.), -en factor

Fall (m.), -e fall, case; auf jeden Fall in any case, by all means

fallen (ie, a; ä) to fall, sink, drop

falsch false, wrong

Familie (f.), -n family

fangen (i, a; ä) to catch, capture

Farbe (f.), -n color, dye

farbig colored, stained

farblos colorless

fast almost, nearly

faszinieren to fascinate

fehlen to lack, be missing, be absent

Fehler (m.), - error, mistake

Feld (n.), -er field, land, soil

fern far, distant

ferner further, farther, besides

fest compact, solid, secure, permanent

feststellen (sep.) to establish, determine

Feststellung (f.), -en establishment, confirmation

Fett (n.), -e fat, grease

Feuchtigkeit (f.) moisture, dampness

Feuer (n.), - fire

filtrieren to filter

finanzieren to finance

finden (a, u) to find, think

finden (sich) (a, u) to be, can be found

Firma (f.), Firmen firm, company

Flamme (f.), -n flame, light

fliegen (o, o) to fly

Flug (m.), -e flight

Flugzeug (n.), -e airplane

Fluß (m.), -sse river

flüssig liquid

Flüssigkeit (f.), -en liquid, fluid

Flut (f.), -en flood

Folge (f.), -n (as a) consequence

folgen to follow, ensue; im folgenden in the following

folgendermaßen as follows

folgendes the following

fordern to demand, require, ask

fördern to further, promote, transport

Form (f.), -en form, shape, type

forschen to investigate, search

Forscher (m.), - researcher, investigator

Forschung (f.), -en research, investigation

fortfahren (sep.) (u, a; ä) to continue

Fortschritt (m.), -e advance, progress

fortsetzen (sep.) to continue

Fortsetzung (f.), -en continuation

Fossilie (f.), -n fossil

Frage (f.), -n question

fragen to ask

Franke (m.), -n Frank, Franconian

Frankreich (n.) France

Franzose (m.), -n Frenchman

französisch French

Frau (f.), -en woman, wife, lady, Mrs.

Fräulein (n.), - young lady, Miss

frei free, uncombined

Freiheit (f.), -en freedom, liberty

freilich of course, to be sure

fremd foreign, strange

Frequenz (f.), -en frequency

Freude (f.), -n joy, pleasure

Freund (m.), -e friend

freundlich friendly

Friede (m.) peace

Friese (m.), -n Friesian

frisch fresh

Frühling (m.), -e spring

führen to lead, conduct

Führer (m.), - leader, guide

füllen to fill

fünf five

fünfzehn fifteen

fünfzig fifty

für for, in favor of, in lieu of

Furcht (f.) fear, fright

fürchten to fear

fürchten (sich) vor to be afraid of

Fürst (m.), -en prince, ruler

ganz whole, quite, very; **im ganzen** on the whole
Ganze, Ganzes (*n.*) whole, whole number
gar very, quite, even, at all; **gar nicht** not at all
garantieren to guarantee
Gas (*n.*), **-e** gas
Gebäude (*n.*), **-** building, structure
geben (a, e; i) to give, yield, render; **es gibt** there is, there are
Gebiet (*n.*), **-e** region, sphere, field, area
Gebirge (*n.*), **-** mountains
geboren born
Gebrauch (*m.*), **-̈e** use, custom, habit
gebrauchen to use, need
Gebrauchsgüter (*pl.*) consumer goods
Geburt (*f.*), **-en** birth
Gedanke (*m.*), **-n** thought, idea
geeignet suited, qualified, specific, suitable
Gefahr (*f.*), **-en** danger, hazard, risk
gefährlich dangerous
Gefühl (*n.*), **-e** feeling, sensation, emotion
gegen toward, against, compared with
Gegend (*f.*), **-en** region, vicinity, area
Gegenstand (*m.*), **-̈e** object, subject, article
gegenüber opposite, as compared to
Gegenwart (*f.*) presence, the present time
Gehalt (*m.*), **-e** content, capacity
gehen (ging, gegangen) to go, walk; **vor sich gehen** to take place
gehören to belong, appertain
Geigerzähler (*m.*), **-** Geiger counter
Geist (*m.*), **-er** ghost, mind, spirit
geisteskrank mentally ill
geistig mental, intellectual, spiritual
gelangen to arrive, reach, attain, come
gelb yellow
Geld (*n.*), **-er** money
Gelegenheit (*f.*), **-en** opportunity
Gelehrte (*m.*), **-n** scholar, scientist
gelingen (a, u) to succeed; **es gelingt mir** I succeed
gelten (a, o; i) to be of value, hold true, be valid, be considered, concern
gemäß according to
genau exact, accurate
genug enough
gerade straight, exactly, just
Gerät (*n.*), **-e** apparatus, utensil, device, equipment
gering small, slight
Germane (*m.*), **-n** Teuton, member of Germanic tribe
germanisch Germanic
gern gladly, willingly; **gern tun** to like to do
gesamt total, entire

geschehen (a, e; ie) to happen, be done, take place
Geschichte (*f.*), **-n** history, story
geschichtlich historical
Geschwindigkeit (*f.*), **-en** velocity, speed
Gesellschaft (*f.*), **-en** association, society, company
gesellschaftlich social
Gesetz (*n.*), **-e** law, decree
Gesichtspunkt (*m.*), **-e** aspect, point of view
Gestalt (*f.*), **-en** form, shape, figure, personality
gestatten to permit
gestern yesterday
gesund sound, healthy
Gesundheit (*f.*) health
Gewicht (*n.*), **-e** weight
gewinnen (a, o) to obtain, win, get, extract, produce
gewiß certain, of course
gewöhnlich usual, customary, common
Gift (*n.*), **-e** poison, venom, toxin
giftig poisonous
Glas (*n.*), **-̈er** glass
glauben to believe
gleich equal, same, similar, at once
Gleichung (*f.*), **-en** equation
Glück (*n.*) happiness, luck, good fortune
glücklich happy, safe, lucky
Gott (*m.*), **-̈er** God
göttlich divine, godly
Grad (*m.*), **-e** degree, stage
Grenze (*f.*), **-n** limit, boundary, border
Grieche (*m.*), **-n** Greek
groß large, great, tall
Größe (*f.*), **-n** magnitude, size, amount
Grund (*m.*), **-̈e** ground, reason, cause; **auf Grund** on the basis of, on the strength of; **aus diesem Grunde** for this reason; **im Grunde** basically, fundamentally; **dem liegt zu Grunde** this is based on
gründen to found, organize
Grundlage (*f.*), **-n** basis, foundation
Grundlagenforschung (*f.*) basic research
grundlegend basic
gründlich thorough
Grundsatz (*m.*), **-̈e** principle
Gruppe (*f.*), **-n** group, team
Gruß (*m.*), **-̈e** greeting
gültig valid
gut good, well

haben (hatte, gehabt; hat) to have, hold, possess
habsburgisch (of the) Habsburg (family or dynasty)

halb half, hemi-, semi-
Hälfte (*f.*), **-n** half
halten (ie, a; ä) to hold, keep, consider, stop; **halten für** to consider (as), take to be
-haltig -containing
Handel (*m.*) trade
handeln to act, trade; **es handelt sich um** we are dealing with, it is a question of
Handlung (*f.*), **-en** action, deed, trade, shop, firm
hart hard, difficult
häufig frequent, numerous
Haupt (*n.*), **-er** head, chief, principal, main
hauptsächlich main, principal, chief, essential
Hauptstadt (*f.*), **-e** capital
Haus (*n.*), **-er** house; **zu Hause** at home
hebräisch Hebrew
heilig holy
Heilmittel (*n.*), **-** medicine, remedy
Heimat (*f,*) native country, home
heimisch native, indigenous
heiß hot, ardent
heißen (ie, ei) to be called, be named, mean; **das heißt** that is
heizen to heat
helfen (a, o; i) to help, aid
hell bright, clear, light
herausgeben (*sep.*) **(a, e; i)** to publish
herbeiführen (*sep.*) to bring on, cause
Herbst (*m.*) autumn
Herkunft (*f.*) origin, descent
Herr (*m.*), **-en** Mr., master, lord, gentleman
herrschen to rule, reign, prevail
herstellen (*sep.*) to produce, prepare, make
hervorragend outstanding
Hessen (*n.*) Hesse
hessisch Hessian
heute today
heutig of today, present, modern, present day
hier here, present
Hilfe (*f.*) help, aid
Himmel (*m.*) heaven, sky
Himmelskörper (*m.*), **-** celestial body
hin there, thither
hinauf up, upward
hingegen on the other hand, on the contrary
hinsichtlich with respect to
hinunter down, downwards
hinweisen (*sep.*) **(ie, ie)** to refer, indicate, point
hoch, hoh- high, tall, intense, great
Hochschule (*f.*), **-n** university, institute
höchst highest, extremely, very, maximum

höchstens at most, at best
hoffen to hope
Höhe (*f.*), **-n** height, altitude, elevation
hoh- high, intense, great
Holz (*n.*), **-er** wood
hören to hear
hörbar audible
hrsg. (herausgegeben) published, edited
hundert hundred
Hypothese (*f.*), **-n** hypothesis

Idee (*f.*), **-n** idea
ihm (to) him, it
ihn him, it
ihnen (to) them
Ihnen (to) you
ihr you, (to) her, (to) it, their, her, its
Ihr your
illustrieren to illustrate
Illyrier (*m.*), **-** Illyrian
im (in dem) in the
immer always, ever; **immer reicher** richer and richer; **immer wieder** again and again; **immer noch** still
imstande sein to be able, capable of
indem while, as, since, in that
Indien (*n.*) India
Indikator (*m.*), **-en** indicator, tracer
individuell individual
Individuelle (*n.*) individual (thing)
indogermanisch Indo-European, Indo-Germanic
Industrie (*f.*), **-n** industry
industriell industrial, commercial
infolge on account of, because of
Ingenieur (*m.*), **-e** engineer
Inhalt (*m.*) contents, content, subject
inner inner, interior, spiritual
innerhalb within
ins (in das) in the, into the
insbesondere especially, in particular
Insekt (*n.*), **-en** insect, imago
Insel (*f.*), **-n** island
insgesamt altogether, a total of
installieren to install
Institut (*n.*), **-e** institute
Instrument (*n.*), **-e** instrument, tool
Intelligenz (*f.*) intelligence
interessant interesting
Interesse (*n.*) **-n** interest
interessieren sich für to be interested in
inzwischen meanwhile
irgend any, some; **irgend etwas** anything, anything at all, something
irgendein any(one), some(one)
irgendwie somehow, in some way
irgendwelch- any, any kind of
Irland (*n.*) Ireland

isolieren isolate, insulate
Isotop (*n.*) isotope
ißt see **essen**
Italien (*n.*) Italy
italienisch Italian

ja yes, indeed, of course
Jahr (*n.*), **-e** year
Jahrestag (*m.*), **-e** anniversary
Jahreszeit (*f.*), **-en** season
Jahrhundert (*n.*), **-e** century
-jährig -year-old
jährlich annual
Jahrtausend (*n.*), **-e** millennium
Jahrzehnt (*n.*), **-e** decade
je always, every, per, ever; **je...desto** the ...the; **je nachdem** depending upon whether; **je nach** depending on, according to
jedenfalls in any case, at any rate
jeder every, each, everyone
jederzeit at any time, always
jedoch yet, however
jemand somebody, someone
jener that (one), the other, the former
jetzt now
jeweilig respective, at the moment, actual
Juli (*m.*) July
jung young, recent
Junge (*m.*), **-n, -ns** boy, young one
jüngst recently, lately
Juni (*m.*) June
Jura (*pl.*) law

Kaiser (*m.*), **-** emperor
kalt cold, cool, frigid
Kälte (*f.*) cold, frigidity
Kamel (*n.*), **-e** camel
Kampf (*m.*), **-e** battle, fight
kämpfen to fight, strive, struggle, battle
kanonisch canonical
Kapazität (*f.*), **-en** capacity, capability
Kapitel (*n.*), **-** chapter
Kart. (Karton) paper cover, cardboard
Kauf (*m.*), **-e** purchase
kaufen to buy
kaum scarcely, hardly
kein no, not any, none, no one
Kelte (*m.*), **-n** Celt, Kelt
kennen (a, a) to know
kennenlernen (*sep.*) to become acquainted with, learn
Kenntnis (*f.*), **-se** knowledge, information
Kernphysik (*f.*) nuclear physics
kernphysikalisch nuclear physical
Kind (*n.*), **-er** child, offspring
Kirche (*f.*), **-n** church
klar clear, distinct

klein small, little, short
Klima (*n.*) climate
kochen to cook, boil
Kolonie (*f.*), **-n** colony
Kommando (*n.*) command
kommen (a, o) to come
kompliziert complicated
König (*m.*), **-e** king
königlich royal
Konkurrenz (*f.*) competition
können (o, o; a) to be able, can, may
konzentrieren to concentrate
Konzern (*m.*), **-e** company, firm
Kopf (*m.*), **-e** head
Körper (*m.*), **-** body, substance
körperlich bodily, corporal, physical
Kosten (*pl.*) cost(s), expense
Kraft (*f.*), **-e** power, force, strength
Kraftwerk (*n.*), **-e** power plant
krank ill, sick
Krankenhaus (*n.*), **-er** hospital
Krankheit (*f.*), **-en** illness, disease
Kreis (*m.*), **-e** circle
Krise (*f.*), **-n** crisis
Kritik (*f.*), **-en** criticism, review
kritisch critical
Kultur (*f.*), **-en** culture, cultivation
kulturell cultural
Kulturgeschichte (*f.*) history of civilization
Kunst (*f.*), **-e** art
Künstler (*m.*), **-** artist
künstlerisch artistic
künstlich artificial, man-made
Kupfer (*n.*) copper
Kurs (*m.*), **-e** course
kurz short, brief; **vor kurzem** recently
kürzlich recently
Küste (*f.*), **-n** coast

lachen to laugh
lächeln to smile
Ladung (*f.*), **-en** charge, cargo, lading
Lage (*f.*), **-n** position, situation, location
Laie (*f.*), **-n** novice, layman
Land (*n.*), **-er** land, state, country
Landwirt (*m.*), **-e** farmer
Landwirtschaft (*f.*) agriculture
landwirtschaftlich agricultural
lang long; **drei Jahre lang** for three years
Länge (*f.*), **-n** length, duration, longitude
langsam slow
längst longest, long ago, for a long time; **längst nicht** by far not, not by a long way
lassen (ie, a; ä) to let, leave, yield, permit, cause;
lassen (sich) can be, may be

Latein (*n.*) Latin
Lauf (*m.*) course, run, running; **im Laufe** during the course of
laufen (ie, au; äu) to run, flow, move
leben to live
Leben (*n.*), **-** life, existence
lebendig living, alive
Lebensmittel (*pl.*) food, victuals, foodstuffs
Lebensstandard (*m.*) living standard
Lebewesen (*n.*), **-** living being, creature, organism
lediglich only
legen to lay, put, place
Lehrbuch (*n.*), **-er** text book
Lehre (*f.*), **-n** instruction, teaching, science, doctrine
lehren to teach, instruct
leicht light, easy, slight
leider unfortunately
Leinen (*n.*) linen, hard-cover (of books)
Leistung (*f.*), **-en** work, performance, output, achievement
leiten to conduct, lead, guide
lernen to learn
lesen (a, e; ie) to read
letzt- last, final; **lezter-** latter
Leute (*pl.*) people, persons, men
Licht (*n.*), **-er** light
lieben to love
lieber rather
liefern to supply
liegen (a, e) to lie, be situated
Linie (*f.*), **-n** line; **in erster Linie** primarily, mainly
links (on the) left, to the left
Ln. (*see* **Leinen**)
loben to praise
lösen to dissolve, solve
löslich soluble
Lösung (*f.*), **-en** solution
Luft (*f.*), **-e** air
Luftschiff (*n.*), **-e** airship

m. (mit) with
machen to make, do, cause
Macht (*f.*), **-e** might, force, power
mächtig powerful, mighty, huge
mal times
Mal (*n.*), **-e** time, sign
man (some)one, a person, they, we, people
manch- many a, many a one, some
manchmal sometimes
Mangel (*m.*), **-** lack, deficiency
Mann (*m.*), **-er** man, husband
Markomannen (*pl.*) Marcomanni
Maschine (*f.*), **-n** machine, engine
Masse (*f*), **-n** mass, substance
materiell material

Mathematiker (*m.*), **-** mathematician
mechanisch mechanical
Mechanisierung (*f.*) mechanization, industrialization
Medizin (*f.*), **-en** medicine
Meer (*n.*), **-e** ocean, sea
mehr more; **nicht mehr** no more, no longer
mehrere several, some, a few
Mehrzahl (*f.*) majority
mein my, mine
meinen to mean, think, say
Meinung (*f.*), **-en** opinion, belief, idea
meist most, mostly, usually
meistens mainly, mostly
Meister (*m.*), **-** master
Menge (*f.*), **-n** quantity, amount, a great deal
Mensch (*m.*), **-en** man, human being, people, person
Menschheit (*f.*) humanity, man-kind
menschlich human
messen (a, e; i) to measure
Messung (*f.*), **-en** measurement, measuring
Metall (*n.*), **-e** metal
metallisch metallic
Methode (*f.*), **-n** method
Milliarde (*f.*), **-n** billion
mindestens at least
Mischung (*f.*), **-en** mixture, composition
mit with, by, at, in company with
Mitarbeiter (*m.*), **-** co-worker, collaborator
Mitglied (*n.*), **-er** member
Mitte (*f.*), **-n** middle, center
Mitteilung (*f.*), **-en** communication, report
Mittel (*n.*), **-** means, middle, aid, agent, average
mittel middle, central, average
Mittelalter (*n.*) Middle Ages
mitteralterlich medieval
Mittelpunkt (*m.*), **-e** center, central point, focus
mittels by means of
mögen (o, o; a) to like to, like, may
möglich possible, practicable
Möglichkeit (*f.*), **-en** possibility
möglichst (schnell) as (fast) as possible
Molekül (*n.*), **-e** molecule
Monat (*m.*), **-e** month
Mond (*m.*), **-e** moon
morgen tomorrow
Motor (*m.*), **-en** motor, engine
München (*n.*) Munich
Mund (*m.*), **-e, -er** mouth, opening
Muskel (*m.*), **-n** muscle
müssen (u, u; u) must, be obliged to, have to

Mutter (*f.*), ¨ mother
Mystiker (*m*), - mystic
mystisch mystic(al)
Mythe (*f.*), **-n** myth

nach to, toward, after, according to;
  nach und nach gradually, little by little
Nachbar (*m.*), **-n** neighbor
nachdem after, afterward, according to
Nachfrage (*f.*) demand, request, inquiry
nächst next, nearest
Nacht (*f.*), ¨-e night
Nachteil (*m.*), **-e** disadvantage
Nachweis (*m.*), **-e** detection, proof, de-
  termination
nachweisen (*sep.*) **(ie, ie)** to detect, prove
nah(e) near, close
Nähe (*f.*) nearness, vicinity; **in der
  Nähe** near (to)
näher nearer, in greater detail
Nährstoff (*m.*), **-e** nutrient
Name (*m.*), **-n** name
nämlich namely, identical, that is
Natur (*f.*), **-en** nature, constitution
Naturforscher (*m.*), - scientist, naturalist
natürlich natural, innate, of course
Naturwissenschaft (*f.*), **-en** natural science
neben beside, in addition to, near
nehmen (a, o; i) to take, receive, get
nein no
nennen (a, a) to name, call, mention
Nest (*n.*), **-er** nest
neu new, recent; **von neuem** anew
neun nine
neunzehn nineteen
neunzig ninety
Neutralität (*f.*) neutrality
nicht not
nichts nothing; **gar nichts** nothing at
  all; **nichts als** nothing but
nie never
nieder low, inferior
Niederlage (*f.*), **-n** defeat
niederlassen (sich) (*sep.*) **(ie, a; ä)** to settle
niedrig low
niemals never
noch still, in addition to, even, nor; **noch
  einmal** once more; **noch nicht** not
  yet; **noch immer** still
Nomade (*m.*), **-n** nomad
Nord, Norden (*m.*) north
nördlich northerly, northern
norwegisch Norwegian
nötig necessary, needful; **nötig haben**
  to need
notwendig necessary
nun now, well

nur only, but
nützen to help
nützlich useful
Nutzung (*f.*) yield, revenue, utilization

ob whether, if
oben above, overhead
Oberfläche (*f.*), **-en** surface
oberhalb above, overhead
Oberhaupt (*n.*) head, sovereign
obgleich although
obwohl although, though
oder or
offen open
offenbar apparent, obvious
öffentlich public, open
Öffentlichkeit (*f.*) public
offiziell official
öffnen to open
oft often, frequent
ohne without
Öl (*n.*), **-e** oil
operieren to operate
Opfer (*n.*), - victim; **zum Opfer fallen** to
  become a victim of
organisch organic
Orientierung (*f.*) orientation
Ort (*m.*), **-e, -er** village, place, site
Ost, Osten (*m.*) east, Orient
Österreich (*n.*) Austria
östlich eastern, oriental, easterly
Ozean (*m.*), **-e** ocean

pädagogish pedagogic, educational
Papier (*n.*), **-e** paper
Passagier (*m.*), **-e** passenger
Periode (*f.*), **-n** period, interval
Person (*f.*), **-en** person
Petrus (*m.*) St. Peter
Pferd (*n.*), **-e** horse
Pflanze (*f.*), **-n** plant
Philosoph (*m.*), **-en** philosopher
Phosphor (*m.*) phosphorus
Physik (*f.*) physics
Physiker (*m.*), - physicist
Platz (*m.*), ¨-e place, room
Pol (*m.*), **-e** pole
Politik (*f.*) politics, policy
politisch political
Prag (*n.*) Prague
praktisch practical
präsentieren to present
Preis (*m.*), **-e** price
Pression (*f.*), **-en** pressure
Preußen (*n.*) Prussia
Prinzip (*n.*), **-e, -ien** principle

pro per
profitieren to profit
Prognose (*f.*), **-n** prognosis
Prozeß (*m.*), **-sse** process
prüfen to test, examine
Prüfung (*f.*), **-en** examination
Punkt *m.*), **-e** point, period, dot

Quadrat (*n.*), **-e** square
Quecksilber (*n.*) mercury, quicksilver
Quelle (*f.*), **-n** source, spring

Rahmen(*m.*),**-** frame; **im Rahmen** within the framework, scope
Rakete (*f.*), **-n** rocket
rasch rapid, quick
Rasse (*f.*), **-n** race, breed
Rat (*m.*) advice
Rate (*f.*), **-n** rate, quota
Rationalist (*m.*),**-en** rationalist
rationell efficient, economical, scientific
Raum (*m.*), **-e** space, volume, room
realisieren to realize
rechnen to count, reckon, figure
Recht (*n.*), **-e** right, law
recht right, true, very, quite
Rede (*f.*), **-n** speech, talk; **die Rede ist von** the topic under discussion is
reduzieren to reduce
Regel (*f.*), **-n** rule; **in der Regel** as a rule, ordinarily
Regen (*m.*), **-** rain
regieren to rule, govern, prevail
Regierung (*f.*), **-en** government
Regiment (*n.*), **-er** regiment
registrieren to register, record
reiben (ie, ie) to rub, grind
Reibung (*f.*) friction, rubbing
Reich (*n.*), **-e** state, realm, empire
reich rich abundant
Reichtum (*m.*), **-er** wealth, riches, abundance
reifen to ripen, mature
rein pure, clean
Reise (*f.*), **-n** trip, journey
reisen to travel
religiös religious
Repräsentat (*m.*), **-en** representative
Resultat (*n.*), **-e** result, findings
Rhein (*m.*) Rhine
richtig right, corrct, real
riesig huge, gigantic
Risiko (*n.*), **Risiken, Risikos** risk
riskieren to risk, chance
Rohstoff (*m.*), **-e** raw material, natural product

Rolle (*f.*), **-n** role
rollen to roll
Romantik (*f.*) romanticism
Römer (*m.*), **-** , Roman
Röntgenstrahlen (*pl.*) X-rays
rosten to rust
rot red
rund round, about; **rund um** all around
Rußland (*n.*) Russia

Salz (*n.*), **-e** salt
sagen to say, tell
sammeln to collect
Sammlung (*f.*), **-en** collection
sämtlich all, entire
Satz (*m.*), **-e** sentence, theorem
Sauerstoff (*m.*) oxygen
Schaden (*m.*), **-** damage
schaffen (u, a) to create, produce
schaffen (*regular*) to do, work
Schall (*m.*) sound
Schatz (*m.*), **-e** treasure
scheinen (ie, ie) to shine, appear, seem
schenken to give, donate
Schicht (*f.*), **-en** layer, stratum, shift
schicken to send
Schiff (*n.*), **-e** ship
schildern to describe, depict, portray
schlecht bad, ill, poor, evil
schließen (o, o) to close, finish, conclude
schließlich finally, in conclusion, after all
schlimm bad
schmelzen (o, o; i) to melt
Schmelzpunkt (*m.*), **-e** melting point
schnell fast, rapid
schon already; **wir wissen es schon lange** we have known it for a long time
schön beautiful, fine, nice
schreiben (ie, ie) to write
Schrift (*f.*), **-en** writing, work, script
Schriftsteller (*m.*), **-** writer, author
Schule (*f.*) **-n** school
Schüler (*m.*), **-** pupil
schwach weak, feeble, slight
Schwäche (*f.*), **-n** weakness
schwarz black
Schweden (*n.*) Sweden
Schweiz (*f.*) Switzerland
schwer heavy, difficult, severe
Schwester (*f.*), **-n** sister
schwierig difficult, hard
Schwierigkeit (*f.*), **-en** difficulty
sechs six
sechzehn sixteen
sechzig sixty
See (*f.*), **-n** sea, ocean
See (*m.*), **-n** lake

Seele (*f.*), **-n** soul, spirit
seelisch psychic, spiritual, emotional
sehen (a, e; ie) to see, look
sehr very, very much
sei (*see subjunctive*): **und sei es** and be it;
  es sei denn, daß unless
sein his, its
sein (war, gewesen; ist) to be, exist
seit since
Sekunde (*f.*), **-n** second
selber -self; **er selber** he himself
selbst self, even
selbstverständlich obvious, selfevident, of
  course
selten rare
setzen to set, place, put
sich (*see reflexive pronouns and reflexive verbs*)
sicher safe, secure, certain, definite, sure
Sicherheit (*f.*), safety, security, certainty
sichern to protect, safe-guard, secure
sichtbar visible, evident
sieben seven
siebzehn seventeen
siebzig seventy
Siedepunkt (*m.*) boiling point
Siedlung (*f.*), **-en** settlement
Silber (*n.*) silver
sinken (a, u) to sink, decline
Sinn (*m.*), **-e** sense, mind, feeling, mean-
  ing, essence
sitzen (a, e) to sit
Slawe (*m.*), **-n** Slav
so so, thus, then; **so wie** just as
sofort immediately
sogar even
sogenannt so-called
Sohn (*m.*), **-e** son
solang (e) as long as
solch such, such a
Soldat (*m.*), **-en** soldier
sollen shall, to be, be said to, be supposed
  to, should, ought to
Sommer (*m.*), **-** summer
sondern but
Sonne (*f.*), **-n** sun
Sonntag (*m.*), **-e** Sunday
sonst otherwise, else
sonstig other
Sorte (*f.*). **-n** kind, variety, type
souverän sovereign
soviel so far as; **soviel wie** as much as,
  as good as
sowie as well as, just as, as soon as, as also
sowohl: sowohl ... als auch (wie) both
  ... and, not only ... but also
sozial social
Soziologe (*m.*), **-n** sociologist

sozusagen so to speak, as it were
Spanien (*n.*) Spain
Spannung (*f.*), **-en** tension, stress, voltage
spät late
spezial special
Spiel (*n.*), **-e** play, game
spielen to play
Sprache (*f.*), **-n** language, speech
sprechen (a, o; i) to speak, talk
Staat (*m.*), **-en** state
staatlich state, civil, national, public
Stadt (*f.*) **-e** city, town
Stahl (*m.*) steel
Stamm (*m.*), **-e** stem, tribe, strain
stammen to spring, descend, originate,
  stem, come from
ständig constant
Standpunkt (*m.*), **-e** position, standpoint
stark strong, extensive, large
Stärke (*f.*), **-n** strength, strong point, starch
statt instead of
stattfinden (*sep.*) **(a, u)** to take place, hap-
  pen, occur
stehen (a, a) to stand, be, be written
stehenbleiben (*sep.*) **(ie, ie)** to stop
steigen (ie, ie) to mount, climb, rise
steigern to raise, increase, intensify
Stein (*m.*), **-e** stone, rock
Stelle (*f.*), **-n** place, location, passage
stellen to place, put, set; **eine Frage stel-
  len** to ask a question
Stellung (*f.*), **-en** position, situation
sterben (a, o; i) to die
Stern (*m.*), **-e** star
Stickstoff (*m.*) nitrogen
Stoff (*m.*), **-e** substance, matter, material
Strahl (*m.*), **-en** beam, ray
Strahlung (*f.*), radiation
Straße (*f.*), **-n** street, road, strait
Strom (*m.*), **-e** current, stream
Stück (*n.*), **-e** piece
Student (*m.*), **-en** student
Studie (*f.*), **-n** study
studieren to study
Studium (*n.*), **Studien** study
Stunde (*f.*), **-n** hour, lesson, class
Substanz (*f.*), **-en** substance
suchen to seek, search, try
Süden (*m.*) south
südlich south, southern
Summe (*f.*), **-n** sum

Tabelle (*f.*), **-n** table, summary, chart
Tag (*m.*), **-e** day
täglich daily
Tagung (*f.*), **-en** meeting convention
tätig active, engaged, busy

Tätigkeit, (*f.*), **-en** activity
Tatsache (*f.*), **-n** fact
tausend thousand
tausendjährig lasting a thousand years
Technik (*f.*) technics, industry, technology, technique, engineering
Techniker (*m.*), **-** technician
technisch technical, commercial, industrial
technisieren to industrialize, mechanize
Teil (*m.*), **-e** part, portion; **zum Teil** in part, partly
Teilchen (*n.*), **-** particle
teilen to divide, separate, share
Teilnahme (*f.*) participation
teilnehmen (*sep.*), (**a, o; i**) to take part, participate
Teilnehmer (*m.*), **-** participant
teils partly, in part
teilweise partly, partially
teuer expensive, dear
Thema, (*n.*) **Themen** theme, subject
Theorie (*f.*), **-n** theory
theosophisch theosophical
tief deep, profound, low
Tiefe (*f.*), **-n** depth, profoundness
Tier (*n.*), **-e** animal
Titel (*m.*), **-** title
Tod (*m.*) death
tot dead
töten to kill, destroy
tragen (**u, a; ä**) to bear, carry, wear
treiben (**ie, ie**) to drive, propel
Treibstoff (*m.*), **-e** fuel
trinken (**a, u**) to drink
trocken dry
trotz in spite of
trotzdem nevertheless, although
Truppe (*f.*), **-n** troop
Tschechoslowakei (*f.*) Czechoslovakia
Tugend (*f.*), **-en** virtue
tun (**a, a**) to do, make, act
Tür (*f.*), **-en** door

u.a. (unter anderem, anderen) among others, among other things
u.a.m. (und anderes mehr) and others, and so forth
üben to practice
über over, across, on, beyond, about
überall everywhere
überaus extremely, exceedingly
Überbevölkerung (*f.*) overpopulation
Überblick (*m.*), **-e** general view, survey
überdies moreover, besides
überhaupt generally, on the whole, at all
überlegen (sich) to reflect, ponder, consider

Übermensch (*m.*), **-en** superman
überraschen to surprise
übersetzen to translate
Übersetzung (*f.*), **-en** translation
Übersicht (*f.*), **-en** view, survey, digest, summary
üblich customary, common, usual
übrig (left) over, other
übrigens moreover, by the way
Ufer (*n.*), **-** shore
Uhr (*f.*), **-en** clock; **um acht Uhr** at eight o'clock
um around, about, at, by, for; **umso ... je** the ... the; **um mehr als** by more than; **um ... zu** (in order) to; **um ... willen** for the sake of
umstritten controversial
Umwelt (*f.*) environment
und and
ungefähr about, approximately
ungewöhnlich unusual
Ungleichheit (*f.*) inequality, dissimilarity
Universität (*f.*), **-en** university
unlöslich insoluble
unmittelbar immediate, direct
unmöglich impossible
uns us, to us, ourselves; **bei uns** in our country, here
unser our(s), of us
unten below
unterentwickelt underdeveloped
Unternehmen (*n.*), **-** enterprise, business, undertaking
Unterricht (*m.*), **-e** instruction, lesson
unterrichten to instruct, teach
unterscheiden (**ie, ie**) to distinguish, differentiate
Unterschied (*m.*), **-e** difference
Unterseeboot (*n.*), **-e** submarine
untersuchen to investigate, examine
Untersuchung (*f.*), **-en** investigation, examination, analysis
unzählig countless, numerous
Uran (*n.*) uranium
Ursache (*f.*), **-n** cause, reason, origin
Ursprung (*m.*), **-e** origin, source
ursprünglich original
usw. (und so weiter) and so forth, etc.
u.U. (unter Umständen) under certain conditions

Vater (*m.*), **-er** father
v.Chr. (vor Christi [Geburt]) B.C.
verändern to change, alter
Veränderung (*f.*), **-en** change, transformation
verbessern to improve

Verbesserung (*f.*), **-en** improvement, correction
verbieten (o, o) to forbid
verbinden (a, u) to unite, combine, connect
Verbindung (*f.*), **-en** compound, connection, bond; **in . . . bringen** to associate, connect
Verbrauch (*m.*) use, consumption
verbrennen (a, a) to burn
Verbrennung (*f.*) combustion, burning
Vereinigte Staaten (*pl.*) United States
Vererbung (*f.*) heredity
Vererbungsforschung (*f.*) genetics
Verfahren (*n.*), **-** process, method
Verfasser (*m.*), **-** author, writer
Verfügung (*f.*) disposal, decree; **zur Verfügung haben** to have available; **zur Verfügung stehen** to be available
vergeben (a, e; i) to forgive, grant, give
vergessen (a, e; i) to forget
Vergleich (*m.*), **-e** comparison
vergleichen (i, i) to compare
v.H. (vom Hundert) percent, per hundred
Verhältnis (*n.*), **-se** relation, ratio, condition, situation circumstance
verhältnismäßig relative
verhindern to prevent
verkaufen to sell
Verkäufer (*m.*), **-** salesman, seller
Verkehr (*m.*) traffic, communication
Verlag (*m.*), **-e** publishing house
verlangen to demand, desire, ask for
verlieren (o, o) to lose
Verlust (*m.*), **-e** loss
vermehren (sich) to multiply
vermeiden (ie, ie) to avoid, shun
vermitteln to arrange, convey, give
vermögen (o, o; a) to be able to
vermuten to suppose, surmise, suspect
vermutlich presumable, possible
Vernunft (*f.*) reason
verschieden different, various
verschwinden (a, u) to disappear
versehen (a, e; ie) to equip, provide
veröffentlichen to publish
versorgen to provide, service
Verstand (*m.*) mind, reason, understanding
verständlich intelligible, clear, understandable
Verständnis (*n.*) understanding
verstehen (a, a) to understand
Versuch (*m.*), **-e** experiment, assay, attempt
versuchen to try, test, attempt
Verwaltung (*f.*), **-en** administration
verwandeln (sich) to change, be transformed

verwenden (a, a; *also reg.*) to use, employ
viel much, many
vielfach manifold, various, frequent
vielfältig varied, manifold
vielleicht perhaps
vier four
vierzehn fourteen
vierzig forty
Virus (*n.*), **Viren** virus
Vlg. (Verlag) publisher, publishing house
Volk (*n.*), **-er** people, nation
voll full
vollenden to complete, end, finish
völlig fully, completely
vollkommen perfect, complete
vollständig complete, total, whole
von of, from, about, by, on, upon, concerning
vor before, in front of, for; **vor allem** above all; **vor einem Jahr** one year ago
voraus before, in advance, ahead
voraussagen (*sep.*) to predict
vorbereiten (*sep.*) to prepare
Vorgang (*m.*), **-e** process, reaction, event
vorgeschichtlich prehistoric
vorhanden on hand, available, present
vorher before, previously
vorhergehen (*sep.*) **(i, a)** to precede
vorhersagen (*sep.*) to predict, forecast
vorkommen (*sep.*) **(a, o)** to occur, happen, be found seem, appear
Vorlesung (*f.*), **-en** lecture, class
vornehmen (*sep.*) **(a, o; i)** to undertake
Vorschlag (*m.*), **-e** suggestion
vorschlagen (*sep.*) **u, a; ä)** to propose, suggest
vorstellen (*sep.*) to present, introduce
vorstellen (sich) (*sep.*) to imagine, picture
Vorteil (*m.*), **-e** advantage
Vortrag (*m.*), **-e** lecture, presentation
Vorurteil (*n.*), **-e** prejudice
Vorwort (*n.*), **-e** preface, foreword
vorziehen (*sep.*) **(o, o; ie)** to prefer

wachsen (u, a; ä) to grow, increase, arise
Wachstum (*n.*) growth
Waffe (*f.*), **-n** weapon, arm
Wagen (*m.*), **-** wagon, vehicle, car
wahr true
während during, for, while, whereas
Wahrheit (*f.*), **-en** truth
wahrscheinlich probable, likely, plausible
Wald (*m.*), **-er** forest, woods
wandern to wander, travel, go, move, migrate
wann when

warm warm, hot
Wärme (*f.*) warmth, heat
warum why
was what, that, which, whatever, a fact that; **was für (ein)** what kind of
Wasser (*n.*), **-** water
Wasserstoff (*m.*) hydrogen
weder . . . noch neither . . . nor
Weg (*m.*), **-e** way, course, route, path
wegen because of, on account of
weiblich female, feminine
weich soft, tender
weil because, since
Wein (*m.*), **-e** wine
weise wise
Weise (*f.*), **-n** way, manner; **auf diese Weise** in this way
weiß white
weit wide, far, extensive
weiter farther, further, additional
weitergehen (*sep.*) **(i, a)** to continue
welch who, which, what
Welle (*f.*), **-n** wave
Welt (*f.*), **-en** world
Weltkrieg (*m.*), **-e** world war
wenig little, small, few
wenn if, when, whenever; **wenn auch** although, even though
wer who, which, he who, whoever
werden (u, o; i) to become, get; **werden zu** to turn (change) to
werfen (a, o; i) to throw, hurl
Werk (*n.*), **-e** work, plant
Werkzeug (*n.*), **-e** tool(s)
Wert (*m.*), **-e** worth, value
wertvoll valuable
Wesen (*n.*), **-** being, nature, essence
wesentlich essential, substantial; **im wesentlichen** essentially
Westen (*m.*) west, Occident
westlich west, western, occidental
Wetter (*n.*) weather
wichtig important, weighty
Wichtigkeit (*f.*) importance
wie how, as, like, as well as
wieder again, once more; **immer wieder** again and again
Wiedergabe (*f.*) reproduction
wiedergeben (*sep.*) **(a, e; i)** to reproduce, show
wiederholen to repeat
wiegen (o, o) to weigh, be of importance
Wien (*n.*) Vienna
wieviel how much, how many
Wille (*m.*), **-n** will, wish
willen (*see* **um**)
Winkel (*m.*), **-** angle

wirken to work, effect, produce, act
wirklich actual, real, true
Wirklichkeit (*f.*), **-en** reality
wirksam effective
Wirksamkeit (*f.*) efficacy
Wirkung (*f.*), **-en** effect, action
Wirtschaft (*f.*), **-en** economy, management, industry
wirtschaftlich economic, industrial, economical
wissen (u, u; ei) to know
Wissenschaft (*f.*), **-en** science, learning
Wissenschaftler (*m.*), **-** scientist
wissenschaftlich scientific
wo where
Woche (*f.*), **-n** week
wohin whither, where(to)
wohl well, perhaps, probably, indeed, no doubt
Wolke (*f.*), **-n** cloud
wollen (o, o; i) to want to, intend to, be about to, wish
Wort (*n.*), **-e, -̈er** word, term
Wunde (*f.*), **-n** wound
Wunder (*n.*), **-** wonder, miracle
wunderbar wonderful
wundern (sich) to wonder, be surprised
Wunsch (*m.*), **-̈e** wish, desire
wünschen to wish

Zahl (*f.*), **-en** number, figure
zählen to count; **zählen zu** to be among
zahlreich numerous
z.B. (zum Beispiel) for example
zehn ten
Zeichen (*n.*), **-** sign, symbol
zeigen to show, indicate, demonstrate, point
Zeit (*f.*), **-en** time, period, age; **zur Zeit** at the time, at present, now
Zeitalter (*n.*), **-** age, era
Zeitgenosse (*m.*), **-n** contemporary
Zeitschrift (*f.*), **-en** journal, magazine
Zeitung (*f.*), **-en** newspaper
Zelle (*f.*), **-n** cell, segment
Zentrum (*n.*), **Zentren** center
Zerstörung (*f.*), **-en** destruction, disintegration
ziehen (o, o) to draw, pull, move, go, cultivate, breed
Ziel (*n.*), **-e** goal, objective, object
ziemlich fairly, rather
Zone (*f.*), **-n** zone
zu to, in, for, at, in addition to, too
Züchtung (*f.*) breeding, cultivation
Zucker (*m.*), **-** sugar
zuerst at first, first of all, first

Zug (*m.*), ⁻e train
zugleich at the same time, together with
Zukunft (*f.*) future
zukünftig future
zumindest at least
zunächst next, first of all, to begin with, above all
zunehmen (*sep.*) **(a, o; i)** to increase, grow
zur (zu der) to the
zurück back
zusammen together, jointly
Zusammenarbeit (*f.*) co-operation, collaboration
Zusammenhang (*m.*), ⁻e connection, relationship

zuschreiben (*sep.*) **(ie, ie)** to ascribe, attribute
Zustand (*m.*), ⁻e state, condition
zustandekommen (*sep.*) **(a, o)** to come about, produce
Zuwachs (*m.*) increase
zwanzig twenty
zwar indeed, to be sure; **und zwar** that is, they are
Zweck (*m.*), -e goal, purpose
zwei two
Zweifel (*m.*), - doubt
zweit- second
zwischen between, among
zwölf twelve

Index

accusative case 15–16
adjectives
  comparison 74–77
  declension 48
  endings 48–50
  possessive 27
  used as nouns 50–51
adverbs 54
  comparison 74–77
  of direction in prepositional
    phrases 166–167
als after comparatives 76
als ob, als wenn 177
am . . . sten 76
(an) statt . . . zu 141
article
  definite 9
  indefinite 26
auch wenn 116
auxiliary verbs: see **haben, sein,**
    werden, and modal auxiliaries

-bar suffix 97

cases
  accusative 16
  dative 20
  genitive 20
  nominative 15

clauses without a subject 167
cognates 12
comparatives 74–76
comparison of adjectives and adverbs
  comparative 74
  comparison implied 76
  irregular comparisons 74–75
  special uses of comparatives and
    superlatives 76–77
  superlative 74–77
  comparatives and superlatives used
    as nouns 77
compound nouns 27
conditions contrary to fact 176–177
conditional clauses, verb-first
    construction 136
conjunctions
  coordinating 114
  subordinating 114

da 115
damit 116
da(r)-compounds 165–166
dative case 20–21
declension of adjectives 48
declension of nouns 67
definite article 9
demonstrative pronouns 126–127
denen 120
deren, dessen 120

der-words 32
diminutive suffixes 10
double-infinitive construction
    109–110

ein-words 26–27
-er adjective or comparative ending
    75
-er suffix 91–92
es
    implied in clauses without a
        subject 167
    in idioms 187
    introductory 167
    es gibt 187
extended-adjective constructions
    146–147, 152–153, 157

-fach suffix 127
forms of address 10–11
fractions 105
future tenses 80–81
    used to express probability 81

gelingen 187
gender of nouns 9–10
genitive case 20
gern, comparison of 75

haben
    present tense 17
    past tense 21–22
-heit suffix 136
hier-compounds 166

-igkeit suffix 136
immer plus comparative 76
imperative 141–142
-in suffix 92
indem and **in dem** 116
indirect discourse 172

infinitive
    dictionary listing 16
    finding infinitives of past
        participles 61
    ist (war) plus **zu** plus infinitive
        158
    of passive 90
    used as noun 67
    with **zu** 140–141
infinitive clauses 140
inseparable prefixes 54–55
interrogatives 11
inverted word order 34–35
irregular verbs
    alphabetical listing: see Appendix 2
    use of irregular verb list 27, 62

je . . . desto (umso) 76

-keit suffix 136

lassen 182
-lich suffix 97
-los suffix 127

-mal suffix 128
man 44
modal auxiliaries 104–105
    idiomatic meanings of indicative
        modals 110
    idiomatic meanings of subjunctive
        modals 186
    perfect tenses 109
    present and past tenses 104–105
    principal parts 104
    with dependent infinitive 105
    without dependent infinitive 109

nominative case 15–16
noun
    case endings 67–68
    compound 27–28

noun (cont'd.)
  diminutives   10
  gender   9–10
  plurals   21
  recognizing singulars and plurals
    56
normal word order   34
numbers
  cardinals   23
  fractions   105
  ordinals   28–29

ohne . . . zu   141

participial phrases   157–158
passive voice
  definition   85
  future tenses   91
  infinitive   90
  present and past tenses   85–86
past participles
  how to determine infinitive
    of strong verbs   61–62
  of weak verbs   61–62
  used as adjectives and adverbs   67
  used as adjectives with **sein**   66–67
  used as nouns   67
past tense
  irregular weak verbs   33
  strong verbs   32
  weak verbs   21
perfect tenses   60
personal pronouns   86
possessive adjectives   27
prefixes
  inseparable   54–55
  separable   55–56
prepositions   42–43
  following nouns or pronouns   44
  contractions   43–44
present participles
  recognizing   66
  used as adjectives or adverbs   66
  used as nouns   67
  with **zu**   157

present tense   16
  irregularities in strong verbs   27
pronouns
  demonstrative   126–127
  personal   86–87
  reflexive   95–97
  relative   120–122
pronunciation guide   1–5

reflexive pronouns   95–97
reflexive verbs   96
relative clauses   120–121
relative pronouns   120–122

selber, selbst   81
sein
  auxiliary of perfect tenses   60
  present and past tenses   10–11
separable prefixes   55–56
sich   95–96
sie, Sie   10–11
subjunctive
  als ob (als wenn)   177
  assumptions common in scientific
    writing   181
  common phrases   181
  conditions contrary to fact
    176–177
  formation   171–172
  formulas and directions   182
  future   171
  idiomatic meanings of subjunctive
    modals   186
  indirect discourse   172
  indirect questions   172
  ob (wenn) omitted   177
  past   171
  present   170–171
  special uses of the infinitive-stem
    subjunctive   181–182
  suppositions   176
  wenn-clauses and conclusion
    clauses standing alone   177
subordinating conjunctions   114
suffixes: see individual suffixes

um . . . zu 141
-ung suffix 136

verb-first constructions
   conditional (**wenn** omitted) 136
   followed by **wir** 142
   imperative 141–142
   questions 136
   review 142
verbs
   future perfect tense 80–81
   future tense 80
   future tenses used to express
      probability 81
   irregular, alphabetical listing: see
      Appendix II
   irregular weak verbs 33
   passive: see passive voice
   past tense of strong verbs 32–33
   past tense of weak verbs 21–22
   past tense, meanings of 22
   perfect tenses 60
   present tense 16–17
   present tense of strong verbs,
      irregularities 27
   reflexive 96

während 115
was as relative pronoun 122
was für (ein) 11
wenn auch 116
wer as relative pronoun 135
werden
   present and past tense 34
   auxiliary of future tenses 80
   auxiliary of passive: see passive
      voice
   three uses of 86
wo(r)-compounds 165
worden 90
word order
   finite verb separated from
      participle 62
   important element at end of
      clause 34
   in subordinate clauses 114–115
   normal and inverted 34–35

zu
   with infinitive 140–141
   with present participle 157
   with **ist (war)** plus infinitive 158

Glossary

Accusative Case: The case of the direct object.

Active Voice: See Voice.

Adjective: A word that modifies, describes, or limits a noun or pronoun.

Adverb: A word that modifies a verb, an adjective, or another adverb.

Antecedent: The word, phrase, or clause to which a pronoun refers.

Attributive Adjective: An adjective that precedes the noun it modifies.

Auxiliary Verb: A verb that helps in the conjugation of another verb **(haben, sein, werden)**.

Case: The form of a noun, pronoun, or adjective which indicates its relationship to other words. The cases in German are the nominative, genitive, dative, accusative.

Clause: A group of words containing a subject and predicate. A main (independent) clause can stand alone; a subordinate (dependent) clause can function only as part of another clause.

Comparison: The change in the form of an adjective or adverb showing degress of quality: positive (*great*), comparative (*greater*), superlative (*greatest*).

Conjugation: The inflections or changes of form in verbs showing number, person, tense, mood, voice.

Conjunction: A word used to connect words, phrases, or clauses. Coordinating conjunctions connect expressions of equal rank. Subordinating conjunctions connect expressions of unequal rank.

Dative Case: The case of the indirect object.

Declarative: Stating a fact or giving a command.

Declension: The change of form in nouns, pronouns, or adjectives indicating gender, number, and case.

Definite Article: der, die, das (*the*).

Demonstrative: Indicating or pointing out the person or thing referred to (*this, that, these, those*).

Der-Words: Words declined like the definite article.

Finite Verb: The inflected verb form (other than infinitive and participles) limited as to person, number, and tense.

Gender: Grammatical property (masculine, feminine, neuter) of nouns or pronouns.

Genitive Case: The case denoting possession.

Imperative: The mood of the verb expressing a command or directive.

Indefinite Article: ein, eine, ein (*a, an*).